Lese- und Übungsbuch Russisch

RUSSISCH ALS FREMDSPRACHE
Materialien zum Russischunterricht
Band 1

Helmut Buske Verlag
HAMBURG

DINA REPPERT

Lese- und Übungsbuch Russisch

Rußland im Umbruch

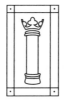

HELMUT BUSKE VERLAG
HAMBURG

Die Deutsche Bibliothek – CIP-Einheitsaufnahme

Lese- und Übungsbuch Russisch. – Hamburg : Buske.
Russland im Umbruch / Dina Reppert. – 1996
  (Russisch als Fremdsprache ; Bd. 1)
  ISBN 3-87548-113-5
NE: GT

ISSN 1430-2411

© Helmut Buske Verlag GmbH, Hamburg 1996. Alle Rechte, auch die des auszugsweisen Nachdrucks, der fotomechanischen Wiedergabe und der Übersetzung, vorbehalten. Dies betrifft auch die Vervielfältigung und Übertragung einzelner Textabschnitte durch alle Verfahren wie Speicherung und Übertragung auf Papier, Filme, Bänder, Platten und andere Medien, soweit es nicht §§53 und 54 URG ausdrücklich gestatten. – Druck: Strauss Offsetdruck, Mörlenbach. Verarbeitung: Buchbinderei Schaumann, Darmstadt. Werkdruckpapier: alterungsbeständig nach ANSI-Norm resp. DIN-ISO 9706, hergestellt aus 100% chlorfrei gebleichtem Zellstoff. Printed in Germany.

INHALT

Vorwort 9

Kapitel 1. "СОЮЗ НЕРУШИМЫЙ..." 11

1. Создание империи *Аргументы и факты* 11
2. Образование СССР *Аргументы и факты* 12
3. Сколько республик в Содружестве? *Аргументы и факты, Московские новости* 14
   Aufgaben zur Grammatik (Texte 1 - 3) 16
4. О гимне России и СССР *Москва, Аргументы и факты* 17
5. Гимн Советского Союза *С. Михалков и Г. Эль-Регистан* 18
6. Запад *Московские новости, Аргументы и факты* 20
7. Восточная Пруссия: 1947 - 1948 *Независимая газета* 22
   Aufgaben zur Grammatik (Texte 4 - 7) 25
8. Кавказ *Московские новости* 26
9. Казаки и Северный Кавказ
   Часть первая: дореволюционный период *Независимая газета* ... 26
10. Казаки и Северный Кавказ
    Часть вторая: послереволюционный период *Независимая газета* . 29
11. Опора, но какой России? *Московские новости* 32
    Aufgaben zur Grammatik (Texte 8 - 11) 35
12. Крым в мае 1944 года *Иосиф Сталин Лаврентию Берии* 37
13. Крым в феврале 1954 года *Московские новости* 39
14. Средняя Азия и Казахстан *Московские новости* 41
15. Современная историография Казахстана *Независимая газета* ... 43
16. Взорвётся ли Средняя Азия? *Независимая газета* 45
17. Кто такие арабисты? *Огонёк* 46
18. Русский язык на Советском Востоке *Независимая газета* 48
    Aufgaben zur Grammatik (Texte 14 - 18) 51
19. "По решению правительства СССР..." *Московские новости* ... 53
20. Песня о Родине *В. И. Лебедев-Кумач* 55
21. Стать нашими сателлитами или умереть *Независимая газета* ... 57
    Aufgaben zur Grammatik (Texte 19 - 21) 59

Kapitel 2. ПУТЬ К ПРАВОВОМУ ГОСУДАРСТВУ 61

1. Проект будущей конституции 61
2. Как создавалась Конституция 63
3. Конституция 1918 года 65
   Aufgaben zur Grammatik (Texte 1 - 3) 67
4. Доклад И. Сталина о проекте Конституции СССР 68
5. Конституция (Основной Закон) СССР 1936 года 70
6. Сталинская Конституция в песнях народов СССР *Новый мир* ... 71
   Aufgaben zur Grammatik (Texte 4 - 6) 74
7. Конституция глазами советника Хрущёва *Независимая газета* . 75
8. Для чего пишется Конституция *Московские новости* 76
9. Конституция Российской Федерации 1993 года 78
10. Правовое государство в России: реальность или иллюзия? *Россия сегодня: реальный шанс* 79
    Aufgaben zur Grammatik (Texte 7 - 10) 82

Kapitel 3. ОТ КРЕПОСТНОГО ПРАВА К КОЛЛЕКТИВИЗАЦИИ 84

1. Слёзы, рыдания, стон... *А. Н. Радищев* 84
2. Из истории крепостной зависимости 86
   Aufgaben zur Grammatik (Texte 1 - 2) 88
3. Крепостное право и дворянство *Н. М. Карамзин* 89
4. Сечь или не сечь мужика? *А. И. Герцен* 90
5. Манифест 19 февраля 92
6. Столыпинская реформа *Известия, Литературная газета* ... 93
   Aufgaben zur Grammatik (Texte 3 - 6) 95
7. Аграрная революция в россии *Вопросы истории* 97
8. Крестьянская война *Военно-исторический журнал* 99
9. 1921-1922 годы: жертвы продразвёрстки *Независимая газета* ... 100
   Aufgaben zur Grammatik (Texte 7 - 9) 102
10. Культурный хозяин *Независимая газета* 103
11. "Великий перелом" *История СССР* 105
    Aufgaben zur Grammatik (Texte 10 - 11) 108
12. Раскулачивание *Б. А. Можаев* 110
13. Письмо из прошлого *Аргументы и факты* 113
14. Осуществление политики "ликвидации кулачества как класса" (1930-1932) *История СССР* 115
15. Совершенно секретный голод *Независимая газета, Московские новости* 117
    Aufgaben zur Grammatik (Texte 13 - 15) 120
16. Плюс коллективизация *Лион Измайлов* 123

Kapitel 4. ПОЛИТИКА В ОБЛАСТИ РЕЛИГИИ (1917 - 1943)   127

1. Русская православная церковь 127
2. Конституция РСФСР 1918 года 129
   Aufgaben zur Grammatik (Texte 1 - 2) 130
3. Беспорядки в городе Шуе   *Известия* 131
4. Атака на религию   *Д. Волкогонов* 132
   Aufgaben zur Grammatik (Texte 3 - 4) 135
5. Студент   *А. П. Чехов* 136
6. Борьба против религии - борьба за социализм   *Ф. Олещук* 138
7. Суды над Богом   *А. Валентинов* 142
8. "Из Ленина сделали Бога"   *Московские новости* 143
   Aufgaben zur Grammatik (Texte 6 - 8) 144
9. Мужики и бабы   *Б. А. Можаев* 145
10. Статистика 148
11. "Верующий ли вы или нет?" 148
12. Сталин - отец архиерейского собора   *Литературная газета* ... 151
13. Об отделении церкви от государства   *М. М. Персиц* 153
    Aufgaben zur Grammatik (Texte 9 - 13) 155

Kapitel 5. ПОЛИТИКА ПО ОТНОШЕНИЮ К ЕВРЕЯМ В РОССИИ   158

1. "Западная граница для евреев открыта" 158
2. Погромы? Это уже было   *Аргументы и факты* 162
3. Первая любовь   *Исаак Бабель* 164
   Aufgaben zur Grammatik (Texte 1 - 3) 167
4. Об антисемитизме   *И. Сталин* 168
5. Геноцид на память (Часть первая)   *Независимая газета* 169
6. Убийство Михоэлса и "дело врачей"   *Независимая газета* 171
7. Потенциальные шпионы   *Московские новости* 173
   Aufgaben zur Grammatik (Texte 4 - 7) 175
8. Спуск под воду   *Лидия Чуковская* 177
9. Геноцид на память (Часть вторая)   *Независимая газета* 180
10. Какую страну мне считать родиной?   *Московские новости* 182
11. Политика по отношению к евреям в программе партии "Русское национальное единство"   *Московские новости* 183
12. Фашистам пока спокойно   *Московские новости* 183
    Aufgaben zur Grammatik (Texte 8 - 12) 185

Lösungen zu Kapitel 1 187

Lösungen zu Kapitel 2 192

Lösungen zu Kapitel 3 195

Lösungen zu Kapitel 4 199

Lösungen zu Kapitel 5 202

Abkürzungen 206

Bildquellen 206

VORWORT

"Союз нерушимый республик свободных..." - "Unzerstörbare Union freier Republiken...", diese stolzen Anfangsworte der 1944 geschaffenen sowjetischen Nationalhymne sind nach dem Zerfall der Sowjetunion zum Anachronismus geworden. In diesem Sinne, nicht nostalgisch und auch nicht ironisch, sondern als Rückblick auf eine beendete Periode der russischen Geschichte ist die Überschrift des ersten Kapitels gemeint. Der historische Einschnitt von 1991 gab und gibt in der russischen Öffentlichkeit Veranlassung, mit Bezug auf die verschiedenen sozialen Bereiche über Geschichte und Gegenwart neu nachzudenken. Das vorliegende Lese- und Übungsbuch der russischen Sprache benutzt solche Texte als Ausgangspunkt für ein historisches Verständnis und als Widerspiegelung der gegenwärtigen Auseinandersetzungen um Rußlands Zukunft.

Das Lehrbuch wendet sich an fortgeschrittene Studierende der russischen Sprache, die ihre fachspezifische Lektürefähigkeit und ihre aktiven Kenntnisse des Russischen vervollkommnen wollen. Es soll zu einer praktischen Tätigkeit in Rußland oder zur wissenschaftlichen Beschäftigung mit der russischen Geschichte und Kultur anleiten.

Der Leser soll nicht nur seine Sprachkenntnisse des Russischen vervollkommnen, sondern dies an einem Material tun können, das ihm Einblicke in die Sozialgeschichte Rußlands zu fünf ausgewählten Themenkreisen gewährt. Die unbewältigte Gegenwart wird aus der Rückschau verdeutlicht. Die fünf Kapitel des Buches handeln über den Zerfall der UdSSR, die Geschichte der sowjetischen Verfassungen, die Unterdrückung der Bauern vor und nach der Revolution, die Kirchenpolitik in der UdSSR sowie die Judenpolitik in Rußland.

Diese Reihenfolge möchte sachlich von der politischen und staatsrechtlichen Situation auf die für Rußland noch im 20. Jahrhundert vorherrschend bäuerlich geprägte Gesellschaftsstruktur, auf die Eigenart und Dominanz der religiösen Verhältnisse und ihrer Traditionen überleiten. Die Durcharbeitung des Buches in dieser Folge wird empfohlen.

Grundlage sind überwiegend neueste Texte und Quellen verschiedener Art: Presseartikel, Fachliteratur, Leserbriefe, Dokumente, Belletristik, Lieder und dazu passende Illustrationen und Karikaturen. Alle Übungstexte sind so ausgewählt, daß sie, ohne zu veralten, den historischen Moment des Umbruchs in Rußland vor dem Aufbau einer neuen Gesellschaftsstruktur widerspiegeln.

In jedem Kapitel wird das jeweilige Thema in chronologischer Folge behandelt. Alle Texte sind lexikalisch, grammatisch und inhaltlich bearbeitet. Die Texte selbst sind nicht adaptiert, sondern meist nur gekürzt. In den Glossaren werden die wichtigsten Termini des jeweiligen Sachgebiets erklärt. Ermöglicht wird somit die selbständige Weiterarbeit mit entsprechenden russischen Texten. Wortbedeutungen sind stets im Zusammenhang mit dem vorliegenden Kontext angegeben. Die Glossare enthalten notwendige Angaben zur Flexion; bei Verbpaaren wird der unvollendete Aspekt zuerst genannt.

Die grammatischen Übungen konzentrieren sich auf Erweiterung des Wortschatzes, auf Wortbildung, auf die Vertrautheit mit den wichtigsten grammatischen Strukturen der Schriftsprache, wie z. B. Gebrauch der Relativsätze, der Partizipien und der Aktiv- und Passivkonstruktionen.

Die Fragen zu Inhalt und Thema der Texte dienen zur Entwicklung der Kommunikationsfähigkeit und ermöglichen es, über komplizierte Sachverhalte sich auf Russisch zu verständigen.

Die Lösungen der grammatischen und lexikalischen Aufgaben sowie das Bildquellen-Verzeichnis finden sich am Ende des Buches.

Der größte Teil der hier angebotenen Materialien ist von der Verfasserin am Zentralen Fremdsprachinstitut der Universität Hamburg mit Studierenden aller Fachbereiche (Slavisten, Osthistoriker, Soziologen, Politologen, Ökonomen, Juristen usw.) erprobt worden. Für Verbesserungsvorschläge ist die Autorin dankbar.

Hamburg, den 28.August 1995   Dina Reppert

СОЮЗ НЕРУШИМЫЙ

1. СОЗДАНИЕ ИМПЕРИИ

За 304 года правления династии Романовых (1613-1917) территория Российского государства расширялась почти с каждым царствованием. За это время Россия провела около 30 крупных войн.

Во время царствования Алексея Михайловича (1645-1676) произошло
5 соединение Украины с Русским государством (1654). При Петре Первом (1682-1725) часть Прибалтики отошла к России.

При Екатерине II (1762-1796) к России были присоединены западноукраинские, белорусские и литовские земли, Курляндия, Крым, Северный Кавказ и Северное Причерноморье. При Александре I (1801-1825) в состав
10 России вошли восточная часть Грузии, Финляндия, Бессарабия, Азербайджан, бывшее герцогство Варшавское.

В дальнейшем империя расширялась в основном на Востоке. При Александре Втором (1855-1881) завершилось присоединение Казахстана, Средней Азии и Приамурья. Во время его правления Россия сделала самую круп-
15 ную территориальную уступку - продала в 1867 году Аляску Соединённым Штатам Америки за 7,2 млн. долларов, а также уступила Японии Курильские острова в обмен на право России владеть Сахалином.

Единственным императором, который никаких территорий не приобрёл, а только потерял, был Николай II (1894-1917). При нём империя лишилась
20 южной части острова Сахалин.

По газете *Аргументы и факты* № 11, 1991 г.

неруши́мый unzerstörbar - **созда́ние** Gründung - 1 **правле́ние** Regierung - 2 **ца́рствование** Herrschaft - 5 **соедине́ние** Vereinigung - 7 **присоединя́ть/присоедини́ть к** *чему* einverleiben in - 9 **входи́ть/войти́ в соста́в** angeschlossen werden - 13 **заверша́ться/заверши́ться** beenden - 14 **де́лать/сде́лать усту́пку** Abtretung leisten - 16 **уступа́ть/уступи́ть** (уступлю́, усту́пишь) abtreten - 17 **в обме́н на** *что* im Austausch gegen - 17 **владе́ть** *чем* ipf besitzen - 18 **приобрета́ть/приобрести́** (приобрету́, приобретёшь) erwerben - 18 **лиша́ться/лиши́ться** *чего* verlieren

Übung zum Wortschatz

1. *Ersetzen Sie die kursivgedruckten Wörter durch Synonyme.*
   a) Z. 1 *правления* династии
   b) Z. 2 *расширялась* почти с
   c) Z. 4 во время *царствования*
   d) Z. 13 *завершилось* присоединение
   e) Z. 16 *уступила* Японии
   f) Z. 19 *лишилась* южной части

2. *Ersetzen Sie die Verbalkonstruktionen durch substantivische Konstruktionen.*
   Muster: решить проблему   →   решение проблемы
   a) расширить территорию   d) приобрести новые территории
   b) присоединить Курляндию   e) лишиться Сахалина
   c) завершить процесс   f) создать империю
3. *Suchen Sie im Text Substantive auf -ание(-ение) und bestimmen Sie die Verben, von denen sie abgeleitet sind.*

Вопросы и задания

1. Перечислите царствовавшие в России персоны, называемые в тексте, время их правления и изменения государственных границ, которые произошли во время их царствования.
2. В какой период произошли все эти изменения и сколько войн провела Россия за это время?
3. Перескажите содержание текста, заменив точные обозначения времени словами: в начале, в середине, в конце, в первой (во второй) половине (четверти) века.

2. ОБРАЗОВАНИЕ СССР

Резкое ослабление центральной власти во время первой мировой войны, Февральская и Октябрьская революции 1917 года, провозглашение большевиками лозунга о праве наций на самоопределение повлекли за собой цепную реакцию провозглашения независимых государств на территории бывшей
5 Российской империи.

25 октября (7 ноября)[1] 1917 года была образована Российская Советская Федеративная Социалистическая Республика (РСФСР). 3 марта 1918 г. Советская Россия подписала Брест-Литовский мирный договор, согласно которому Польша, Финляндия, Прибалтика и Украина вышли из состава бывшей
10 Российской империи. За период гражданской войны (1918-1920) независимость провозгласило более 60 национально-государственных образований. Большинство из них просуществовало от нескольких месяцев до года. Одни, во главе которых стояли антибольшевистские правительства, ликвидировали впоследствии силой (например, Азербайджанскую, Армянскую и Грузин-
15 скую республики), другие вошли в состав более крупных советских республик (например, Крымская ССР). Третьи прекратили своё существование в связи с разгромом того или иного белого режима (например, Бухарский эмират).

Известно, что большевики не были разборчивы в средствах, загоняя в со-
20 циалистический союз, например, народы Закавказья, Бухарского эмирата или Хивинского ханства[2]. И всё же сохранение целостности России в то время нельзя относить только на счёт одного насилия: огромную роль здесь сыгра-

ли устоявшиеся экономические связи, традиции, психология людей.

30 декабря 1922 года был образован Союз Советских Социалистических Республик.

По газете *Аргументы и факты* № 25, 1993 г.

[1]Числа и месяцы указываются как по юлианскому календарю, по старому стилю, так и по григорианскому, по новому стилю, который был введён в России 14 февраля 1918 г. Различие между старым и новым стилями составляет в XX веке 13 дней.

[2]Государство в Средней Азии в 16 - начале 20 веков, в 1873 году признало протекторат России, но сохранило внутреннюю автономию. 26 апреля 1920 г. была образована Хорезмская народная советская республика, территория которой в 1924 г. вошла в состав Узбекской ССР и Туркменской СССР.

1 **ре́зкое ослабле́ние** starke Schwächung - 2 **провозглаше́ние** Proklamierung - 3 **пра́во на́ций на самоопределе́ние** Selbstbestimmungsrecht der Nationen - 3 **повле́чь за собо́й** *pf* (повлеку́, повлечёшь) zur Folge haben - 3 **цепна́я реа́кция** Kettenreaktion - 8 **ми́рный догово́р** Friedensvertrag - 8 **согла́сно** *чему* gemäß, nach 9 **выходи́ть/вы́йти из соста́ва** (вы́йду, вы́йдешь) aus dem (Staats-)Verband austreten - 10 **незави́симость** *f* Unabhängigkeit - 11 **госуда́рственное образова́ние** Staatsgebilde - 13 **стоя́ть во главе́** *чего ipf* an der Spitze stehen - 16 **прекраща́ть/ прекрати́ть существова́ние** (прекращу́, прекрати́шь) die Existenz beenden - 16 **в связи́ с** *чем* im Zusammenhang mit - 17 **разгро́м** Zerschlagung - 19 **быть разбо́рчивым в** *чём* wählerisch sein - 19 **загоня́ть/загна́ть** (загоню́, заго́нишь) hineintreiben - 21 **ха́нство** Khanat - 21 **це́лостность** *f* Integrität - 22 **относи́ть/отнести́ на счёт** *чего* zurückführen (auf Rechnung von), reduzieren auf - 22 **наси́лие** Gewalt

Вопросы и задания

1. Охарактеризуйте политическую ситуацию в стране перед образованием РСФСР.
2. Какие последствия для территориальной целостности России имело подписание Брест-Литовского мирного договора и провозглашение права наций на самоопределение?
3. Найдите в тексте строки, в которых даётся оценка политики правительства РСФСР, и прокомментируйте их.
4. Перечислите исторические события, называемые в тексте, которые изменили политический облик России.

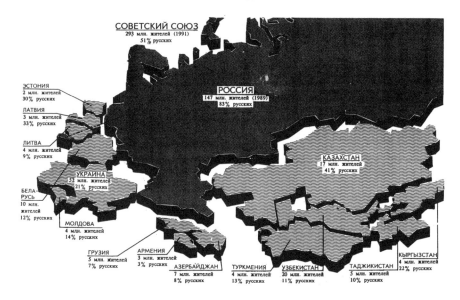

3. СКОЛЬКО РЕСПУБЛИК В СОДРУЖЕСТВЕ?

8 декабря 1991 года, в правительственной резиденции в Белоруссии под Брестом президент РСФСР Борис Ельцин, председатель Верховного Совета Белорусской ССР Станислав Шушкевич и президент Украины Леонид Кравчук, собравшись втайне от Михаила Горбачёва, заявили о роспуске Союза
5 ССР и подписали соглашение о создании Содружества Независимых Государств (СНГ). Позднее, 21 декабря, на Алма-Атинском совещании руководителей бывших союзных республик СССР была подписана Декларация об образовании СНГ и прекращении существования СССР. Тогда же к трём республикам-основателям присоединились Туркменистан, Таджикистан, Уз-
10 бекистан и Армения. Позднее в состав СНГ вошли Молдова, Азербайджан, Грузия, Казахстан и Киргизия. За пределами Содружества остались Латвия, Литва и Эстония.

В Российской Федерации состоят 20 республик. В России осталась лишь одна автономная область (АО) - Еврейская, другие за последние годы преоб-
15 разованы в республики. Некоторые из автономных округов тоже провозгласили себя республиками, но по Конституции все они остаются автономными округами. Всего их насчитывается 10.

25 декабря Михаил Горбачёв сложил с себя полномочия первого (и последнего!) президента СССР. В этот же день он обратился к населению
20 страны с речью: "Дорогие соотечественники! Сограждане! В силу сложившейся ситуации с образованием Содружества Независимых Государств, я прекращаю свою деятельность на посту Президента СССР. Принимаю это

решение по принципиальным соображениям... Я покидаю свой пост с тревогой. Но и с надеждой, с верой в вас, в вашу мудрость и силу духа..."

По газетам *Аргументы и факты* № 38-39, 1992 г.
и *Московские новости*, 3.12.1994 г.

содру́жество Gemeinschaft - 1 **под Бре́стом** bei Brest - 2 **председа́тель** Vorsitzender - 2 **Верхо́вный Сове́т** der Oberste Sowjet - 4 **вта́йне** heimlich - 4 **заявля́ть/заяви́ть** (заявлю́, зая́вишь) erklären - 4 **ро́спуск** Auflösung - 5 **соглаше́ние** Abkommen - 5 **Содру́жество Незави́симых Госуда́рств (СНГ)** Gemeinschaft Unabhängiger Staaten (GUS) - 9 **присоединя́ться/присоедини́ться к** *чему* sich anschließen an 11 **преде́л** Grenze - 14 **преобразо́вывать/преобразова́ть** umbilden - 18 **слага́ть/сложи́ть (с себя́) полномо́чия** (сложу́, сло́жишь) Vollmachten niederlegen - 19 **населе́ние** Bevölkerung - 20 **соотéчественники** *Pl* Landsleute - 23 **соображе́ние** Erwägung - 23 **трево́га** Sorge - 24 **му́дрость** *f* Weisheit

Вопросы и задания

1. Посмотрите на карту СССР и скажите:
   Сколько республик насчитывалось в СССР к моменту его распада? Перечислите и назовите количество населения, проживавшего в каждой из них, а также процентный состав русского населения в них.
2. Расскажите о том, как было принято решение о роспуске СССР и выскажите ваше мнение о законности и демократичности формы такого решения.
3. Какие из бывших республик вошли в состав СНГ?
4. Посмотрите на карту Российской Федерации и перечислите республики, автономные округа и области, входящие в её состав.
5. Найдите в речи Горбачёва строки, которые передают его отношение к распаду СССР и чувства, с которыми он покидает свой пост.

Aufgaben zur Grammatik (Texte 1 - 3)

1. *Ersetzen Sie die Verbalkonstruktionen durch substantivische Konstruktionen.*

a) подписать мирный договор
b) провозгласить 60 республик
c) заявить о роспуске Союза ССР
d) присоединилась Туркмения
e) преобразовать республику
f) сложить с себя полномочия

2. *Ersetzen Sie die kursivgedruckten Wörter durch Antonyme.*

a) территория *расширялась*
b) *соединение* Украины и России
c) *в состав* России *вошли*
d) *присоединение* Казахстана
e) *ослабление* центральной власти
f) *образование* СССР
g) *прекратить* своё существование
h) *покидать* пост

3. *Bilden Sie von den folgenden Substantiven Adjektive mit dem Suffix -н- und setzen Sie sie in die richtige Form.*
   Muster: народ / республика   →   народная республика

a) состав / часть
b) обмен / пункт
c) труд / решение
d) власть / человек
e) область / город
f) мир / договор
g) автономия / округ
h) глава / момент
i) остров / положение

4. *Bilden Sie von den folgenden Substantiven Adjektive mit dem Suffix -ск- und setzen Sie sie in die richtige Form.*
   Muster: автор / текст   →   авторский текст

a) Русь / государство
b) Крым / республика
c) Россия / история
d) Япония / язык
e) Сахалин / климат
f) президент / указ
g) Брест / договор
h) декабрь / совещание
i) империя / политика

5. *Ersetzen Sie die folgenden Passivsätze durch Aktivsätze.*

1. При Екатерине II к России были присоединены западноукраинские, белорусские и литовские земли. 2. 25 октября 1917 года была образована Российская Советская Федеративная Социалистическая Республика. 3. 21 декабря на Алма-Атинском совещании руководителей бывших союзных республик СССР была подписана Декларация об образовании СНГ и прекращении существования СССР. 4. Другие автономные области за последние годы преобразованы в республики.

4. О ГИМНЕ РОССИИ И СССР

Во времена Петра I и Екатерины II в качестве гимна использовались различные музыкальные произведения. С 1816 года официальным гимном в России становится английский гимн "God save the king". Его русский текст "Боже, царя храни" написал поэт В. А. Жуковский в 1815 году. Гимн получил название "Молитва русского народа". В 1833 году по указанию Николая I композитор А.Ф. Львов написал музыку к тексту Жуковского. Гимн был впервые исполнен 11 декабря 1833 года в Большом театре в Москве и, начиная с 31 декабря 1833 года, становится государственным гимном России.

Гимном СССР до 1944 года был "Интернационал". В ночь на Новый, 1944 год, по радио впервые прозвучал новый государственный гимн СССР (музыка А. В. Александрова, слова С. В. Михалкова и Г. Г. Эль-Регистана). В этой редакции он исполнялся до 1956 года, а затем до 1 сентября 1977 года гимн исполнялся без слов. Новая редакция текста и музыки была утверждена Президиумом Верховного Совета СССР 27 мая 1977 года.

Главной корректирующей идеей новой редакции Михалкова было отражение возросшей роли КПСС в жизни страны, отражение безусловного влияния нашей партии на революционные процессы во всём мире. Михалков предложил более ста вариантов третьего куплета и двух последних строчек припева. 31 августа 1977 года гимн в новой редакции впервые прозвучал по советскому радио и телевидению.

После образования Содружества Независимых Государств гимн СССР больше не исполняется. В настоящее время при Министерстве культуры образована комиссия по написанию нового гимна РФ.

По журналу *Москва* № 3, 1988 г. и газете
Аргументы и факты № 46, 1991 г.

---

3 **Бóже** *Vokativ von* Бог Gott - 5 **молúтва** Gebet - 5 **указáние** Anweisung - 7 **исполня́ть/испóлнить** spielen - 10 **прозвучáть** *pf 1. u. 2. Pers. ungebr.* ertönen - 13 **утверждáть/утвердúть** (утвержу́, утверди́шь) billigen - 15 **отражéние** Widerspiegelung - 16 **возрастáть/возрастú** *1. u. 2. Pers. ungebr.* anwachsen - 17 **влия́ние** Einfluß - 18 **куплéт** Liedstrophe - 19 **припéв** Refrain

Übung zum Wortschatz

1. *Ersetzen Sie die Verbalkonstruktionen durch substantivische Konstruktionen.*
   a) Z. 1 использовать различные произведения   b) Z. 7 исполнить гимн
   c) Z. 13 утвердить новую редакцию текста   d) Z. 16 роль возрастает
2. *Suchen Sie im Text Substantive auf -ание(-ение) und bestimmen Sie die Verben, von denen sie abgeleitet sind.*
3. *Ersetzen Sie die Präposition при (bei, unter, während) durch во врéмя bzw. во временá. Das Äquivalent für при + Familienname ist во временá.*

Muster: при Петре I → во *времена* Петра I
при царствовании Петра I → во *время* царствования Петра I

a) при Алексее Михайловиче
b) при военном коммунизме
c) при диктатуре пролетариата
d) при правлении Романовых
e) при Сталине
f) при Ленине
g) при Горбачёве
h) при Николае Втором

Вопросы и задания

1. Расскажите об истории создания первого российского гимна.
2. Какова история создания гимна СССР?
3. Какие перемены в советском обществе должна была отразить, по мнению правительства, вторая редакция гимна СССР?

5. ГИМН СОВЕТСКОГО СОЮЗА

Текст С. Михалкова и Эль-Регистана, музыка А. А. Александрова

Первая редакция 1944 года

Союз нерушимый республик свободных
сплотила навеки Великая Русь.
Да здравствует созданный волей народов
единый, могучий Советский Союз.
5   Припев:
Славься, Отечество наше свободное,
дружбы народов надёжный оплот!
Знамя советское, знамя народное
пусть от победы к победе ведёт!

10   Сквозь грозы сияло нам солнце свободы,
и Ленин великий нам путь озарил.
Нас вырастил Сталин - на верность народу,
на труд и на подвиги нас вдохновил.
     Припев.

15   Мы армию нашу растили в сраженьях,
захватчиков подлых с дороги сметём!
Мы в битвах решаем судьбу поколений,
мы к славе Отчизну свою поведём!

Вторая редакция 1977 г.

20 Союз нерушимый республик свободных
Сплотила навеки Великая Русь.
Да здравствует созданный волей народов
Единый, могучий Советский Союз.
    Припев:
25 Славься, Отечество наше свободное,
Дружбы народов надёжный оплот!
Партия Ленина - сила народная
Нас к торжеству коммунизма ведёт!

Сквозь грозы сияло нам солнце свободы,
30 И Ленин великий нам путь озарил.
На правое дело он поднял народы,
На труд и на подвиги нас вдохновил!
    Припев.

В победе бессмертных идей коммунизма
35 Мы видим грядущее нашей страны,
И Красному знамени славной Отчизны
Мы будем всегда беззаветно верны!

2 спла́чивать/сплоти́ть (сплочу́, сплоти́шь) zusammenfügen - 2 наве́ки auf ewig - 3 да здра́вствует es lebe - 3 во́ля Willen - 4 еди́ный einheitlich - 4 могу́чий mächtig - 6 сла́вься sei gerühmt - 6 оте́чество Vaterland - 7 надёжный опло́т sicherer Hort - 8 зна́мя Fahne - 10 сквозь гро́зы сия́ло нам со́лнце durch Gewitter strahlte uns die Sonne - 11 озаря́ть/озари́ть erleuchten - 12 ве́рность f Treue - 13 по́двиг Heldentat - 13 вдохновля́ть/вдохнови́ть (вдохновлю́, вдохнови́шь) begeistern - 15 сраже́ние Schlacht - 16 захва́тчик Eroberer - 16 по́длый gemein - 16 смета́ть/смести́ (смету́, сметёшь) wegfegen - 17 би́тва Kampf, Schlacht - 18 сла́ва Ruhm - 18 отчи́зна Vaterland - 28 торжество́ Triumph - 31 пра́вое де́ло gerechte Sache - 35 гряду́щее Zukunft - 37 беззаве́тно selbstlos

Вопросы и задания

1. Сформулируйте кратко, о чём идёт речь в каждом куплете первой редакции гимна и в припеве.
2. Сравните обе редакции гимна, найдите различия между ними и прокомментируйте их.
3. Какие изменения в политической жизни страны они отразили?
4. Почему с 1956 до 1977 года гимн исполнялся без слов? Какое событие, имевшее огромное значение для страны, произошло тогда?
5. Что вы знаете об истории создания гимна своей страны?

Übung zum Wortschatz

1. *Ersetzen Sie die kursivgedruckten Wörter durch Synonyme.*
   a) Z. 2 *сплотила* навеки
   b) Z. 4 *могучий* Союз
   c) Z. 7 надёжный *оплот*
   d) Z. 11 нам путь *озарил*
   e) Z. 34 *бессмертных* идей
   f) Z. 35 *грядущее* нашей страны
2. *Suchen Sie im Text von den Substantiven abgeleitete Adjektive mit den Suffixen -н- und -ск- und bestimmen Sie die Substantive, von denen sie abgeleitet sind.*

ГЕОПОЛИТИКА: УЗЛЫ КОНФЛИКТОВ

6. ЗАПАД

Запад - это европейский фасад страны, очень пёстрый в политико-географическом плане. Отдельные его части имеют самый разный срок собственной государственности и пребывания в составе России - СССР.

В результате двух мировых войн границы здесь многократно изменялись. После первой мировой и гражданской войн от России отошла значительная часть западных территорий. В Прибалтике возникли три независимых государства, причём у эстонцев и латышей впервые в их истории, часть Украины и Белоруссии отошла к Польше, Бессарабия и Северная Буковина - к Румынии.

17 сентября 1939 года Красная Армия перешла тогдашнюю границу с Польшей, чтобы "взять под свою защиту жизнь и имущество населения" Западной Украины и Западной Белоруссии. 2 ноября 1939 года они были включены в состав СССР.

Война СССР с Финляндией[1] закончилась 12 марта 1940 года подписанием мирного договора, по которому к СССР отошёл ряд территорий, ныне расположенных в пределах Карелии, Ленинградской и Мурманской областей.

Затем пришла очередь Бессарабии, аннексию которой Румынией Советское государство никогда не признавало. 28 июня 1940 года Румыния мирно уступила СССР как Бессарабию, так и Северную Буковину.

В начале августа 1940 года Верховный Совет СССР постановил принять в Союз ССР Литву, Латвию и Эстонию.

Значительные территории вошли в состав СССР в победном 45-м году. По решению Потсдамской конференции (лето 1945 г.) Восточная Пруссия была разделена между СССР и Польшей. К СССР перешёл город Кёнигсберг с прилегающим районом. Кёнигсбергская область РСФСР была образована в апреле 1946 г. и вскоре переименована в Калининградскую область.

29 июня 1945 г. был подписан договор между СССР и Чехословакией. По этому договору Закарпатская область Украины, которая после распада Авст-

ро-Венгрии вошла в состав Чехословакии, а в 1938 году была отторгнута
30 Венгрией, перешла к СССР.

По газетам *Московские новости*, 17.03.1991 г. и
Аргументы и факты № 37, 1991 г.

¹ Война с Финляндией началась 28.11.1939 г.

1 **пёстрый** bunt - 1 **в плáне** *чего* in Hinsicht - 2 **срок** Zeitdauer - 3 **госудáрственность** *f* Staatlichkeit - 4 **многокрáтно** mehrfach - 4 **изменя́ться/измени́ться** sich ändern - 6 **возникáть/возни́кнуть** entstehen - 7 **причём** wobei - 11 **брать/взять под защи́ту** (возьму́, возьмёшь) in Schutz nehmen - 15 **располагáться/расположи́ться в** *чём* sich befinden in - 16 **предéл** Grenze - 18 **признавáть/признáть** anerkennen - 24 **разделя́ть/раздели́ть** (разделю́, разде́лишь) aufteilen - 25 **прилегáть** *ipf* angrenzen - 26 **переименóвывать/переименовáть** umbenennen - 28 **Закарпáтская óбласть** (= Закарпáтье) Transkarpatien - 28 **распáд** Zerfall - 29 **отторгáть/оттóргнуть** annektieren

Übung zum Wortschatz

1. *Ersetzen Sie die kursivgedruckten Wörter durch Synonyme.*
   a) Z. 1 очень *пёстрый* в плане
   b) Z. 2 *отдельные* его части
   c) Z. 5 *значительная* часть
   d) Z. 6 *возникли* три государства
   e) Z. 15 *ныне* расположенных
   f) Z. 23 *по решению* конференции
2. *Bilden Sie von den folgenden Adverbien der Zeit Adjektive mit dem Suffix -шн- und setzen Sie sie in die richtige Form.*
   Muster: тогда / граница → тогдашняя граница
   a) сегодня / правительство
   b) вчера / события
   c) завтра / программа
   d) ныне / власти
   e) теперь / ситуация
   f) позавчера / случай

Вопросы и задания

1. Определите период времени, о котором рассказывается в тексте.
2. Как изменялись государственные границы Российской империи и СССР до начала второй мировой войны.
3. Какие территориальные изменения произошли в СССР между 1939 годом и 1945 годом?
4. На основе каких документов и как изменились границы СССР после окончания второй мировой войны?

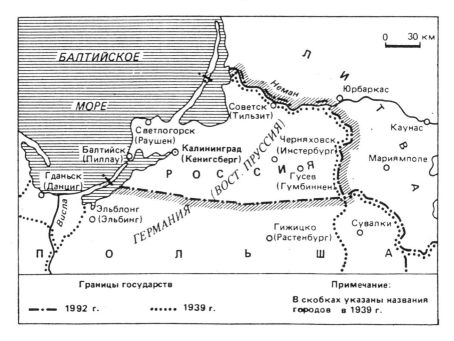

7. ВОСТОЧНАЯ ПРУССИЯ: 1947 - 1948

Площадь Калининградской области - 15125 квадратных километров. В настоящее время её населяет около 1 млн. человек. Особенностью области является её "островное" положение, оторванность от РФ, зависимость от соседей. 80 процентов электроэнергии идёт из Литвы, через её же территорию поступает российский газ. Имеются запасы нефти и янтаря. Численность войск, расквартированных в области, составляет около 100 тыс. человек. Балтийск (Пиллау) - главная база Военно-Морского Флота России. Уровень цен в Калиниграде - один из самых высоких в европейской части России.

До 1945 года Россия никогда не владела Восточной Пруссией. Когда Кёнигсберг с прилегающей территорией вошёл в состав СССР (официально это произошло 17 октября 1945 г.), его сразу же превратили в военный лагерь. Накануне войны на этой территории проживало 1100000 подданных рейха. Когда Советская Армия взяла штурмом Кёнигсберг, в городе всё ещё насчитывалось 110 тысяч жителей.

В октябре 1947 г. советское руководство приняло решение о депортации немцев из Калининградской области. Немцы мешали. Мешало чужеязычное и "идеологически враждебное" гражданское население, оказавшееся в пограничной зоне, где создавался мощный военный форпост. Мешали и находившиеся в лагерях 11252 военнопленных и 3160 интернированных. Их использовали в целлюлозно-бумажной и судостроительной промышленности.

30 апреля 1947 года начальник Управления Министерства внутренних дел Калининградской области отправил докладную записку министру внутренних дел СССР, в которой говорилось: "... на 15.04.47 г. на территории Калининградской области зарегистрировано 110217 немцев, в том числе 36201 человек детей и подростков до 16-летнего возраста.

Значительная часть этих немцев вследствие резкой физической ослабленности является нетрудоспособной. Остальная часть в количестве 36600 человек работает главным образом в военных совхозах Министерства вооружённых сил.

Из общего количества взрослого немецкого населения мужчин 31112 человек, женщин 42806 чел. Неработающее немецкое население, за исключением инвалидов и детей, содержащихся в детских домах и домах для престарелых, никакого продовольствия не получает.

В результате такого положения среди немецкого населения отмечается резкое повышение преступности (кражи продуктов, грабежи и даже убийства).

Наличие немецкого населения в области разлагающе действует не только на часть гражданского советского населения, но и на военнослужащих, расквартированных в области, и способствует распространению венерических заболеваний.

Внедрение немцев в быт советских людей путём широкого использования их в качестве низкооплачиваемой или вообще бесплатной прислуги способствует развитию шпионажа".

11 октября 1947 года Совет Министров СССР принимает постановление "О переселении немцев из Калининградской области РСФСР в советскую зону оккупации Германии".

Переселенцам разрешали взять с собой личного имущества до 300 килограммов на семью, "за исключением предметов и ценностей, запрещённых к вывозу таможенными правилами". Депортация немецкого населения началась 22 октября 1947 г. Последний эшелон с немцами ушёл из Калиниграда 21 октября 1948 г.

18 ноября 1948 г. генерал Дёмин отправляет в Москву докладную записку об итогах депортации. Он сообщает, что за весь период в Германию 48 поездами отправлено 102125 человек, в том числе 1076 немцев с территории Восточной Пруссии, которая вошла в состав Литвы. Министр на основе доклада генерала Дёмина послал 30 ноября 1948 года письменный отчёт на имя Сталина, Молотова и Берии. Эту дату можно считать последней в истории депортации немцев из Калининградской области. Отныне ни один немец там не мог сказать: "Это моя земля", что и требовалось Сталину.

На место депортированных вскоре стали прибывать переселенцы из центральных районов России.

История депортации немецкого населения восстановлена по документам, которые никогда ранее не были доступны исследователям.

По *Независимой газете*, 14.05.1993 г.

1 пло́щадь *f* Fläche - 2 осо́бенность *f* Eigenart - 5 нефть *f* Erdöl - 5 янта́рь *m* Bernstein - 6 чи́сленность *f* Zahl - 6 расквартиро́вывать/расквартирова́ть stationieren - 12 превраща́ть/преврати́ть (превращу́, преврати́шь) umwandeln - 13 по́дданный Staatsangehöriger - 14 брать/взять шту́рмом erstürmen - 14 насчи́тываться/насчита́ться *1. и. 2. Pers. ungebr.* gezählt werden - 17 меша́ть/помеша́ть im Wege stehen - 18 гражда́нское населе́ние Zivilbevölkerung - 18 пограни́чная зо́на Grenzgebiet - 20 военнопле́нный Kriegsgefangener - 21 целлюло́зно-бума́жная промы́шленность Zellstoffindustrie - 21 судострои́тельная промы́шленность Schiffbau - 23 докладна́я запи́ска Bericht - 26 подро́сток, подро́стка Halbwüchsiger - 27 всле́дствие *чего* infolge - 27 осла́бленность *f* Schwächung - 29 совхо́з Sowchose *staatlicher landwirtschaftlicher Großbetrieb* - 29 вооружённые си́лы *Pl* Streitkräfte - 29 Министе́рство вооружённых сил Verteidigungsministerium - 33 де́тский дом Kinderheim - 33 дом для престаре́лых Altersheim - 34 продово́льствие Lebensmittel - 36 престу́пность *f* Kriminalität - 36 кра́жа Diebstahl - 36 грабёж Raub - 36 уби́йство Mord - 38 нали́чие Vorhandensein - 38 разлага́юще zersetzend - 40 спосо́бствовать *ipf* begünstigen - 40 распростране́ние Verbreitung - 40 венери́ческое заболева́ние Geschlechtskrankheit 42 внедре́ние в быт Eindringen ins alltägliche Leben - 43 прислу́га Hausangestellte - 46 переселе́ние Umsiedlung - 49 це́нность *f* Wertsache - 50 тамо́женные пра́вила *Pl* Zollvorschriften - 51 эшело́н Zug - 54 ито́г Ergebnis - 55 в том числе́ darunter - 57 отчёт Rechenschaftsbericht - 59 отны́не von nun an

Übung zum Wortschatz

1. *Ersetzen Sie die kursivgedruckten Wörter durch Synonyme.*
   a) Z. 1 *площадь* области
   b) Z. 13 *накануне* войны
   c) Z. 13 *подданных* рейха
   d) Z. 38 *наличие* населения
   e) Z. 59 в истории *депортации*
   f) Z. 59 *отныне* ни один
2. *Ersetzen Sie die kursivgedruckten Wörter durch Antonyme.*
   a) Z. 13 *накануне* войны
   b) Z. 36 *резкое повышение*
   c) Z. 38 *наличие* население
   d) Z. 43 *способствует* развитию
   e) Z. 49 *за исключением* предметов
   f) Z. 59 *запрещённых* к вывозу

Вопросы и задания

1. Что сообщается в тексте о Восточной Пруссии до момента её присоединения к СССР?
2. Обобщите статистические данные текста о немецком населении на территории Калининградской области до начала его депортации.
3. Опишите условия жизни немецкого населения.
4. Какие аргументы для подтверждения необходимости выселения немецкого населения приводились в то время в деловой переписке?
5. Обобщите информацию текста и расскажите о проведении депортации.
6. Каково политическое и экономическое положение области сегодня?

Aufgaben zur Grammatik (Texte 4 - 7)

1. *Ersetzen Sie die Verbalkonstruktionen durch substantivische Konstruktionen.*
   Muster: *быстро* решить проблему → *быстрое* решение проблемы

a) границы многократно изменялись
b) полностью отторгнуть от Чехословакии Закарпатскую область
c) намеренно превратить область в военную зону
d) отправить докладную записку министру
e) частично восстановить историю депортации

2. *Bilden Sie von den folgenden Substantiven Adjektive mit dem Suffix -н- und setzen Sie sie in die richtige Form. Beachten Sie den Konsonantenwechsel im Stammauslaut: г - ж, к - ч, ц - ч.*
   Muster: народ / песня → народная песня

a) срок / работа   d) единица / случай   g) больница / атмосфера
b) восток / Берлин   e) округ / город   h) сторона / наблюдатель
c) юг / полюс   f) дорога / знак   i) улица / движение

3. *Bilden Sie von den folgenden Substantiven Adjektive mit dem Suffix -ск- und setzen Sie sie in die richtige Form.*
   Muster: автор / текст → авторский текст

a) граждане / население   d) Сталин / указание   g) Бессарабия / территория
b) Румыния / область   e) Эстония / язык   h) Германия / политика
c) Карелия / республика   f) Кавказ / война   i) Венгрия / события

4. *Ersetzen Sie die Relativsätze durch Partizipialkonstruktionen.*

1. За весь период в Германию было отправлено 102125 человек с территории Восточной Пруссии, которая вошла в состав Литвы. 2. История депортации немецкого населения восстановлена по документам, которые долгое время находились в секретных архивах.

5. *Ersetzen Sie die folgenden Aktivsätze durch Passivsätze. Beachten Sie den Aspekt der Verben in den angegebenen Sätzen.*

1. Советская армия взяла штурмом Кёнигсберг. 2. Генерал Дёмин отправляет в Москву докладную записку об итогах депортации. 3. Советское руководство приняло решение о депортации гражданского населения.

8. КАВКАЗ

На Кавказе проживает около 60 коренных народов, многие из которых относятся к разным языковым группам и даже семьям. Горный ландшафт способствовал обособлению большинства народов. Кроме того, здесь сошлись две мировые религии: христианство и ислам.

В этом регионе до распада СССР соседствовали 4 союзные республики, 7 автономных и 4 автономные области.

На Северном Кавказе политико-административные границы многократно изменялись, особенно часто это делалось в 20-е, 30-е и 50-е годы.

Особенностью политической ситуации на Кавказе сегодня является множество требований по созданию или восстановлению политико-административных единиц и повышению их статуса.

По газете *Московские новости*, 17.03.1991 г.

1 **коренно́й наро́д** Stammvolk - 3 **обособле́ние** Isolierung

Вопросы и задания

1. Охарактеризуйте демографические особенности кавказского региона.
2. Какие административно-территориальные единицы существовали на Кавказе до распада СССР?

9. КАЗАКИ И СЕВЕРНЫЙ КАВКАЗ
Часть первая: дореволюционный период

Завоевание Кавказа имело для России важное военно-стратегическое, политическое и экономическое значение. Необходимо было обезопасить южные границы государства, обеспечить свободу мореплавания в Чёрном море и гарантировать безопасность торговых путей в страны Ближнего и Среднего Востока, а также в Китай и Индию.

Россия использовала для покорения Кавказа мощные вооружённые силы, значительную часть которых составляли казаки. Персидский поход Петра I в 1722 году положил начало кавказским войнам, которые закончились лишь в 1864 году.

Даже для своего времени кавказские войны отличались крайней жестокостью с обеих сторон. Для лучшего понимания причин современных конфликтов между казачеством и рядом горных народов Северного Кавказа хотелось бы остановиться на характеристике действий царской армии и казаков. Это необходимо и потому, что в российских средствах массовой информации преобладает тенденция приукрашивания деяний царского самодержавия, в частности колониальной политики Петербурга.

Генерал А. П. Ермолов[1], чьё руководство войсками в Грузии и на Кавказской линии в 1816-1827 годы дореволюционные историки называли "одним из славнейших в истории кавказских войн", убедил Александра I усмирять горцев, которых он считал "хищниками", исключительно силой оружия. Взятие заложников, натравливание одного горного селения на другое, установление принципа коллективной ответственности за преступления против русских, жестокие карательные экспедиции с применением артиллерии, конфискация в целых округах продовольствия и кормов для скота, заготовленных на всю зиму - вот далеко не полный арсенал "покорителя Кавказа".

Однако многие десятилетия действия русской армии и казаков были малоэффективными, несмотря на огромные военные силы, брошенные Россией для покорения Кавказа.

Причины этого заключались прежде всего в свободолюбивом характере горцев и в помощи, которую им оказывали сначала Персия и Турция, а затем Англия и Франция.

Колонизация Северного Кавказа началась в 1792 году. Первыми поселенцами были военные казаки. В 1794 году казаки основали пять первых станиц по реке Кубань, которые составили Кубанский полк. С 30-х годов XIX века колонизация этого края началась в широких масштабах. Были определены границы казачьих поселений и требуемое количество казачьих семей. Здесь было поселено Кубанское казачье войско - 12 тыс. человек, Донское - 1200

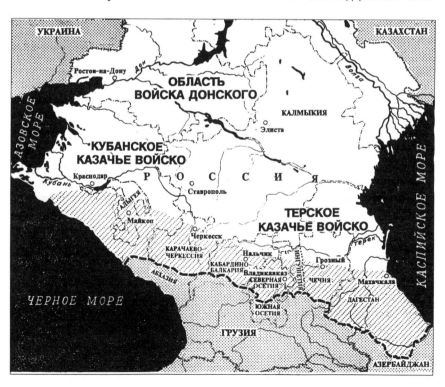

и Азовское - около 800 человек. Кроме того, часть переселенцев составляли государственные крестьяне[2].

40 Хотя имелось множество случаев, когда казаки оказывали помощь горцам, в целом военно-казачья и крестьянская колонизация Северного Кавказа сопровождалась уничтожением горных аулов и истреблением населения.

Первоначально предполагалось выселить горцев в другие районы Российской империи, но они сопротивлялись этому. Тогда предпочли более лёгкий
45 и удобный путь - выдворение горцев в Турцию. К началу 1865 года в Кубанской области, где до кавказских войн проживало около 1 млн. человек, осталось всего 107 тыс.

Тем не менее, даже спустя длительное время после "замирения" Кавказа, царская администрация продолжала считать горцев чуждым и беспокойным
50 элементом, от которого необходимо избавиться, а их земли передать казачьему и русскому населению. Изгнание этих народов продолжалось до первой мировой войны. Судьба изгнанных из родных мест была трагичной: многие погибли от эпидемий и голода, семьи разрушались. Те из них, кто остался в живых, сохранили стойкую неприязнь к русским и казакам, видя в них коло-
55 низаторов, и передали её детям и внукам.

По *Независимой газете,* 04.06.1994 г.

[1]Алексе́й Петро́вич Ермо́лов (1777-1861), в 1816-1827 гг. был командующим Кавказского корпуса и главнокомандующим русскими войсками в Грузии.
[2]Государственные крестьяне - крепостные крестьяне, принадлежавшие государству.

каза́к, казаки́ *Pl* Kosak - 1 завоева́ние Eroberung - 2 обезопа́сить *pf* (обезопа́шу, обезопа́сишь) sichern - 3 обеспе́чивать/обеспе́чить gewährleisten - 3 морепла́вание Seeschiffahrt - 6 покоре́ние Unterwerfung - 8 класть/положи́ть нача́ло (положу́, поло́жишь) den Anfang bilden - 10 жесто́кость *f* Grausamkeit - 12 каза́чество Kosakentum - 14 сре́дства ма́ссовой информа́ции Massenmedien - 15 преоблада́ть *ipf* vorherrschen - 15 приукра́шивание Schönfärberei - 15 дея́ние Handlung - 15 самодержа́вие Autokratie - 19 убежда́ть/убеди́ть *1. Pers. pf. ungebr.* überzeugen - 19 усмиря́ть/усмири́ть niederwerfen - 20 хи́щник Raubtier, Räuber - 21 зало́жник Geisel - 21 натра́вливание на *что* Aufhetzung gegen - 20 установле́ние Festlegung - 22 преступле́ние Verbrechen - 23 кара́тельная экспеди́ция Strafexpedition - 24 корм Futter - 24 скот Vieh - 30 ока́зывать/оказа́ть по́мощь *кому* Hilfe leisten - 32 пересе́ленец Siedler - 33 стани́ца Kosakensiedlung, Staniza - 34 полк Regiment - 42 ау́л Siedlung *im Kaukasus und Mittelasien* - 42 истребле́ние Ausrottung - 43 предполага́ть/предположи́ть (предположу́, предполо́жишь) vorsehen - 44 сопротивля́ться *чему* sich widersetzen - 44 предпочита́ть/предпоче́сть (предпочту́, предпочтёшь) bevorzugen - 45 выдворе́ние Abschiebung - 50 избавля́ться/изба́виться от *чего* (изба́влюсь, изба́вишься) sich befreien von - 51 изгна́ние Vertreibung - 53 погиба́ть/поги́бнуть umkommen - 54 неприя́знь Feindseligkeit

Übung zum Wortschatz

1. *Ersetzen Sie die kursivgedruckten Wörter durch Synonyme.*
   a) Z. 6 для *покорения* Кавказа
   b) Z. 10 *крайней* жестокостью
   c) Z. 15 *преобладает* тенденция
   d) Z. 19 *усмирять* горцев
   e) Z. 20 *исключительно* силой
   f) Z. 43 *первоначально*
   g) Z. 45 *выдворение* горцев
   h) Z. 48 *спустя* длительное время
   i) Z. 50 необходимо *избавиться*
   j) Z. 54 *стойкую* неприязнь
2. *Ersetzen Sie die kursivgedruckten Wörter durch Antonyme.*
   a) Z. 6 *мощные* вооружённые
   b) Z. 8 положил *начало* войнам
   c) Z. 15 *приукрашивания* деяний
   d) Z. 21 *установление* принципа
   e) Z. 43 *выселить* горцев
   f) Z. 53 семьи *разрушались*
3. *Suchen Sie im Text Substantive auf -ание(-ение) und bestimmen Sie die Verben, von denen sie abgeleitet sind.*

Вопросы и задания

1. Что стало причиной начала кавказских войн? Назовите даты начала и окончания, а также продолжительность этого периода.
2. Какие причины столь долгого периода кавказских войн называются автором?
3. Как характеризуются в тексте действия русской армии на Кавказе?
4. Расскажите о роли казаков в кавказских войнах и при колонизации Кавказа.
5. Какова была судьба коренного населения Кавказа в период с начала кавказских войн и до Октябрьской революции?
6. Как комментируются в средствах массовой информации время кавказских войн сегодня?

10. КАЗАКИ И СЕВЕРНЫЙ КАВКАЗ
Часть вторая: послереволюционный период

После революции антагонизм между казаками и горцами стал быстро усиливаться. В Дагестане месть горцев обрушилась на всё русское население. В годы гражданской войны Чечня разделялась на 50-60 враждующих между собой группировок по числу влиятельных шейхов. Однако чеченцы проявляли полное единство в исторической вражде к русским колонизаторам.
   Политика российского Центра в период установления Советской власти на Северном Кавказе прошла через несколько принципиальных этапов. До лета 1918 года она осуществлялась под лозунгом создания здесь "Республики рабочих, крестьян, казаков и горцев" и строилась на дифференцировании подходов к "зажиточным" и "трудовым" казакам, причём последние вместе с

горцами рассматривались в качестве союзников Москвы.

Однако уже к концу лета 1918 г. казачество, столкнувшись с советскими реалиями, стало постепенно переходить в оппозицию к новой власти. Вопрос о примирении горцев и казаков, а также о "Республике" больше не ставился. Более того, начался курс на создание на Северном Кавказе горских национально-территориальных образований большей частью за счёт захвата казачьих земель. В августе 1918 г. Орджоникидзе[1] обещал съезду ингушского народа отдать ингушам землю Терского казачьего войска. После этого началось поголовное изгнание казаков и занятие казачьих станиц ингушами.

Ещё более обострила горско-казачью вражду монархическая политика Белой армии.

После изгнания Белой армии с Северного Кавказа в марте 1920 г. началось организованное выселение казаков с Сунжеской линии[2] и занятие их станиц чеченцами.

В 1920-1921 годы в бывшей Терской области было вырезано и переселено более 70 тыс. казаков.

Таким образом, курс Москвы на ликвидацию казачества как социальной опоры царского самодержавия и белого движения на Северном Кавказе не просто поощрял исторические притязания горских националистов, а легализовывал их и облекал в форму новой государственной политики российского центра. Тем самым вековая горско-казачья вражда не только не ослаблялась, а, наоборот, усиливалась по мере выселения и уничтожения казаков и захватывала всё славянское население региона.

Антиказачьи настроения части горских народов Северного Кавказа под влиянием такой политики постепенно перешли в русофобию. Она была настолько явной и активной, что при планировании войны против СССР германское командование учитывало наличие антисоветских и антирусских сил на территории Чечено-Ингушетии.

Конечно, было бы ошибкой считать, что случаи коллаборационизма на оккупированных территориях Северного Кавказа пользовались всенародной поддержкой. Хроника второй мировой войны рассказывает о героических

подвигах воевавших против фашистских захватчиков многих чеченцев, ингушей, балкарцев, карачаевцев, калмыков, турок-месхетинцев - представителей народов, репрессированных в 1943-1944 годы и выселенных с Кавказа
45 в Среднюю Азию и Казахстан за пособничество гитлеровцам.

Ослабление влияния центрального российского правительства в последние годы привело к сильному подъёму автономистских и сепаратистских движений на Северном Кавказе. Под предлогом "восстановления исторической справедливости" потомки горцев, пострадавших более века назад от рус-
50 ского царизма, пытаются свести исторические счёты с потомками казаков (в первую очередь в отношении прав на землю).

Как в этой обстановке должны поступить казаки: браться ли им за оружие для защиты своих жизней, или есть другие пути решения проблем взаимоотношения казачества и горского населения Северного Кавказа? К со-
55 жалению, и с той, и с другой стороны периодически слышны призывы использовать насильственные меры для "восстановления исторической справедливости" (естественно, что эту "справедливость" каждая сторона понимает по-своему).

По *Независимой газете*, 04.06.1994 г.

[1]Григо́рий Константи́нович (Серго́) Орджоники́дзе (1886-1937), советский государственный и партийный деятель, в 1918-1920 гг. руководил борьбой за советскую власть на Северном Кавказе и в Закавказье.
[2]Су́нжа, река на Северном Кавказе.

2 **месть обру́шилась на** *кого pf* die Rache entlud sich an - 3 **Чечня́** Tschetschenien - 3 **враждова́ть ме́жду собо́й** *ipf* sich befeinden - 4 **влия́тельный** einflußreich - 4 **проявля́ть/прояви́ть еди́нство** (проявлю́, проя́вишь) Einigkeit zeigen - 10 **подхо́д к** *чему* Einstellung zu - 10 **зажи́точный** wohlhabend - 11 **рассма́тривать/рассмотре́ть в ка́честве** betrachten als - 11 **сою́зник** Verbündeter - 12 **ста́лкиваться/столкну́ться с** *чем* in Berührung kommen mit - 16 **захва́т** Eroberung - 17 **Ингуше́тия** Inguschetien - 19 **поголо́вный** alle ohne Ausnahme - 19 **заня́тие** Besetzung - 20 **обостря́ть/обостри́ть** zuspitzen - 25 **выреза́ть/вы́резать** (вы́режу, вы́режешь) niedermetzeln - 28 **опо́ра** Stütze - 29 **поощря́ть/поощри́ть** anspornen - 29 **притяза́ние** Anspruch - 30 **облека́ть/обле́чь в фо́рму** *чего* (облеку́, облечёшь) in die Form kleiden - 31 **тем са́мым** dadurch - 32 **по ме́ре** *чего* in dem Maß - 37 **учи́тывать/уче́сть** (учту́, учтёшь) berücksichtigen - 45 **посо́бничество** Beistand - 47 **подъём** Aufschwung - 48 **под предло́гом** unter dem Vorwand - 48 **восстановле́ние справедли́вости** Wiederherstellung der Gerechtigkeit - 49 **пото́мок,** пото́мка, пото́мки *Pl* Nachkomme - 49 **страда́ть/пострада́ть от** *чего* leiden unter - 50 **своди́ть/свести́ счёты с** *кем* mit jdm abrechnen - 52 **бра́ться/взя́ться за ору́жие** zur Waffe greifen - 55 **призы́в** Aufruf - 56 **наси́льственные ме́ры** *Pl* Zwangsmaßnahmen

Übung zum Wortschatz

1. *Ersetzen Sie die kursivgedruckten Wörter durch Synonyme.*
   a) Z. 4 по *числу* влиятельных
   b) Z. 11 *в качестве* союзников
   c) Z. 19 *поголовное* изгнание
   d) Z. 20 *обострила* вражду
   e) Z. 29 *притязания* националистов
   f) Z. 39 ошибкой *считать*, что
   g) Z. 45 за *пособничество*
   h) Z. 47 к сильному *подъёму*
2. *Ersetzen Sie die kursivgedruckten Wörter durch Antonyme.*
   a) Z. 5 *единство* во вражде
   b) Z. 20 *обострила* вражду
   c) Z. 37 учитывало *наличие*
   d) Z. 47 к *подъёму* движений
   e) Z. 49 *потомки* горцев
   f) Z. 55 *периодически* слышны
3. *Bilden Sie von den folgenden Substantiven Substantive mit dem Suffix -чик und bilden Sie zu ihnen das Femininum und den Plural.*
   Muster: захват → захватчик → захватчица → захватчики
   a) перевод
   b) завод
   c) рассказ
   d) отказ
   e) совет
   f) ответ
   g) буфет
   h) лёт

Вопросы и задания

1. Охарактеризуйте политику советского правительства на Кавказе в послереволюционные годы.
2. Как и почему изменились отношения между казаками и кавказскими народами после революции?
3. Какова была судьба многих кавказских народов после освобождения Кавказа от гитлеровских войск? Какие причины этого называются в тексте?
4. Какие изменения во взаимоотношениях казаков и кавказских народов произошли в начале 90-х годов?

11. ОПОРА, НО КАКОЙ РОССИИ?

Казачество было привилегированным сословием Российской империи, освобождённым от налогов и наделяемым землёй, в обязанности которого входило несение воинской службы и охрана границ. Ряды казачества пополнялись по мере расширения границ Российской империи за счёт включения в сословие новых этнических групп.

После гражданской войны казаки подверглись репрессиям и выселению. В целом в стране было репрессировано около 4 млн. казаков. Закон о реабилитации репрессированных народов[1] на них не распространяется.

Проблема казачьей автономии возникла весной 1991 года. Была выдвинута идея восстановления Донской республики, образованной в 1918 году и просуществовавшей не более года. Но даже до революции ни одно из казачьих войск не составляло большинства населения в своих регионах. Казаки, уцелевшие после расказачивания, коллективизации и индустриализации, оказались рассеянными по всем уголкам бывшего СССР. Сегодня они составляют на Дону 14% населения, на Кубани - 6%, в других казачьих регионах ещё меньше.

Подписанный 15 марта 1993 года указ Бориса Ельцина "О реформировании военных структур пограничных и внутренних войск на территории Северо-Кавказского региона РФ и государственной поддержке" вызвал противоречивые оценки. Практически все местные органы власти юга России встретили его без энтузиазма; коренное население бывших автономий - настороженно-подозрительно, русскоязычные в этих республиках - одобрительно, почти эйфорически.

Этот указ возлагает на казачьи организации функции подготовки молодёжи к военной службе, разрешает участвовать в мерах по обеспечению порядка. Кажется, что в этом опасного? К сожалению, получает развитие тенденция на восстановление казачества как сословия, а президентские указы создают все необходимые условия для закрепления сословных привилегий. Они предполагают возможность наделения казаков землёй в обмен на обязательство по несению государственной службы.

Таким образом, владение и пользование землёй у казаков может довольно сильно отличаться от форм землепользования для других граждан России. Из указов следует, что на территории проживания казаков могут использоваться традиционные формы самоуправления. Но казачье управление было полностью сословным, оно несовместимо с нормами правового государства и закладывает основы для дискриминации неказачьего меньшинства.

Казачество, как военизированное сословие с особым порядком несения государственной службы, особым землепользованием, при известных условиях действительно может стать опорой России, но имперской и сословной России.

Ныне существующие казачьи организации являются военизированными, что запрещено действующим законом. В настоящее время казачьи организации пытаются вооружаться.

По газете *Московские новости*, 11.04.1993 г.

[1] Закон принят 26 апреля 1991 г.

1 **сосло́вие** Stand - 2 **нало́г** Steuer - 2 **наделя́ть/надели́ть землёй** mit Grund und Boden versehen - 2 **входи́ть/войти́ в обя́занность** zur Dienstpflicht gehören - 3 **несе́ние вое́нной слу́жбы** Ableistung des Militärdienstes - 3 **охра́на грани́ц** Grenzschutz - 6 **подверга́ть/подве́ргнуть репре́ссиям** jdn Repressalien aussetzen - 8 **распространя́ться/распространи́ться** sich ausdehnen - 13 **расказа́чивание** Vernichtung der Kosaken - 14 **рассе́ивать/рассе́ять** verstreuen - 19 **противоречи́вый** widersprüchlich - 21 **насторо́женно-подозри́тельно** gespannt und mißtrauisch - 22 **одобри́тельно** billigend - 24 **возлага́ть/возложи́ть фу́нкции на** *кого* jdm Funktionen auferlegen - 25 **обеспе́чение поря́дка** Gewährleistung der Ordnung - 28 **закрепле́ние** Festlegung - 29 **обя́зательство** Verpflichtung - 31 **дово́льно** ziemlich - 32 **отлича́ться/отличи́ться от** *чего* sich unterscheiden von - 33

сле́довать из *чего* *ipf* hervorgehen aus - 35 **быть несовмести́мым с** *чем* unvereinbar sein mit - 35 **правово́е госуда́рство** Rechtsstaat - 36 **закла́дывать/заложи́ть осно́вы** (заложу́, зало́жишь) den Grund(stein) legen - 37 **военизи́рованный** militarisiert - 42 **де́йствующий зако́н** das geltende Gesetz - 43 **вооружа́ться/вооружи́ться** sich bewaffnen

Вопросы и задания

1. Охарактеризуйте особенности социального положения казачества до революции.
2. Какие территориальные изменения произошли после Октябрьской революции в областях проживания казачества?
3. Какую позицию заняло казачество по отношению к Советской власти после гражданской войны? Какова была судьба казаков в 20-е годы?
4. Какие сведения сообщаются в тексте о численности казаков в общем составе населения до и после революции?
5. Охарактеризуйте политику президента Ельцина по отношению к казачеству и последствия, которые она может иметь в будущем.
6. Как комментируются автором статьи президентские указы?

Aufgaben zur Grammatik (Texte 8 - 11)

1. *Ersetzen Sie die folgenden Sätze durch substantivische Konstruktionen.*
   Muster: Комитет быстро решил сложную проблему.
   → быстрое решение комитетом сложной проблемы

а) Монархическая политика Белой армии крайне обострила вражду.
б) Курс Москвы поощрял исторические притязания горских националистов.
с) Казачество постепенно пополнялось за счёт включения в него новых этнических групп.
d) Президентский указ прямо возложил на казачьи организации различные функции.

2. *Welches russische Wort entspricht dem Fremdwort?*

а) доминирование   с) депортация   е) антагонизм   g) хроника
b) конфискация   d) аннексия   f) ликвидация   h) тенденция

1 уничтожение, 2 летопись, 3 преобладание, 4 направление,
5 изъятие, 6 отторжение, 7 изгнание, 8 вражда

3. *Bilden Sie von den folgenden Substantiven Adjektive mit dem Suffix -енн- und setzen Sie sie in die richtige Form.*
   Muster: общество / интересы → общественные интересы

а) искусство / трудности
b) государство / политика
с) отечество / история
d) существо / изменения
е) количество / состав
f) единство / цель
g) качество / отличие
h) продовольствие / карточка
i) правительство / программа
j) торжество / исполнение гимна

4. *Ersetzen Sie die Partizipialkonstruktionen durch Relativsätze.*

1. В годы гражданской войны Чечня разделялась на 50-60 враждующих между собой группировок. 2. Хроника рассказывает о героических подвигах представителей кавказских народов, репрессированных в 1943-1944 годах и выселенных с Кавказа за пособничество гитлеровцам. 3. Под предлогом "восстановления исторической справедливости" потомки горцев, пострадавших более века назад от русского царизма, пытаются свести исторические счёты с потомками казаков. 4. Казаки, уцелевшие после коллективизации и индустриализации, оказались рассеянными по всем уголкам бывшего СССР.

5. *Ersetzen Sie die Relativsätze durch Partizipialkonstruktionen.*

1. Персидский поход Петра I положил начало кавказским войнам, которые закончились лишь в 1864 году. 2. В 1794 году казаки основали пять первых станиц по реке Кубань, которые составили Кубанский полк. 3. Горцы, которые остались в живых, сохранили стойкую неприязнь к русским и казакам.

6. *Ersetzen Sie die folgenden Aktivsätze durch Passivsätze. Beachten Sie den Aspekt der Verben in den angegebenen Sätzen.*

1. Россия использовала для покорения Кавказа мощные вооружённые силы. 2. Персидский поход положил начало кавказским войнам. 3. В 1794 году казаки основали пять первых станиц по реке Кубань. 4. Тогда предпочли более лёгкий и удобный путь - выдворение горцев в Турцию. 5. Ещё более обострила горско-казачью вражду монархическая политика Белой армии. 6. Указ Бориса Ельцина вызвал противоречивые оценки. 7. Этот указ возлагает на казачьи организации функции подготовки молодёжи к военной службе. 8. Президентские указы создают все необходимые условия для закрепления сословных привилегий.

7. *Ersetzen Sie die kursivgedruckten Verbindungen aus Verb + Substantiv durch einfache Verben.*

1. 17 сентября 1939 г. Красная Армия перешла границу с Польшей, чтобы "*взять под свою защиту* жизнь и имущество населения" Западной Украины. 2. Советское руководство *приняло решение* депортировать немцев из Калининградской области. 3. Казаки *оказывали помощь* горцам, но в целом колонизация Северного Кавказа сопровождалась уничтожением горных аулов и истреблением населения. 4. Казаки *оказывали* всяческое *сопротивление* проводимой на Кавказе политике. 5. Конечно, было бы ошибкой считать, что случаи коллаборационизма на оккупированных территориях Северного Кавказа *пользовались поддержкой* населения. 6. Потомки горцев, пострадавших более века назад от русского царизма, пытаются *свести* исторические *счёты* с потомками казаков. 7. Как в этой обстановке должны поступить казаки: *браться* ли им *за оружие* для защиты своих жизней? 8. После гражданской войны казаки *подверглись репрессиям*.

a) поддерживать / поддержать
b) репрессировать
c) защищать / защитить
d) вооружаться / вооружиться
e) решать / решить
f) сопротивляться
g) рассчитываться / рассчитаться
h) помогать / помочь

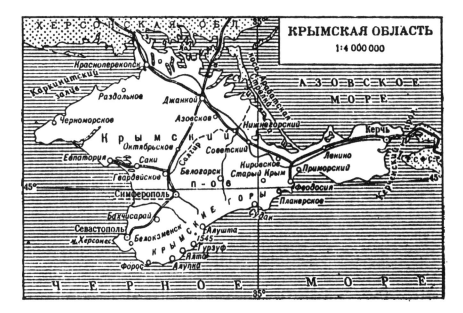

12. КРЫМ В МАЕ 1944 ГОДА

В 1783 году к России было присоединено Крымское ханство. После Октябрьской революции на территории Крыма в декабре 1917 года образовалось Крымско-Татарское национальное правительство, преобразованное в начале 1918 года в Крымское краевое правительство. В апреле 1919 года после ухода Белой армии была образована Крымская ССР, которая вскоре вошла в состав РСФСР. Во время второй мировой войны Крым был оккупирован немецкими войсками.

Из докладной записки Берии[1] - Сталину.

Учитывая предательские действия крымских татар против советского народа и исходя из нежелательности проживания крымских татар на пограничной окраине Советского Союза, НКВД СССР вносит проект решения о выселении всех татар с территории Крыма.

Считаем целесообразным расселить крымских татар в районах Узбекской ССР для использования их на работах как в сельском хозяйстве, так и в промышленности.

Из официальной переписки о выселении татар из Крыма.

Телеграммы на имя народного комиссара внутренних дел СССР Л. П. Берии:
18 мая 1944 г. Симферополь
Во исполнение Вашего указания сегодня, 18 мая, на рассвете была начата

20 операция по выселению крымских татар.

По состоянию на 20 часов подвезено к станциям погрузки 90000 человек, из них погружено в 17 эшелонов и отправлено в места назначения 48400 человек. Находятся под погрузкой 25 эшелонов.

Во время операции никаких эксцессов не имело места. Операция продол-
25 жается.

20 мая 1944 г.

Настоящим докладываем, что начатая 18 мая операция по выселению крымских татар закончена сегодня, 20 мая, в 16 часов. Выселено всего 180014 чел., погружено в 67 эшелонов, из которых 63 эшелона численно-
30 стью 173287 чел. отправлены к местам назначения, остальные эшелоны будут также отправлены сегодня...

По книге *Иосиф Сталин - Лаврентию Берии: "Их надо депортировать"*.
Москва 1992 г.

[1]Лавре́нтий Па́влович Бе́рия (1899 - расстрелян в 1953 г.), в 1938 -1953 годы стоял во главе НКВД СССР.

9 **преда́тельский** verräterisch - 10 **исходя́ из** *чего* ausgehend von - 10 (**пограни́чная**) **окра́ина** (Grenz-)Randgebiet - 11 **НКВД** (Наро́дный комиссариа́т вну́тренних дел) Volkskommissariat für innere Angelegenheiten - 11 **прое́кт реше́ния** Entwurf eines Beschlusses - 13 **целесообра́зный** zweckmäßig - 13 **расселя́ть/рассели́ть** (расселю́, рассели́шь) ansiedeln - 14 **как... так и...** sowohl... als auch - 19 **во исполне́ние указа́ния** zur Durchführung der Anweisung - 21 **подвози́ть/подвезти́** liefern - 21 **погру́зка** Verladung - 22 **погружа́ть/погрузи́ть** (погружу́, погру́зишь) verladen - 22 **ме́сто назначе́ния** Bestimmungsort - 27 **настоя́щим докла́дываем** hiermit melden wir

Вопросы и задания

1. Перечислите государственные образования, существовавшие на территории Крыма, начиная с 1783 года.
2. Какие причины депортации исконного населения Крыма в 1944 году называются в официальных документах?
3. Расскажите о ходе депортации крымских татар. Какая атмосфера, по вашему мнению, царила на вокзале в момент "погрузки" людей в поезда?
4. Посмотрите на географическую карту Крыма и расскажите о географических особенностях его положения.

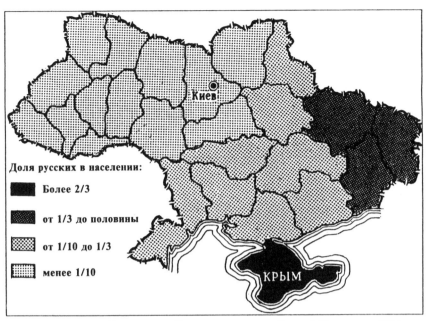

Национальный состав населения областей Украины в 1989 году

13. КРЫМ В ФЕВРАЛЕ 1954 ГОДА

Решение о передаче Крыма из одной советской республики в другую тогда, почти сорок лет назад, изумило многих полной неожиданностью. Крым никогда не принадлежал Украине, украинцы не составляли там большинства населения, экономические и культурные связи у России с Крымом были более прочные, чем у Крыма с Украиной. Примечательно, что даже сейчас, хотя за минувшие годы многое тайное стало явным, эта история остаётся во многом загадкой.

В 1954 году Н. С. Хрущёв, недавно ставший Первым секретарём ЦК КПСС, передачей Крыма Украине рассчитывал убить сразу нескольких зайцев. Выселение крымских татар в 1944 году, которых Сталин обвинил в предательстве, кроме всего прочего, нанесло хозяйству области непоправимый урон. Однако против полной реабилитации и возвращения народа-изгнанника стеной встала старая партийная элита - Хрущёву приходилось с ней считаться. Указом как бы подводилась черта под невидимыми миру спорами: пересматривать решения 1944 года не будем, заселением и восстановлением Крыма пусть занимается Киев. Хрущёв хорошо знал, сколько обид на Москву скопилось на Украине. Широким жестом он рассчитывал снять напряжение, показать массам, что со старым покончено, привлечь симпатии партийного актива Украины.

Впрочем, какие бы цели ни ставил перед собой Хрущёв, очевидно, что осуществлял он их по правилам старой сталинской системы. Решение принималось в очень узком кругу (обсуждение на Президиуме Верховного Совета СССР - демократические декорации), без научной экспертизы, без попытки выяснить мнение населения области, с полным пренебрежением к правовым нормам, в условиях полной безгласности. И можно ли удивляться, что кажущиеся простота и лёгкость сегодня обернулись ухудшением отношений народов-соседей, народов-братьев?

Убережёт ли урок, преподанный нам историей, от соблазна сегодня искать лёгкие решения? Возможно, было бы справедливо отменить Указ 1954 года. Но кто теперь будет его отменять? Согласится ли Украина? Территориальные споры между двумя государствами (всегда болезненные) могут быть разрешены лишь терпеливыми переговорами, взаимными уступками, укреплением доверия.

По газете *Московские новости*, 2.02.1992 г.

до́ля - Anteil - 2 **изумля́ть/изуми́ть** *чем* (изумлю́, изуми́шь) in Staunen versetzen durch - 5 **про́чный** fest - 5 **примеча́тельно** bemerkenswert - 6 **мину́вший** vergangen - 6 **та́йное ста́ло я́вным** das Geheimnis wurde gelüftet - 7 **зага́дка** Rätsel - 9 **рассчи́тывать/рассчита́ть** beabsichtigen - 9 **уби́ть сра́зу двух за́йцев** zwei Fliegen mit einer Klappe schlagen - 10 **обвиня́ть/обвини́ть в** *чём* jdn beschuldigen wessen 11 **кро́ме всего́ про́чего** abgesehen von allem anderen - 11 **наноси́ть/нанести́ уро́н** *чему* jdm Schaden zufügen - 11 **непоправи́мый** nicht wiedergutzumachend - 13 **встава́ть/встать стено́й про́тив** *чего* (вста́ну, вста́нешь) sich wie eine Wand entgegen stellen - 14 **подводи́ть/подвести́ черту́ под** *чем* einen Schlußstrich ziehen unter - 14 **пересма́тривать/пересмотре́ть** revidieren - 16 **оби́ды скопи́лись на** *что* pf Kränkungen häuften sich an - 17 **снима́ть/снять напряже́ние** (сниму́, сни́мешь) Spannung beseitigen - 18 **привлека́ть/привле́чь симпа́тии** (превлеку́, привлечёшь) Sympathie gewinnen - 20 **впро́чем** jedoch - 24 **пренебреже́ние к** *чему* Mißachtung - 24 **правова́я но́рма** Rechtsnorm - 25 **ка́жущийся** scheinbar - 26 **обора́чиваться/оберну́ться** *чем* sich verwandeln in - 28 **уберега́ть/убере́чь от** *чего* (уберегу́, убережёшь) bewahren vor - 28 **препода́ть уро́к** pf eine Lehre erteilen - 28 **собла́зн** Versuchung - 29 **отменя́ть/отмени́ть** (отменю́, отме́нишь) aufheben - 32 **терпели́вый** geduldig - 32 **перегово́ры** Pl Verhandlungen - 32 **взаи́мная усту́пка** Kompromiß - 33 **дове́рие** Vertrauen

Übung zum Wortschatz

1. *Ersetzen Sie die kursivgedruckten Wörter durch Synonyme.*
    a) Z. 2 *изумило* многих   d) Z. 12 непоправимый *урон*
    b) Z. 6 за *минувшие* годы   e) Z. 21 *осуществлял* он их
    c) Z. 10 *выселение* татар   f) Z. 24 *выяснить* мнение населения

2. *Ersetzen Sie die kursivgedruckten Wörter durch Antonyme.*
    a) Z. 3 *большинства* населения   d) Z. 29 *отменить* указ
    b) Z. 22 в очень *узком* кругу   e) Z. 30 *согласится* ли Украина
    c) Z. 24 с *пренебрежением* к   f) Z. 32 *взаимными* уступками

3. *Geben den Sachverhalt mit anderen Worten wieder.*
   a) Z. 9 рассчитывал убить сразу нескольких зайцев
   b) Z. 13 стеной встала старая партийная элита
   c) Z. 28 Убережёт ли урок, преподанный нам историей,

Вопросы и задания

1. Расскажите историю передачи Крыма Украине.
2. Как отнеслось население СССР к решению правительства передать Крым Украине? Каковы были причины такой реакции?
3. Как отразилась депортация коренного населения Крыма на экономике этого региона?
4. Как изменилось отношение государственных органов к депортации крымских татар после смерти Сталина?
5. Прокомментируйте фразу и объясните, почему "кажущиеся простота и лёгкость сегодня обернулись ухудшением отношений народов-соседей, народов-братьев".
6. Посмотрите на карту национального состава населения Украины и охарактеризуйте долю русского населения в общем составе населения Украины.
7. Почему, по вашему мнению, население Крыма сегодня упорно борется за свою самостоятельность?

14. СРЕДНЯЯ АЗИЯ И КАЗАХСТАН

Издавна населённый народами преимущественно иранского и тюркского происхождения, среднеазиатско-казахстанский регион принял на протяжении прошлого и нынешнего столетий миллионы переселенцев из других регионов страны.

Причины обострения межнациональных отношений в последние годы в этом регионе кроются и в общей социально-экономической и политической нестабильности, и в среднеазиатской истории, противоречивой и во многом трагичной.

Есть несколько факторов, которые благоприятствуют усилению территориально-этнических притязаний в Средней Азии и Казахстане. Во-первых, это пёстрый этнический состав населения.

Во-вторых, это молодость нынешних национально-административных образований. Многие территории, в прошлом обладавшие государственно-политической и социально-экономической целостностью, оказались в советское время разделены республиканскими границами (например, территория Бухарского эмирата - между Узбекистаном, Туркменией и Таджикистаном).

В-третьих, некоторые народы Средней Азии, веками живя на одной земле, считают себя прямыми наследниками её древних жителей, преемниками их культуры и традиций. При национально-территориальном размежевании Средней Азии в 1924-1926 годы часть узбеков была записана "таджиками", а часть таджиков - "узбеками".

В-четвёртых, определённую роль играют воспоминания народов о своей исторической родине. После образования советских республик в 20-е годы проводились "организованные" массовые переселения.

В-пятых, важная особенность Средней Азии и Казахстана - требования государственной или культурной автономии, репатриации народов, депортированных в годы сталинизма - немцев, корейцев, курдов, крымских татар и турок-месхетинцев.

По газете *Московские новости*, 17.03.1991

1 **и́здавна** seit alters her - 1 **преиму́щественно** überwiegend - 2 **происхожде́ние** Herkunft - 2 **на протяже́нии** im Verlauf - 6 **причи́ны кро́ются в чём** ipf die Gründe liegen in - 9 **благоприя́тствовать** чему ipf begünstigen - 15 **разделя́ть/раздели́ть** (разделю́, разде́лишь) teilen - 18 **насле́дник** Erbe - 18 **дре́вний** uralt 18 **прее́мник** Nachfolger - 19 **размежева́ние** (республик Средней Азии) *hist.* Neufestlegung der Grenzen

Übung zum Wortschatz

1. *Ersetzen Sie die kursivgedruckten Wörter durch Synonyme.*
   a) Z. 1 *издавна* населённый
   b) Z. 1 *преимущественно*
   c) Z. 2 *на протяжении* столетий
   d) Z. 5 причины *обострения*
   e) Z. 9 *благоприятствуют*
   f) Z. 11 *пёстрый* этнический состав
   g) Z. 13 *обладавшие* целостностью
   h) Z. 20 была *записана* "таджиками"
2. *Ersetzen Sie die kursivgedruckten Wörter durch Antonyme.*
   a) Z. 5 причины *обострения*
   b) Z. 9 *благоприятствуют*
   c) Z. 11 *пёстрый* этнический
   d) Z. 23 после *образования*
3. *Bilden Sie zu folgenden Substantiven mit dem Suffix -ник das Femininum und den Plural.*
   Muster: наследник → наследница → наследники
   a) преемник
   b) садовник
   c) помощник
   d) народник
   e) заложник
   f) отпускник
4. *Suchen Sie im Text Substantive mit dem Suffix -ость und bestimmen Sie, von welchen Wörtern sie abgeleitet sind.*

Вопросы и задания

1. Охарактеризуйте состав населения Средней Азии и Казахстана.
2. Расскажите о территориальной и национальной политике советского правительства в этом регионе.
3. Каковы, по вашему мнению, причины межнациональных конфликтов?
4. Каково экономическое и социальное положение этого региона в настоящее время?

15. СОВРЕМЕННАЯ ИСТОРИОГРАФИЯ КАЗАХСТАНА

В Казахстане сегодня происходят те же процессы, что и на Кавказе, но более медленными темпами, а именно - создание новой государственности. При этом идёт борьба различных общественно-политических сил. Одни из них стоят на позиции создания гражданского общества и равноправия всех проживающих в Казахстане национальностей, другие, прежде всего национально-радикальные движения и партии - "Алаш", "Азат", "Желтоксан" - настаивают на создании национального казахского государства.

Один из лидеров партии "Алаш", например, утверждает, что сегодня "нужна мудрая государственная политика репатриации народов, волей судеб оказавшихся в Казахстане, на места их исторического проживания". Что уже и происходит. Бо́льшая часть парламента, исполнительных структур, казахской интеллигенции разделяет точку зрения националистов. Поэтому и сегодня творится беззаконие: высылаются турки-месхетинцы, чеченцы, изгоняются из структур власти лица "некоренного населения", происходит самая настоящая дискриминация русскоязычной молодёжи в области высшего образования.

На пути создания национального государства в Казахстане стоят Россия и русские. Из 16 млн. населения Казахстана 7 млн. - русские. Сосредоточены они в основном в западных, северных и восточных областях Казахстана. Часть из них уезжает, большинство остаётся.

В начале 20-х годов по настоянию Ленина, который пытался путём уступок за счёт России сохранить многонациональное государство, и вопреки протестам местных властей Сибири и Урала в состав Киргизской Автономной ССР были включены населённые в основном русскими территории нынешних западных, северных и восточных областей Казахстана. Как тогда, так и сейчас мнения населения об изменении границ никто не спрашивал. Отказывая "некоренному" населению в праве на автономию, власть и обслуживающая её интересы историография стремятся доказать, что Западно-Казахстанская область, Восточно-Казахстанская, Петропавловская, Павлодарская и другие являются исконно казахскими землями. Давая также понять, что Казахстан тоже может предъявить претензии к РФ по поводу ущемления интересов казахского населения на "исконно" казахских землях Сибири и Поволжья.

По *Независимой газете*, 20.04.1993 г.

2 **а и́менно** nämlich - 4 **стоя́ть на пози́ции** den Standpunkt vertreten - 4 **гражда́нское о́бщество** bürgerliche Gesellschaft - 5 **пре́жде всего́** vor allem - 6 **наста́ивать/настоя́ть на** *чём* bestehen auf - 8 **утвержда́ть** *ipf* behaupten - 9 **му́дрый** weise - 9 **во́лей суде́б** gegen den eigenen Willen, fatalerweise - 11 **исполни́тельный** exekutiv - 12 **разделя́ть/раздели́ть то́чку зре́ния** den Standpunkt teilen - 13 **твори́ться** *ipf 1. u. 2. Pers. ungebr. umg.* geschehen - 18 **сосредото́чивать/сосредото́чить** konzentrieren - 21 **по настоя́нию** *кого́* auf Drängen - 22 **вопреки́** *чему* trotz, entgegen - 27 **отка́зывать/отказа́ть в пра́ве** *кому* (откажу́, отка́жешь) jdm das Recht absprechen - 28 **дока́зывать/доказа́ть** (докажу́, дока́жешь) beweisen - 30 **иско́нно** ursprünglich - 32 **ущемле́ние интере́сов** Beeinträchtigung von Interessen

Вопросы и задания

1. В чём проявляется одинаковость современной политической ситуации в бывших республиках СССР?
2. Охарактеризуйте современные политические партии в Казахстане.
3. Как характеризуется в тексте территориальная и национальная политика центральной власти вчера и сегодня?
4. Охарактеризуйте положение русскоязычного населения на территории Казахстана сегодня.

16. ВЗОРВЁТСЯ ЛИ СРЕДНЯЯ АЗИЯ?

В 1924 году ЦИК Туркестанской АССР принимает решение о национальном размежевании в Средней Азии. Принцип создания государства по национальному признаку противоречит многовековой истории народов этого региона. Государства в Средней Азии никогда не были мононациональны. Ещё в 1921 году местное население на вопрос о национальности отвечало: "мусульманин".

Творчество кремлёвских картографов оказалось миной замедленного действия для среднеазиатского региона. Сегодня на территории Средней Азии имеется около десяти "спорных" территорий. На части из них уже произошли кровавые трагедии. На других межнациональные конфликты могут вспыхнуть в любой момент.

Попытаемся разобраться, насколько последствия национально-территориального размежевания 20-х годов могут дестабилизировать обстановку в республиках.

Наиболее шаткое положение у Кыргыстана (Киргизия). Единая этнокультурная территория Ферганской долины была поделена между тремя республиками: Узбекистаном, Таджикистаном и Кыргыстаном. На отошедшей к Ошской области Кыргыстана части Ферганской долины испокон веков проживали узбеки. Вхождение этой территории в состав Кыргыстана вызвало приток с гор киргизского населения на плодородные земли. Острейший дефицит земли в перенаселённом регионе оказался великолепным детонатором. Как только тиски тоталитарной системы слегка ослабли, произошло то, что должно было произойти - спор из-за клочка земли в 1990 году обернулся кровавой бойней, в которой погибло, даже по скромной официальной статистике, 320 человек.

Достаточно сложная ситуация в Узбекистане. В 1924 году к Узбекистану отошли древнейшие центры таджикской национальной культуры - Бухара и Самарканд.

Как ни странно, проблема "спорных" территорий сегодня малоактуальна в Таджикистане. Нынешняя междоусобная война в республике не в последнюю очередь - следствие отчуждения от таджиков древних очагов таджикской культуры.

Туркменистан меньше других среднеазиатских республик пострадал от национального размежевания. Сегодня в республике не зафиксировано ни одного существенного национально-территориального конфликта.

Из четырёх среднеазиатских республик лишь в Таджикистане и Узбекистане ислам стал своеобразным образом жизни для значительной части населения. Среди киргизов и туркменов, в прошлом кочевников, религиозность больше распространяется на бытовом уровне и воспринимается как необходимость соблюдения обрядов.

По *Независимой газете*, 21.01.1993 г.

взрыва́ться/взорва́ться explodieren - 3 **при́знак** Merkmal - 3 **противоре́чить** *чему ipf* widersprechen - 7 **тво́рчество** Kreativität - 7 **ми́на заме́дленного де́йствия** Zeitbombe - 11 **вспы́хивать/вспы́хнуть** entflammen - 12 **разбира́ться/разобра́ться** (разберу́сь, разберёшься) sich zurechtfinden - 15 **ша́ткий** labil - 16 **доли́на** Tal - 18 **испоко́н веко́в** von alters her - 20 **прито́к** Zustrom - 20 **плодоро́дный** fruchtbar - 21 **детона́тор** Zünder - 22 **тиски́** *Pl* Druck, Fesseln - 23 **клочо́к земли́**, клочка́, клочки́ *Pl* Stückchen Land - 24 **крова́вая бо́йня** Blutbad - 29 **как ни стра́нно** wie seltsam es auch scheinen mag - 30 **междоусо́бная война́** *hist.* innere Fehde - 31 **отчужде́ние** Entfremdung - 31 **оча́г культу́ры** Zentrum der Kultur - 37 **о́браз жи́зни** Lebensweise - 38 **коче́вник** Nomade - 39 **на бытово́м у́ровне** im alltäglichen Leben - 40 **обря́д** Ritus

Übung zum Wortschatz

1. *Ersetzen Sie die kursivgedruckten Wörter durch Synonyme.*
   a) Z. 9 *около* десяти
   b) Z. 11 могут *вспыхнуть*
   c) Z. 12 попытаемся *разобраться*
   d) Z.13 *обстановку* в республиках
   e) Z. 15 *наиболее шаткое*
   f) Z. 21 острейший *дефицит*
   g) Z. 24 *обернулся* кровавой бойней
   h) Z. 31 *следствие* отчуждения
   i) Z. 31 древних *очагов* культуры
   j) Z. 36 *лишь* в Таджикистане

2. *Ersetzen Sie die Verbalkonstruktionen durch substantivische Konstrukionen.*
   a) Z. 22 тиски тоталитарной системы ослабли
   b) Z. 30 нынешняя междоусобная война возникла
   c) Z. 38 религиозность распространяется на бытовом уровне

Вопросы и задания

1. Раскройте содержание фразы "Творчество кремлёвских картографов оказалось миной замедленного действия для среднеазиатского региона". При ответе используйте также и материалы других текстов.
2. Какие территориальные изменения произошли во время размежевания среднеазиатского региона в 20-е годы?
3. Охарактеризуйте последствия этой национально-территориальной политики и её отражение на политической ситуации в этом регионе сегодня.
4. Какую роль играет сегодня исламская религия в процессе формирования новых государств в среднеазиатском регионе?

17. КТО ТАКИЕ АРАБИСТЫ?

Я внимательно слежу за публикациями, посвящёнными жертвам сталинских репрессий, но нигде не встречаю упоминаний о тех, кого в лагерях называли "арабистами". А ведь их было немало (хотя безнравственно говорить о количестве, когда речь идёт о безвинно погубленных человеческих жизнях).

Вся вина этих людей состояла в том, что они были... грамотными, в том, что у них были найдены (и варварски уничтожены) книги на арабском языке.

В печати иногда встречаются скупые упоминания о насильственном переводе языков народов тюркской языковой группы - наследников великой древней культуры - с традиционной арабской графики в 1930 году на латинский, а в 1940 году на славянский алфавит. Публикации на эту тему позволяют судить о катастрофических последствиях реформы алфавита для многих народов, культура которых была таким образом фактически оторвана от многовековых национальных корней. Но даже там не говорится о том, что реформа алфавита в 30-е годы сопровождалась массовыми репрессиями, причём не только в отношении интеллигенции, но и крестьян, не только в городах, но и в самых дальних горных и степных селениях. Арестовывали за книгу стихов Навои[1], за старинный трактат о травах, бережно хранимые и передаваемые из поколения в поколение. Тысячи людей, в том числе стариков, стали узниками далёких северных лагерей и были фактически обречены на смерть. А в оправдание создан пропагандистский миф о поголовной неграмотности и отсталости южных республик, которым добрый отец народов подарил письменность. Национальная культура подавлялась духовно, а те, кто мог передать её потомкам, уничтожались физически.

[1] Алишер Навои (1441-1501), поэт, философ в Средней Азии.

А. Антипов, Ленинград
По журналу *Огонёк* № 24, июнь 1989 г.

1 **следить за** *чем* *ipf* (слежу, следишь) verfolgen - 1 **посвящать/посвятить** *чему* (посвящу, посвятишь) widmen - 2 **упоминание** Erwähnung - 3 **безнравственно** unmoralisch - 4 **губить/погубить** (гублю, губишь) zugrunde richten - 6 **варварски** barbarisch - 7 **скупой** spärlich - 7 **насильственный** gewaltsam - 9 **графика** Schreibweise - 11 **судить** *ipf* (сужу, судишь) urteilen - 12 **отрывать/оторвать** abtrennen - 17 **бережно** sorgsam - 17 **хранить** *ipf* aufbewahren - 18 **поколение** Generation - 19 **узник** Gefangener - 19 **обрекать/обречь на** *что* (обреку, обречёшь) verurteilen zu - 20 **оправдание** Rechtfertigung - 20 **миф** Mythos - 21 **неграмотность** *f* Analphabetentum - 21 **отсталость** *f* Rückständigkeit

Übung zum Wortschatz

1. *Ersetzen Sie die kursivgedruckten Wörter durch Synonyme.*
   a) Z. 7 *скупые* упоминания   d) Z.19 *обречены на* смерть
   b) Z. 11 *последствиях* реформы   e) Z. 20 миф о *поголовной*
   c) Z. 19 стали *узниками* лагерей   f) Z. 24 передать её *потомкам*
2. *Ersetzen Sie die kursivgedruckten Wörter durch Antonyme.*
   a) Z. 7 *скупые* упоминания   c) Z. 20 *поголовной* неграмотности
   b) Z. 7 *насильственный*   d) Z. 24 *потомки*
3. *Suchen Sie im Text Adjektive mit dem Suffix - н - und bestimmen Sie die Substantive, von denen sie abgeleitet sind.*

Вопросы и задания

1. Передайте кратко главную мысль читательского письма.
2. Как комментируют сегодня этот факт средства массовой информации?
3. Какие конкретные факты сообщает автор письма о реформе алфавита и как он её комментирует? Подтвердите ваш ответ примерами из текста.
4. Расскажите об осуществлении этой реформы.
5. Как представляла пропаганда тогда необходимость реформы алфавита?
6. Что сообщает автор в своём письме о себе лично и почему, по вашему мнению, эта проблема его так волнует?

18. РУССКИЙ ЯЗЫК НА СОВЕТСКОМ ВОСТОКЕ

В 20-е годы и в первой половине 30-х годов главной опасностью в культурно-национальной, в том числе языковой, политике считался "великодержавный шовинизм". Была развёрнута не имевшая прецедентов работа по формированию литературных языков для тех народов СССР, у которых такие языки не сложились, и по созданию письменностей. Научный уровень этой работы был очень высок, к ней были привлечены лучшие учёные языковеды. За десять с небольшим лет было создано более 70 алфавитов на латинской основе.

Объективно в те годы шёл процесс европеизации народов СССР, их приобщения к русской и западной культуре. Всерьёз ставилась задача дать возможность каждому гражданину СССР овладеть всеми богатствами мировой культуры на родном языке. На вновь созданные литературные языки переводилось много политической литературы, но переводили также Шекспира и Пушкина. Однако под мировой культурой в основном понималась культура Запада, включая и русскую культуру послепетровской эпохи. Исконная же культура народов Советского Востока и привнесённая извне, но успевшая укорениться мусульманская культура однозначно оценивались как "реакционная", "феодально-байская" культура, которая подлежала уничтожению. Из лучших побуждений этим народам навязывался разрыв с прежней культурой и построение новой культуры на пустом месте.

Такой подход обусловил и выбор вновь создаваемых алфавитов. В 20-е годы не могли быть приемлемы ни кириллица, ассоциировавшаяся с царской политикой и "великодержавным шовинизмом", ни арабский алфавит, в котором тогда видели "чёрную паутину фанатизма, которая тянулась из старой, исламской, религиозной литературы". Естественным выходом из положения казался латинский алфавит, как наиболее распространённый в мире и наименее отягощённый воспоминаниями о прошлом. В конце 20-х годов начался перевод всех вновь создаваемых письменностей на латинскую основу. Считалось, что выбор такой системы письма позволит любому народу выйти на мировую арену (учитывался и опыт других стран, прежде всего Турции, где в это же время перешли на латиницу) и поможет народам объединяться в ходе мировой революции. В дальнейшем предполагался и переход русского языка на латиницу. Подобная политика пользовалась полной поддержкой не только коммунистов и интеллигенции национальных республик, но и значительной части русских интеллигентов.

Отказ от концепции мировой революции и курс на построение социализма в одной стране при изолированном положении СССР в мире привели в середине 30-х годов к резкому изменению языковой политики. Ещё больше она изменилась в связи с великодержавным курсом Сталина. Единственным универсальным средством общения в СССР мог быть и должен был всегда оставаться русский язык. Политика обрусения, в том числе языкового, ущемляла интересы нерусского населения. Но объективно она была неизбежна. Многие из разработанных ранее алфавитов вышли из употребления, а остальные ещё до войны перевели на кириллицу.

По сути такая политика была однотипна политике царской России. Но всё же нельзя говорить о полном возврате к языковой политике царской России. Сложное национально-территориальное устройство СССР сформировало иерархию языков, какой не было до революции. Наиболее привилегированный статус имели языки союзных республик, на которых велось местное делопроизводство, существовало образование на всех уровнях вплоть до высшего (впрочем, обычно лишь по гуманитарным специальностям). Характерно, что наиболее жёсткая политика в отношении языков малых народов велась не в РСФСР, а в других союзных республиках. Так, в Грузии никогда не допускалась письменность на мегрельском и сванском языках, а в Таджикистане - на ягнобском и большинстве памирских языков.

Русское население, независимо от места его проживания, не имело необходимости усваивать другие языки, а нерусское население было вынуждено осваивать русский язык. Такая политика продолжалась вплоть до перестройки. В 70-80 годы она вызывала протест у национально ориентированной интеллигенции. Но в массовом сознании всего русского и значительной части нерусского населения она воспринималась как нормальная, поскольку урбанизация и повышение социальной мобильности увеличивали потребность в общении между людьми разных национальностей, а русский язык рассматривался как наиболее престижный.

С 1988-1989 годов в результате ослабления центральной власти и роста национального самосознания ситуация резко изменилась. Языковая политика центра не успела перестроиться, а в национальных республиках началось целенаправленное вытеснение русского языка и расширение функций местных языков. Однако даже в республиках, провозгласивших независимость, новой языковой политике противоречат как прочные позиции русского языка и ещё не разрушенные межреспубликанские связи, так и несформированность ряда функциональных стилей во многих языках, невозможность их использования во многих ситуациях общения.

По *Независимой газете*, 20.04.1993 г.

2 **великодержа́вный** Großmacht - - 3 **развёртывать/разверну́ть рабо́ту** eine Arbeit entfalten - 5 **скла́дываться/сложи́ться** *1. и. 2. Pers. ungebr.* sich herausbilden - 5 **пи́сьменность** *f* Schrifttum - 6 **привлека́ть/привле́чь к** *чему* (привлеку́, привлечёшь) heranziehen - 6 **языкове́д** Sprachwissenschaftler - 9 **приобще́ние к** *чему* Eingliederung in - 11 **овладева́ть/овладе́ть** *чем* beherrschen - 16 **привноси́ть/привнести́** bringen - 16 **извне́** von außen (her) - 17 **укореня́ться/укорени́ться** *1. и. 2. Pers. ungebr.* Wurzeln schlagen - 17 **однозна́чно** eindeutig - 18 **ба́йский** großbäuerlich (Ableitung von Bai, Großbauer in Zentralasien) - 19 **побужде́ние** Absicht - 19 **навя́зывать/навяза́ть** *кому* (навяжу́, навя́жешь) aufzwingen - 19 **разры́в** Bruch - 20 **на пусто́м ме́сте** auf der tabula rasa - 21 **обусло́вливать/обусло́вить** bedingen - 22 **прие́млемый** annehmbar - 24 **паути́на** Spinnengewebe - 24 **тяну́ть** ziehen - 27 **отягоща́ть/отяготи́ть** *чем* (отягощу́, отяготи́шь) belasten - 32 **предполага́ть/предположи́ть** beabsichtigen - 41 **обрусе́ние** Russifizierung - 42 **неизбе́жен** unvermeidlich - 43 **выходи́ть/вы́йти из употребле́ния** aus dem Gebrauch kommen - 46 **возвра́т** Rückkehr - 50 **делопроизво́дство** Schrift-, Geschäftsführung - 52 **жёсткий** streng - 54 **допуска́ть/допусти́ть** (допущу́, допу́стишь) zulassen - 57 **усва́ивать/усво́ить** erlernen, sich aneignen - 58 **осва́ивать/осво́ить** sich aneignen - 61 **воспринима́ться как** *ipf 1. и. 2. Pers. ungebr.* verstehen als - 66 **самосозна́ние** Selbstbewußtsein - 66 **ре́зко** drastisch - 66 **изменя́ться/измени́ться** sich ändern - 68 **вытесне́ние** Verdrängung

Вопросы и задания

1. Найдите в тексте строки, в которых объясняется необходимость и цель культурно-национальной и языковой политики в 20-е и 30-е годы.
2. Как оценивалась в то время национальная культура народов Востока?
3. Какая связь существовала между царившей в то время идеологией и готовившейся реформой алфавитов народов Советского Востока?
4. Как повлияло изменение идеологического курса страны на языковую политику, проводившуюся центральным правительством?
5. Расскажите о конкретно проведённой языковой реформе и реформе алфавитов, а также об авторах этих реформ.
6. Как характеризуется позиция партийных органов и интеллигенции восточных республик по отношению к проводившейся реформе?
7. Какие аргументы приводятся автором статьи в защиту языковой политики государства и как он характеризует отношение населения к ней?
8. Сделайте краткое сообщение о культурно-национальной и языковой политике, проводившейся правительством СССР в 20-е и 30-е годы.
9. Как отразились изменения в обществе в конце 80-х - начале 90-х годов на сложившейся к моменту перестройки языковой иерархии?
10. Прокомментируйте фразу и выскажите ваше мнение по этому вопросу: "Политика обрусения, в том числе языкового, ущемляла интересы нерусского населения. Но объективно она была неизбежна".
11. Сравните эту статью с читательским письмом "Кто такие арабисты?".. В чём одинаковы или различны комментарии обоих авторов при оценке ими одних и тех же фактов?

Союз нерушимый 51

Aufgaben zur Grammatik (*Texte 14 - 18*)

1. *Ersetzen Sie die Sätze durch substantivische Konstruktionen. Beachten Sie die Wortstellung in den Sätzen und in den Konstruktionen.*
   Muster: Комиссия быстро решила сложную проблему.
   → *быстрое* решение *комиссией* сложной проблемы

1. В конце 20-х годов организованно провели массовые переселения. 2. Бо́льшая часть парламента частично разделила точку зрения националистов. 3. Ленин сохранил многонациональное государство. 4. Национальная культура подавлялась духовно. 5. Академия привлекла к работе лучших учёных языковедов. 6. Политика обрусения сильно ущемила интересы нерусского населения. 7. Наиболее жёсткую политику в отношении языков малых народов последовательно проводили союзные республики. 8. В результате ослабления центральной власти ситуация резко изменилась.

2. *Bilden Sie von den Adjektiven und Partizipien Substantive mit dem Suffix -ость und übersetzen Sie sie ins Deutsche.*
   Muster: народная песня → народность песни → Volkstümlichkeit des Liedes

a) отягощённый воспоминаниями
b) массовые репрессии 30-х годов
c) своеобразный образ жизни
d) распространённый в мире
e) древние очаги культуры
f) реакционная культура Востока
g) актуальная проблема
h) объективное решение вопроса
i) культурная речь
j) кровавые трагедии в республиках
k) нерушимый союз республик
l) жёсткая политика

3. *Bilden Sie Komposita mit der zweiten Komponente - вéд bzw. - вéдение. Wörter mit - вед bezeichnen einen Beruf, Wörter mit - ведение bezeichnen das entsprechende Fachgebiet.*
   Muster: язык → Языкове́д работает в области языкове́дения.

a) искусство
b) музыка
c) Пушкин
d) общество
e) славяне
f) восток
g) литература
h) право
i) кино
j) театр
k) Кавказ
l) машина

4. *Ersetzen Sie die Relativsätze durch Partizipialkonstruktionen.*

1. Есть несколько факторов, которые благоприятствуют усилению территориально-этнических притязаний в Средней Азии и Казахстане. 2. По настоянию Ленина, который пытался сохранить многонациональное государство, в состав Киргизской АССР были включены некоторые территории Ка-

захстана. 3. Исконная культура народов советского Востока оценивались как "реакционная" культура, которая подлежала уничтожению. 4. В 20-е годы не мог быть приемлем арабский алфавит, в котором тогда видели "чёрную паутину фанатизма, которая тянулась из исламской, религиозной литературы".

5. *Ersetzen Sie die folgenden Aktivsätze durch Passivsätze. Beachten Sie den Aspekt der Verben in den angegebenen Sätzen.*

1. Бóльшая часть парламента разделяет точку зрения националистов. 2. Казахстан тоже может предъявить претензии к РФ. 3. В 1924 году Центральный Исполнительный Комитет принимает решение о национальном размежевании в Средней Азии. 4. Людей арестовывали за книгу стихов Навои, за старинный трактат о травах. 5. Сложное национально-территориальное устройство СССР сформировало иерархию языков, какой не было до революции.

6. *Setzen Sie die erforderlichen Präpositionen ein: по, к, из, от, за, о, на, в.*

___ конце 80-х годов газеты и журналы, издававшиеся ___ СССР, резко изменили свой облик. ___ чём кроется причина этого явления? Начавшийся процесс демократизации общества, частичная отмена цензуры повлияли и ___ средства массовой информации. В периодических изданиях уже не только упоминали ___ замалчиваемых долгое время событиях и фактах прошлого, но и подробно комментировали их. Читатели внимательно следили ___ публикациями ___ исторические темы, ___ дискуссиями ___ проблемах переосмысления прошлого. Интерес ___ истории своей страны не был случаен. ___ насильственной политики, проводимой государством ___ 30-50-е годы, пострадали не только отдельные личности, но и целые народы. Своё мнение ___ происходившем и происходящем ___ стране читатели высказывали ___ письмах. Один ___ популярнейших журналов начала перестройки "Огонёк", например, регулярно публиковал читательские письма. ___ этих письмах речь шла ___ различных сторонах жизни советского общества. ___ это же время ___ советской прессе впервые появляются критические высказывания ___ политике советского правительства, правдивые воспоминания ___ пострадавших и репрессированных народах. Авторы писем стояли иногда ___ противоположных позициях ___ тому или иному вопросу, но всех их объединяло одно - стремление ___ исторической правде. Читательские письма отражали коренные политические изменения ___ стране, они переводились ___ многие языки мира.

19. "ПО РЕШЕНИЮ ПРАВИТЕЛЬСТВА СССР..."

Из "наказанных" народов первыми в ссылке оказались поляки. Ещё в середине 20-х годов были ликвидированы польские национальные районы в Белоруссии, через десять лет, в апреле 1936 года, было принято секретное постановление "О переселении, как политически неблагонадёжных, поляков из Украинской ССР в Казахскую ССР". В декабре 1939 года с бывшей польской территории - из западных областей Украины и Белоруссии - офицеров польской армии, полицейских, государственных служащих выселили в Поволжье, Сибирь и т. д. - всего около четырёхсот тысяч бывших польских граждан.

В августе 1937 года Сталин поставил задачу устроить на Дальнем Востоке, как и на западной границе, чистку приграничной территории от "неблагонадёжных элементов". Более чем 70 тысяч корейцев срочно были вывезены из Бурят-Монгольской АССР, Хабаровского, Приморского краёв, Читинской области в Казахстан и Среднюю Азию. В октябре 1937 года прошла вторая волна ссылки - всего "переехало" 120 тысяч корейцев, заодно депортировали восемь тысяч китайцев. Чуть позже корейцев "убрали" и из европейской части СССР. Перед самой войной с территории Карело-Финской ССР и Ленинградской области был выселен небольшой народ - ингерманландские финны.

В начале Отечественной войны, в августе 1941 года, началась депортация советских немцев. Их выселяли из всех мест их проживания: Поволжья, Москвы, Воронежской и Тамбовской областей, Азербайджана, Северного Кавказа и т. д. Всего в 1941-1942 годы переселили более миллиона немцев, большинство оказалось в Казахстане, Киргизии, Новосибирской и Омской областях.

В 1944 году из Крыма и с Северного Кавказа депортировали крымских татар, чеченцев, ингушей, балкарцев, карачаевцев - около 650 тысяч человек. Военнослужащих, относящихся к этим национальностям, демобилизовывали и отправляли в места ссылок. Заключённые соответствующих национальностей переводились в колонии в местах депортации своего народа.

Правительство боялось, что в случае войны СССР с Турцией мусульманское население приграничных районов поддержит турецкие войска, этим можно объяснить, почему курдов и турок-месхетинцев выселили из Грузии и перевезли в ноябре 1944 года в Среднюю Азию.

После Отечественной войны в практику входят "выборочные" ссылки: депортируется какая-то часть народа, которую выбрали по политическому или географическому признаку. Выслали крымских армян, болгар, турок, греков. Руководители НКВД в письмах к Сталину мотивировали это так: "В период немецкой оккупации значительная часть болгарского населения активно участвовала в заготовке продуктов питания для германской армии...", "Значительная часть греков с приходом оккупантов занялась мелкой торговлей...".

Из Грузии изгоняли армян, иранцев, турок, снова греков. Греческих коммунистов, эмигрировавших в СССР после поражения восстания в Греции в 1945-1946 годах, также отправляли на Урал.

Из Таджикистана в 1950 году выслали в Казахстан группу "бывших басмачей". С Украины депортировали членов семей "украинских националистов".

По Прибалтике волны выборочных ссылок прокатывались три раза: в 1941 году, в мае 1948 года, в январе 1949 года - "националистов, кулаков, немецких пособников".

Процесс реабилитации народов-изгнанников, начатый после смерти Сталина, вскоре остановился: не было анализа совершённых против народов преступлений, их не предали гласности. Об этом все знали и все молчали, а между тем нерешённые проблемы создавали опасные очаги конфликтов.

Закон РСФСР "О реабилитации репрессированных народов", принятый 26 апреля 1991 года, предусматривает для всех репрессированных народов РСФСР полную реабилитацию - политическую, культурную, социальную, территориальную. Закон признаёт права этих народов на "восстановление национально-государственных образований", предусматривает "возвращение народов, согласно их желанию, в места традиционного проживания".

Но всё просто лишь на бумаге. Туда, откуда в 30-50-е годы депортировали одни народы, переселяли представителей других. Порой тоже насильственно. Что же теперь делать с этими людьми? Закон по этому поводу высказывается вполне определённо: "В процессе реабилитации не должны ущемляться права и законные интересы граждан, проживающих в настоящее время на территории репрессированных народов".

По газете *Московские новости*, 30.06.1991 г.

1 **наказывать/наказать** (накажу, накажешь) bestrafen - 4 **неблагонадёжный** unzuverlässig, illoyal - 15 **заодно** gleichzeitig - 16 **чуть** ein wenig - 20 **Отечественная война** Vaterländischer Krieg - 28 **военнослужащий** Militärangehöriger - 28 **демобилизовывать/демобилизовать** *aus dem aktiven Wehrdienst entlassen* - 29 **заключённый** Häftling - 35 **выборочный** wahlweise - 41 **мелкая торговля** Kleinhandel - 44 **поражение** Niederlage - 44 **восстание** Aufstand - 46 **басмач**, басмачи *Pl* Widerstandskämpfer *in Zentralasien* - 50 **пособник** Handlanger

Вопросы и задания

1. Определите период времени, в который производились массовые депортации народов СССР.
2. Перечислите народы, депортированные в этот период, и официальные причины их депортации.
3. Как развивался процесс реабилитации народов-изгнанников в период после смерти Сталина и вплоть до начала перестройки?
4. Какие трудности возникли на пути реабилитации депортированных народов и как их можно, по вашему мнению, преодолеть?

20. ПЕСНЯ О РОДИНЕ

"Песня о Родине" была написана к музыкальному кинофильму "Цирк" в 1936 году. Композитор Дунаевский написал для этого фильма около тридцати музыкальных произведений в разных жанрах, в том числе много песен. Работа над ними шла у автора быстро, но главная песня, которая должна была, по замыслу его авторов, "выражать основную идею фильма, воспевать величие и красоту нашей Родины, рассказать о новой жизни, новых взаимоотношениях советских людей" рождалась с трудом.

Композитор Дунаевский и поэт Лебедев-Кумач работали над песней более двух лет, ими было создано 36 вариантов песни, но только 37-й вариант - "Широка страна моя родная" - стал окончательным. Песня появилась в печати в апреле 1936 года, а спустя месяц на экраны страны вышел фильм. Песня постоянно исполнялась в концертах, транслировалась по радио. Первые такты мелодии с 1942 года стали позывными Всесоюзного радио. Композитор Дмитрий Шостакович назвал "Песню о Родине" музыкальным символом Советского Союза.

Третий куплет песни после XX съезда[1] партии, на котором впервые было сказано о культе личности Сталина, больше не исполнялся.

Припев.
    Широка страна моя родная,
    Много в ней лесов, полей и рек.
    Я другой такой страны не знаю,
    Где так вольно дышит человек!

    От Москвы до самых до окраин,
    С южных гор до северных морей
    Человек проходит, как хозяин
    Необъятной Родины своей.
    Всюду жизнь привольно и широко,
    Точно Волга полная, течёт.
    Молодым - везде у нас дорога,
    Старикам - везде у нас почёт.
Припев.

    Наши нивы глазом не обшаришь,
    Не упомнишь наших городов,
    Наше слово гордое - товарищ -
    Нам дороже всех красивых слов.
    С этим словом мы повсюду дома,
    Нет для нас ни чёрных, ни цветных,
    Это слово каждому знакомо,
    С ним везде находим мы родных.

>
> 40 За столом никто у нас не лишний,
>   По заслугам каждый награждён.
>   Золотыми буквами написан
>   Всенародный Сталинский закон[2].
>   Этих слов величие и славу
> 45 Никакие годы не сотрут:
>   Человек всегда имеет право
>   На ученье, отдых и на труд.
>   Припев.
>
>   Над страной весенний ветер веет,
> 50 С каждым днём всё радостнее жить[3],
>   И никто на свете не умеет
>   Лучше нас смеяться и любить.
>   Но сурово брови мы насупим,
>   Если враг захочет нас сломать, -
> 55 Как невесту, Родину мы любим,
>   Бережём, как ласковую мать!
>
> По книге В.И. Лебедев-Кумач *Избранное* М., 1950 г.

[1]XX съезд Коммунистической партии СССР состоялся в феврале1956 года.
[2]В 1936 году была принята новая Конституция СССР (см. главу "Путь к правовому государству").
[3]Намёк на известные слова Сталина, сказанные им 17.11.1935 г.: "Товарищи! Жить стало лучше, жить стало веселей!"

---

5 за́мысел, за́мыслы *Pl* Vorstellung - 6 **воспева́ть/воспе́ть** (воспою́, воспоёшь) rühmen - 6 **вели́чие** Größe - 7 **взаимоотноше́ния** *Pl* wechselseitige Beziehung - 13 **позывны́е** *Pl* Erkennungsmelodie - 25 **хозя́ин** Herr - 26 **необъя́тный** unermeßlich - 28 **то́чно** wie - 30 **почёт** Ehrenerweisung - 32 **ни́ва** *poet.* Feld - 32 **обша́рить глазом** *pf* mit den Augen umfassen - 33 **упо́мнить** *pf umg.* sich merken - 39 **родно́й** Verwandter - 40 **ли́шний** überflüssig - 41 **заслу́га** Verdienst - 41 **награжда́ть/награди́ть** (награжу́, награди́шь) auszeichnen - 45 **стира́ть/стере́ть** (сотру́, сотрёшь) auslöschen - 49 **ве́ять** *ipf 1. u. 2. Pers. ungebr.* wehen - 53 **су́рово** drohend - 53 **насу́пить бро́ви** *pf* die Brauen runzeln - 55 **неве́ста** Braut - 56 **бере́чь** (берегу́, бережёшь) *ipf* hüten

Вопросы и задания

1. Сформулируйте главную мысль каждого куплета.
2. Как географически показывается страна в этом произведении?
3. Найдите строки, в которых описывается жизнь граждан СССР.
4. Как описывается в песне отношение граждан к своей стране?
5. Как характеризуется в песне новая Конституция СССР и её значение?
6. Найдите строки, в которых звучит авторская речь и строки, в которых

говорится от имени всего народа. Какого эффекта добивается автор этим приёмом?
7. Хотя в песне ни разу прямо не упоминается правительство, но с помощью каких средств и как характеризуются оно и его действия?
8. Расскажите историю создания этой песни.
9. Какой смысл, по вашему мнению, вкладывал в свои слова композитор Дмитрий Шостакович, назвав "Песню о Родине" "музыкальным символом Советского Союза"?

21. СТАТЬ НАШИМИ САТЕЛЛИТАМИ ИЛИ УМЕРЕТЬ

Таков взгляд на ближнее зарубежье председателя комитета Госдумы по делам СНГ и связям с соотечественниками Константина Затулина. Ниже публикуется интервью с ним корреспондента "НГ".

- Я поклонник империи - если понимать под этим имперский мир. Я не приверженец узконациональных империй и рассматриваю это понятие как средство поддержания мира. Есть такое понятие, как сфера влияния, сфера жизненных интересов. Маленькая страна должна быть счастлива, что она находится в сфере влияния большой державы. Политика в СНГ - это внутренняя политика России, обижает это кого-то или нет. Мы должны завоевать свою особую роль в ближнем зарубежье.

- *Признаёте ли вы территориальную целостность государств ближнего зарубежья?*

- Нельзя таскать каштаны из огня за других и признавать территориальную целостность государств, никогда не находившихся в этих границах. При всём уважении к этим государствам, многие из них обречены стать нашими сателлитами или умереть - ровно до этой степени я признаю их территориальную целостность.

- *Какой смысл вы вкладываете в понятие сателлит?*

- Государства ближнего зарубежья должны заключить особые договоры, фиксирующие их особые отношения с Россией. Наши особые отношения должны распространяться прежде всего на экономику и проблему национальных меньшинств, проживающих в этих государствах. Россия должна взять под свою защиту русских, проживающих в ближнем зарубежье. Если же национальные меньшинства проживают компактно, им должна быть предоставлена автономия - государство должно стать федеративным.

- *Не могли бы вы сказать конкретно, где в государствах ближнего зарубежья необходимо создать автономии?*

- В Грузии - это Абхазия и Южная Осетия. В Молдове - Приднестровье и Гагаузия. В Казахстане - северная часть республики. На Украине - восточные области и Крым.

- *Как вы оцениваете политическую ситуацию в Грузии?*

- В Грузии ещё не изжита точка зрения, что в её бедах виноваты все, кроме грузин. Недавно у нас была встреча с делегацией грузинского парламента, и один её участник всё время подчёркивал, что Россия должна идти на любые уступки, так как Грузия принесла жертву, вступив в СНГ. Это какое-то гипертрофированное представление о реальности. Начнём с того, что Россия помогла победить нынешнему руководителю Грузии в острейшей внутренней конфронтации с законным, кстати, президентом Звиадом Гамсахурдиа. Это огромный аванс Шеварнадзе. Россия подтвердила территориальную целостность Грузии, тогда как в реальности её не существует, помогла республике экономически, а взамен лишь получила вступление этого государства в СНГ.

- *Какое будущее, на ваш взгляд, ожидает Украину?*
- Это сложный вопрос. Я думаю, что здесь меньше шансов, чем в Молдове и Грузии, что будут признаны объективные реальности. Но я всё-таки надеюсь, что решение проблемы будет таким же, как в Молдове и Грузии: союз с Россией, особый статус, подкреплённый гарантиями Москвы, для восточных областей и Крыма. Это единственный относительно мирный исход. Другой вариант - распад Украины.

- *У вас есть разногласия с российским МИДом?*
- Российский МИД резко изменил свои позиции, и наши официальные позиции практически не отличаются. Правда, у меня нет уверенности, что декларации российского МИДа будут воплощаться и на практике.

По *Независимой газете*, 5.05.1994 г.

1 **бли́жнее зарубе́жье** Länder, die früher zur UdSSR gehörten - 2 **соотéчественник** Landsmann - 4 **покло́нник** Verehrer - 5 **приве́рженец**, приве́рженцы *Pl* Parteigänger, Anhänger - 6 **поня́тие** Begriff - 6 **сфе́ра влия́ния** Einflußbereich - 8 **держа́ва** Großmacht, Land - 9 **обижа́ть/оби́деть** (оби́жу, оби́дишь) kränken - 13 **таска́ть кашта́ны из огня́ за** *кого* die Kastanien für jdn aus dem Feuer holen - 16 **сте́пень** *f* Grad - 32 **изжива́ть/изжи́ть то́чку зре́ния** den Standpunkt ablegen - 32 **беда́**, бе́ды *Pl* Elend, Not - 39 **ава́нс** *кому* Vertrauensvorschuß - 41 **взаме́н** *чего* statt dessen, dafür - 47 **подкрепля́ть/подкрепи́ть** *чем* (подкреплю́, подкрепи́шь) bekräftigen - 48 **относи́тельно** verhältnismäßig - 48 **исхо́д** Ausgang - 51 **изменя́ть/измени́ть** ändern - 53 **воплоща́ться/воплоти́ться** (воплощу́сь, воплоти́шься) sich verwirklichen

Вопросы и задания

1. Передайте точку зрения, высказанную официальным лицом по следующим вопросам: а) положение РФ среди других стран в Содружестве; б) политика РФ внутри Содружества; в) взаимоотношения РФ и других членов Содружества.
2. Охарактеризуйте политику РФ, проводимую ею в Грузии и на Украине.
3. Сравните и прокомментируйте политику, проводимую РФ в СНГ, с политикой СССР (при ответе используйте материалы всей главы).

Aufgaben zur Grammatik (Texte 19 - 21)

1. *Ersetzen Sie die Verbalkonstruktionen durch substantivische Konstruktionen.*
   Muster: быстро решить сложную проблему
   →   быстрое решение сложной проблемы

a) полностью предать гласности факты
b) ущемить права и законные интересы
c) воспевать величие и красоту Родины
d) признать и подтвердить территориальную целостность
e) государство предоставило автономию
f) песня появилась в печати
g) заключить особые договоры
h) МИД резко изменил позиции
i) частично воплотить декларации на практике
j) находиться в сфере влияния

2. *Ersetzen Sie die kursivgedruckten Wörter durch Antonyme.*

a) *первыми* в ссылке оказались
b) чуть *позже*
c) *более* миллиона немцев
d) *полная* реабилитация
e) *насильственное* переселение
f) *ущемлять* права
g) *поклонник* империи
h) *победить* в борьбе за власть
i) *заключить* договоры
j) *предоставить* народу автономию

3. *Welches russische Wort entspricht dem Fremdwort?*

a) трактат
b) лингвист
c) гипотеза
d) контракт
e) катастрофа
f) компенсация
g) инспирация
h) шанс
i) декларация
j) дефицит
k) конфронтация
l) мемуары

1 договор, 2 недостаток, 3 возможность, 4 воспоминания, 5 предположение, 6 сочинение, 7 вдохновение, 8 бедствие, 9 возмещение, 10 языковед, 11 противоборство, 12 заявление

4. *Ersetzen Sie die kursivgedruckten Verbindungen aus Verb + Substantiv durch einfache Verben.*

1. НКВД СССР *вносит предложение* о выселении всех татар с территории Крыма. 2. Указ президента *возлагает* на казачьи организации *обязанности* подготовки молодёжи к военной службе. 3. Хрущёв, который после войны *стоял во главе* украинского правительства, хорошо знал, сколько обид на Москву скопилось на Украине. 4. Мусульманская культура, которая *пустила* глубокие *корни* в исконной культуре народов Советского Востока, однозначно оценивались как "реакционная". 5. Подобная политика *пользовалась*

полной *поддержкой* коммунистов и интеллигенции национальных республик. 6. В конце 80-х годов языковая политика центрального правительства *подверглась* резкому *изменению*. 7. Преступления, совершённые против народов, не *предали гласности*. 8. Россия должна *взять под* свою *защиту* русских, проживающих в ближнем зарубежье.

a) укореняться / укорениться
b) поддерживать / поддержать
c) возглавлять / возглавить
d) изменяться / измениться
e) предлагать / предложить + инф.
f) защищать / защитить
g) обязывать / обязать + инф.
h) оглашать / огласить

5. Ersetzen Sie die kursivgedruckten Wörter durch Personalpronomina.

1. "*Песня о Родине*" была написана к музыкальному кинофильму "Цирк" в 1936 году. 2. *Композитор Дунаевский и поэт В. И. Лебедев-Кумач* работали над *песней* более двух лет. 3. *Песню* постоянно транслировали по радио. 4. *Композитор Дмитрий Шостакович* назвал "*Песню о Родине*" музыкальным символом Советского Союза. 5. С *этим словом* мы повсюду дома. 6. Я рассматриваю *понятие* как средство поддержания мира. 7. Где в государствах ближнего зарубежья необходимо создать *автономии*? 8. Это аванс *Шеварнадзе*. 9. Российский МИД резко изменил *позиции*.

6. Ersetzen Sie die Partizipialkonstruktionen durch Relativsätze.

1. Военных, относящихся к этим национальностям, демобилизовывали. 2. Процесс реабилитации народов-изгнанников, начатый после смерти Сталина, вскоре остановился. 3. Нельзя признавать территориальную целостность государств, никогда не находившихся в этих границах.

7. Ersetzen Sie die folgenden Aktivsätze durch Passivsätze. Beachten Sie den Aspekt der Verben in den angegebenen Sätzen.

1. Сталин поставил задачу устроить чистку приграничной территории от "неблагонадёжных элементов". 2. Военнослужащих, относящихся к этим национальностям, демобилизовывали и отправляли в места ссылок. 3. Мусульманское население приграничных районов может поддержать турецкие войска. 4. Закон предусматривает для всех репрессированных народов полную реабилитацию - политическую, культурную, социальную, территориальную. 5. Закон признаёт права этих народов. 6. Мы должны завоевать свою особую роль. 7. Государства должны заключить особые договоры. 8. Россия должна взять под защиту русских, проживающих в ближнем зарубежье. 9. Как вы оцениваете политическую ситуацию в Грузии?

ПУТЬ К ПРАВОВОМУ ГОСУДАРСТВУ ПРАВА И СВОБОДЫ ГРАЖДАН

1. ПРОЕКТ БУДУЩЕЙ КОНСТИТУЦИИ

Представления основателей коммунистического движения в России о конституционно-правовом оформлении основных прав граждан впервые в обязывающей форме были зафиксированы в программе партии, которая была принята на 2-м съезде Российской социал-демократической рабочей партии (РСДРП). Съезд проходил в Брюсселе и Лондоне в 1903 году. Проект этой программы был разработан Плехановым[1] и Лениным.

Основной задачей партии было "уничтожение капитализма и установление диктатуры пролетариата", а ближайшей целью - "свержение самодержавия и установление демократической республики". Программа содержала перечень основных прав и обязанностей граждан, состоявший из 14 пунктов. Этот перечень, по замыслу его авторов, должен был быть включён в конституцию будущей демократической республики. Кроме политических прав активного статуса (то есть прав индивида на участие в государственной жизни), основывавшихся на принципе "самоуправления народа", в программе закреплялся целый ряд свобод граждан: неприкосновенность личности и жилища, неограниченная свобода совести, слова, печати, собраний, забастовок и объединения в общественные организации, право свободного передвижения и повсеместного проживания, а также свобода предпринимательства. Интересен пункт 10, предоставлявший каждому лицу право привлечения к судебной ответственности перед судом присяжных любого должностного лица.

Программа партии выступала за предоставление всем гражданам и без всяких ограничений прав, перечисленных в обширном перечне, в котором по сравнению с западными конституциями отсутствовало лишь право собственности. Хотя в программе говорилось, что диктатура пролетариата необходима для подавления "любого сопротивления эксплуататоров", в перечне же основных прав личности не было никаких оговорок в пользу какого-либо определённого класса, а также не предусматривалось лишить какие-либо группы населения права пользования основными правами и свободами.

25 октября 1917 года в России к власти пришла партия, руководимая большевиками. Большевики получили, наконец, возможность реализовать требования программы партии 1903 года.

---

[1] Гео́ргий Валерья́нович Плеха́нов (1856-1918), один из основателей РСДРП, после раскола партии на съезде 1903 года на фракции меньшевиков и большевиков стал лидером меньшевиков.

правово́е госуда́рство Rechtsstaat - прое́кт Entwurf - 2 основно́е пра́во Grundrecht - 2 обя́зывающий verbindlich - 4 съезд па́ртии Parteikongreß - 6 разраба́тывать/разрабо́тать ausarbeiten - 7 уничтоже́ние Vernichtung - 7 установле́ние Errichtung - 8 сверже́ние Sturz - 8 самодержа́вие - Autokratie - 9 содержа́ть *ipf* enthalten - 9 пе́речень *m* Katalog - 11 за́мысел Idee - 11 включа́ть/включи́ть (включу́, включишь) aufnehmen - 13 акти́вный ста́тус status activus - 15 неприкоснове́нность ли́чности Unantastbarkeit der Person - 15 неприкоснове́нность жили́ща Unverletzlichkeit der Wohnung - 16 свобо́да со́вести Gewissensfreiheit - 16 свобо́да сло́ва Meinungsäußerungsfreiheit - 16 свобо́да печа́ти Pressefreiheit - 16 свобо́да собра́ний Versammlungsfreiheit - 16 свобо́да забасто́вок Streikfreiheit - 17 свобо́да объедине́ния в обще́ственные организа́ции Vereinigungsfreiheit - 17 пра́во свобо́дного передвиже́ния и повсеме́стного прожива́ния Freizügigkeit - 18 свобо́да предпринима́тельства Gewerbefreiheit - 19 предоставля́ть/предоста́вить пра́во *кому* (предоста́влю, предоста́вишь) ein Recht einräumen - 19 привлека́ть/привле́чь к суде́бной отве́тственности (привлеку́, привлечёшь) gerichtlich belangen - 20 суд прися́жных Geschworenengericht - 20 должностно́е лицо́ Amtsperson, -träger - 22 ограниче́ние Beschränkung - 22 перечисля́ть/перечи́слить aufzählen - 22 обши́рный umfangreich - 23 отсу́тствовать fehlen - 23 пра́во со́бственности Eigentumsrecht - 25 подавле́ние Unterdrückung - 26 огово́рка Vorbehalt - 27 предусма́тривать/предусмотре́ть vorsehen - 27 лиша́ть/лиши́ть права ein Recht entziehen, aberkennen - 28 по́льзоваться пра́вом ein Recht genießen

Übung zum Wortschatz

1. *Ersetzen Sie die kursivgedruckten Wörter durch Synonyme.*
   a) Z. 1 *представления* основателей
   b) Z. 2 *впервые*
   c) Z. 3 *зафиксированы*
   d) Z. 11 по *замыслу*
   e) Z. 23 *отсутствовало* право
   f) Z. 30 *реализовать* требования
2. *Suchen Sie im Text Substantive auf -ание(-ение) und bestimmen Sie die Verben, von denen sie abgeleitet sind.*
3. *Suchen Sie im Text von Substantiven abgeleitete Adjektive mit den Suffixen -н- und -ск- und nennen Sie das jeweils zugrundeliegende Substantiv.*

Вопросы и задания

1. Расскажите о создании первого проекта конституции будущей демократической республики.
2. Охарактеризуйте политические цели РСДРП в начале двадцатого века.
3. Какие права должна была предоставить своим гражданам, по замыслу российских социал-демократов, будущая демократическая республика?
4. Что отличало этот проект от буржуазных конституций?
5. Как решался лидерами РСДРП вопрос о диктатуре пролетариата?

2. КАК СОЗДАВАЛАСЬ КОНСТИТУЦИЯ

После Октябрьской революции среди некоторых советских работников бытовало ложное мнение о ненужности Конституции, как и вообще писаных законов, которые связывают руки пролетариату, установившему свою диктатуру. Даже такой видный государственный деятель и юрист, как П. И. Стучка[1], в 1918 году нарком юстиции, сомневался в необходимости Конституции. Он ошибочно считал, что переходный период от капитализма к коммунизму "не укладывается в твёрдые рамки писаного Основного закона" и что диктатура пролетариата "плохо вяжется со словами "писаный закон".

В. И. Ленин отмечал, что воля, если она государственная, должна быть выражена как закон. Именно поэтому партия большевиков выступила инициатором создания Конституции.

Специальная конституционная комиссия была образована 1 апреля 1918 года. Комиссия была создана из членов ВЦИК и представителей наркоматов. Подавляющее большинство в ней составили большевики. Председателем Конституционной комиссии был назначен Я. М. Свердлов[2], его заместителем - известный историк-марксист М. Н. Покровский.

В течение двух недель комиссия разработала общие положения Основного закона, а затем разделилась на три подкомиссии, которые писали отдельные главы и разделы. К концу июня основная работа была закончена, однако готового проекта ещё не было. Помощь ЦК РКП(б), Совета Народных Комиссаров и лично В. И. Ленина позволила довести работу до конца. 4 июля проект Основного Закона был поставлен на обсуждение V съезда Советов и 10 июля принят им. На последнем этапе в текст Конституции была целиком включена ленинская Декларация прав трудящегося и эксплуатируемого народа.

Основной Закон социалистического государства был создан за три месяца. У его составителей не было никаких образцов, и опыт строительства социалистического государства был ещё мал. Члены Конституционной комиссии ВЦИК работали в труднейших условиях. Все они были чрезвычайно заняты своей основной работой и могли уделять Комиссии только вечера, никакого технического аппарата у неё не было.

В. И. Ленин говорил, что "в мире не бывало таких конституций, как наша".

По книге *Очерк истории советской Конституции*, Москва 1987 г.

[1] Пётр Ива́нович Сту́чка (1865-1932), народный комиссар юстиции в 1918-1928 годы, теоретик советского права. Стучка был автором первых октябрьских законов.
[2] Я́ков Миха́йлович Свердло́в (1885-1919), крупный советский партийный деятель.

1 **бытова́ть** *ipf 1. и 2. Pers. ungebr.* vorkommen - 3 **свя́зывать/связа́ть** (свяжу́, свя́жешь) binden - 6 **перехо́дный пери́од** Übergangsperiode - 7 **Основно́й зако́н** Grundgesetz - 8 **вяза́ться** с *чем ipf 1. и 2. Pers. ungebr.* übereinstimmen - 9 **отмеча́ть/отме́тить** (отмечу́, отме́тишь) betonen - 9 **во́ля** Willen - 12 **образо́вы-**

ватъ/образова́ть bilden - 13 создава́ть/созда́ть из *чего* zusammensetzen aus - 13 ВЦИК, -а *т* (Всеросси́йский Центра́льный Исполни́тельный Комите́т) Allrussisches Zentralexekutivkomitee (1917-1936) - 13 наркома́т (наро́дный комиссариа́т) Volkskommissariat (1917-1936) - 14 подавля́ющее большинство́ überwiegende Mehrheit - 14 председа́тель *т* Vorsitzender - 15 назнача́ть/назна́чить *кем* ernennen zu - 17 о́бщие положе́ния *Pl* allgemeine Bestimmungen - 18 разделя́ться/раздели́ться sich teilen - 18 подкоми́ссия Unterausschuß - 19 разде́л Abschnitt - 20 ЦК РКП(б) (Центра́льный Комите́т Росси́йской Коммунисти́ческой па́ртии (большевико́в) - 23 принима́ть/приня́ть конститу́цию (приму́, при́мешь) die Verfassung verabschieden - 27 состави́тель *т* Verfasser - 27 образе́ц Vorbild - 29 чрезвыча́йно außerordentlich - 30 уделя́ть/удели́ть *чему* widmen

Übung zum Wortschatz

1. *Ersetzen Sie die kursivgedruckten Wörter durch Synonyme.*
   a) Z. 1 *бытовало ложное* мнение
   b) Z. 4 *видный* деятель
   c) Z. 8 плохо *вяжется*
   d) Z. 19 *была закончена*
   e) Z. 26 *за три месяца*
   f) Z. 27 никаких *образцов*
2. *Ersetzen Sie die kursivgedruckten Wörter durch Antonyme.*
   a) Z. 1 *ложное* мнение
   b) Z. 2 о *ненужности* конституции
   c) Z. 3 *связывают* руки
   d) Z. 12 комиссия *образована*
   e) Z. 14 *большинство* в ней
   f) Z. 24 *целиком* включена
3. *Bilden Sie von den folgenden Infinitiven Substantive mit dem Suffix -тель und bilden Sie zu ihnen das Femininum und den Plural.*
   Muster: создать партию → создатель - создательница - создатели партии
   a) представить правительство
   b) основать новую школу
   c) строить новую систему
   d) издать брошюру
   e) подготовить материалы
   f) мыслить
   g) жить
   h) руководить партией
4. *Suchen Sie im Text Substantive mit dem Suffix -тель und bestimmen Sie die Verben, von denen sie abgeleitet sind.*

Вопросы и задания

1. Охарактеризуйте дискуссию о конституционно-правовом закреплении основных прав граждан и обоснование различных точек зрения после Октябрьской революции.
2. Кто принимал непосредственное участие в создании первой российской Конституции?
3. Обобщите информацию текста и расскажите о работе конституционной комиссии по подготовке Конституции.
4. Когда и кем была принята первая Конституция?
5. Какое участии принимал Ленин в создании Конституции и каково было его мнение о ней?

3. КОНСТИТУЦИЯ 1918 ГОДА

Во втором разделе Основного Закона "Общие положения Конституции Российской Социалистической Федеративной Республики" речь идёт об основных правах и свободах граждан.

Решающее значение для понимания природы этих основных прав имеет вводная статья 9: "Основная задача рассчитанной на переходный момент Конституции РСФСР заключается в установлении диктатуры городского и сельского пролетариата и беднейшего крестьянства в виде мощной Всероссийской Советской власти в целях полного подавления буржуазии, уничтожения эксплуатации человека человеком и водворения социализма, при котором не будет ни деления на классы, ни государственной власти". Такая постановка вопроса стала исходным пунктом при определении основных прав и свобод граждан. При определении этих прав и свобод авторы Конституции 1918 года отказались от главной мысли программы 1903 года - равенства граждан - и исходили из их классовой принадлежности. Таким образом граждане страны были разделены на две категории. "Трудящиеся" являлись субъектами права, которым предоставлялись основные права, в то время как "эксплуататоры" - субъектами, которым не предоставлялись основные права, а лишь накладывались на них обязанности. Распространение основных прав и свобод лишь на определённую группу лиц является одной из главных особенностей этой Конституции.

Другой характерной особенностью является своеобразие связи прав и обязанностей. При этом главная мысль заключается в том, что человек лишь тогда может пользоваться в обществе своими правами, если он готов взять на себя и обязанности. Конституция накладывала на граждан и основные обязанности.

Конституция гарантировала трудящимся следующие свободы: свободу совести, свободу слова, свободу собраний, митингов и шествий, свободу объединений в общественные организации и совсем новое право - "доступ к образованию". Право избирать и быть избранным регламентируется в разделе четвёртом - "Активное и пассивное избирательное право". В нём точно определяется круг граждан, которым предоставляется избирательное право. В программе 1903 года говорилось о "свободных выборах для всего народа". Согласно Конституции 1918 года им могут пользоваться лишь трудящиеся лица, а также солдаты Красной Армии и флота и "потерявшие трудоспособность трудящиеся". В статье 65 перечисляются лица, на которых не распространяется избирательное право. Это были лица, использующие наёмный труд, живущие на нетрудовые доходы, торговцы, торговые и коммерческие посредники, монахи, служители церкви, служащие бывшей царской полиции.

Конституция налагала следующие обязанности на граждан. В статье 18 говорится, что РСФСР "признаёт труд обязанностью всех граждан и провозглашает лозунг: "Не трудящийся, да не ест". В статье 19 устанавливается всеобщая воинская повинность, однако "почётное право защищать революцию с оружием в руках предоставляется только трудящимся", а "нетрудовые элементы" исполняют другие воинские обязанности.

Многое из обширного перечня прав и свобод 1903 года, касающееся в особенности личных свобод граждан, отсутствует в Конституции 1918 года, например: неприкосновенность личности и жилища, право свободного передвижения и повсеместного проживания, свобода предпринимательства, тайна переписки, свободный выбор профессии.

30 декабря 1922 года был образован СССР. 31 января 1924 года была принята вторая Конституция СССР. В ней не упоминались основные права граждан, а регулировались административные и организационные вопросы.

7 **вво́дная статья́** Präambel - 12 **мо́щный** machtvoll - 15 **водворе́ние** Errichtung - 18 **исхо́дный пункт** Ausgangspunkt - 18 **определе́ние** Bestimmung - 20 **отка́зываться/отказа́ться от** *чего* (откажу́сь, отка́жешься) verzichten auf - 21 **ра́венство** Gleichheit - 21 **исходи́ть из** *чего* ipf ausgehen von - 21 **принадле́жность** f Zugehörigkeit - 23 **субъе́кт пра́ва** Rechtssubjekt - 25 **накла́дывать/наложи́ть обя́занность** f (наложу́, нало́жишь) eine Pflicht auferlegen - 25 **распростране́ние** Erstreckung - 28 **своеобра́зие** Eigenart - 34 **свобо́да ми́тингов и ше́ствий** Versammlungs- und Demonstrationsfreiheit - 35 **до́ступ к** *чему* Zugang zu - 36 **избира́ть/избра́ть** (изберу́, изберёшь) wählen - 37 **избира́тельное пра́во** Wahlrecht - 41 **вы́боры** Pl Wahlen - 39 **трудоспосо́бность** f Arbeitsfähigkeit - 42 **распространя́ться/распространи́ться** sich erstrecken - 43 **наёмный труд** Lohnarbeit - 44 **нетрудово́й дохо́д** nicht erarbeitetes Einkommen - 44 **торго́вец** Händler - 45 **посре́дник** Zwischenhändler - 45 **мона́х** Mönch - 45 **служи́тель це́ркви** m Kirchendiener - 47 **провозглаша́ть/провозгласи́ть** (провозглашу́, провозгласи́шь) verkünden, proklamieren - 49 **всео́бщая во́инская пови́нность** allgemeine Wehrpflicht - 49 **почётный** Ehren- - 52 **каса́ться/косну́ться** *чего* betreffen, angehen - 55 **та́йна перепи́ски** Briefgeheimnis - 56 **свобо́дный вы́бор профе́ссии** freie Berufswahl

Вопросы и задания

1. Как и где формулируется основная задача Конституции 1918 года и как она характеризуется при этом?
2. Расскажите о главных особенностях первой Конституции России.
3. Какие права гарантировала Конституция гражданам РСФСР?
4. Какие обязанности накладывавала Конституция на граждан?
5. Проанализируйте различия между проектом Конституции 1903 года и Конституцией 1918 года.

Aufgaben zur Grammatik (Texte 1 - 3)

1. *Ersetzen Sie die Verbalkonstruktionen durch substantivische Konstruktionen.*

a) включить перечень
b) закрепить целый ряд свобод
c) партия выступила инициатором
d) образовать СССР
e) разделить граждан на категории
f) предоставить возможность
g) провозгласить лозунг
h) наложить обязанности
i) довести работу до конца
j) избрать президента
k) установить воинскую повинность
l) упоминать основные права

2. *Bilden Sie von den folgenden Substantiven Adjektive mit dem Suffix -н- und setzen Sie sie in die richtige Form.*
   Muster: рука / часы → ручные часы

a) партия / линия
b) свобода / выборы
c) закон / действия
d) ошибка / мнение
e) основа / особенность
f) доступ / образование

3. *Ersetzen Sie die Partizipialkonstruktionen durch Relativsätze.*

1. Программа содержала перечень основных прав и обязанностей граждан, состоявший из 14 пунктов. 2. Кроме политических прав активного статуса, основывавшихся на принципе "самоуправления народа", в программе закреплялся целый ряд свобод граждан. 3. Интересен пункт 10, предоставлявший каждому лицу право привлечения к судебной ответственности перед судом присяжных любого должностного лица. 4. 25 октября 1917 года в России к власти пришла партия, руководимая большевиками. 5. Многое из обширного перечня прав и свобод 1903 года, касающееся в особенности личных свобод граждан, отсутствует в Конституции 1918 года.

4. *Ersetzen Sie die Relativsätze durch Partizipialkonstruktionen.*

1. Среди некоторых советских работников бытовало ложное мнение о ненужности Конституции, как и вообще писаных законов, которые связывают руки пролетариату. 2. В течение двух недель комиссия разработала общие положения Основного Закона, а затем разделилась на три подкомиссии, которые писали отдельные главы и разделы. 3. Другой характерной особенностью является связь прав и обязанностей, которые конституция накладывала на граждан. 4. "Почётное право защищать революцию с оружием в руках предоставлялось только "трудящимся", а "нетрудовые элементы", которых лишили многих гражданских прав, должны были исполнять другие воинские обязанности.

4. ДОКЛАД И. СТАЛИНА О ПРОЕКТЕ КОНСТИТУЦИИ СССР

Ниже приводятся отрывки из речи Сталина, касающиеся характерных особенностей третьей советской Конституции. Текст доклада не адаптирован, орфография сохранена.

25 ноября 1936 г. Появление тов. СТАЛИНА на трибуне встречается продолжительной, бурной овацией всего зала. Со всех сторон несутся крики: "Ура тов. СТАЛИНУ!", "Да здравствует тов. СТАЛИН!", "Да здравствует Великий СТАЛИН!", "Великому гению тов. СТАЛИНУ ура!", "Виват!", "Рот фронт!", "Тов. СТАЛИНУ слава!"

Какое отражение получили все изменения в жизни СССР в проекте новой Конституции? Иначе говоря: каковы основные особенности проекта Конституции?

Конституционной комиссии было поручено внести изменения в текст Конституции 1924 года. В результате работы Конституционной Комиссии получился новый текст Конституции, проект новой Конституции СССР. Конституционная Комиссия исходила из того, что конституция не должна смешиваться с программой. Это значит, что между программой и конституцией имеется существенная разница. Программа касается главным образом будущего, конституция настоящего.

Наше советское общество добилось того, что оно уже осуществило в основном социализм, создало социалистический строй, то есть осуществило то, что у марксистов называется иначе первой или низшей фазой коммунизма. Значит, у нас уже осуществлена в основном первая фаза коммунизма, социализм. (Продолжительные аплодисменты.)

Таким образом проект новой Конституции представляет собой итог пройденного пути. Он является регистрацией и законодательным закреплением того, что уже и завоёвано. (Бурные аплодисменты.)

В этом первая особенность проекта новой Конституции.

Конституции буржуазных стран исходят обычно из убеждения о незыблемости капиталистического строя, его устоев: частная собственность на землю, леса, фабрики, заводы; эксплуатация человека человеком; необеспеченность трудящегося большинства на одном полюсе общества и роскошь нетрудящегося меньшинства на другом полюсе.

В отличие от них проект новой Конституции исходит из факта ликвидации капиталистического строя.

Такова вторая особенность проекта новой Конституции.

В отличие от буржуазных конституций проект новой Конституции СССР исходит из того, что в обществе нет уже больше антагонистических классов.

Такова третья особенность проекта новой Конституции.

Дальше. Буржуазные конституции молчаливо исходят из предпосылки о том, что нации и расы не могут быть равноправными, что есть нации полноправные и неполноправные. Это значит, что все эти конституции в основе своей являются националистическими, т. е. конституциями господствующих наций.

В отличие от этих конституций проект новой Конституции СССР, наоборот, - глубоко интернационален. Он исходит из того, что все нации и расы равноправны.

Такова четвёртая особенность проекта новой Конституции.

Пятую особенность проекта новой Конституции составляет его последовательный и до конца выдержанный демократизм. Для него не существует активных или пассивных граждан, для него все граждане активны. Он не признаёт разницы в правах между мужчинами и женщинами, имущими и неимущими, образованными и необразованными. Для него все граждане равны в своих правах.

Наконец, ещё одна особенность проекта новой Конституции. Он не просто провозглашает равенство прав граждан, но и обеспечивает его законодательным закреплением факта ликвидации эксплуатации. Он не только провозглашает право на труд, но и обеспечивает его законодательным закреплением факта отсутствия кризисов в советском обществе, факта уничтожения безработицы. Понятно поэтому, что демократизм проекта является не "обычным" и "общепризнанным" демократизмом вообще, а демократизмом с о ц и а л и с т и ч е с к и м .

Таковы основные особенности проекта новой Конституции.

Таково отражение в проекте новой Конституции тех сдвигов и изменений в хозяйственной и общественно-политической жизни СССР, которые осуществились за период от 1924 года до 1936 года.

По *Докладу о проекте Конституции СССР*, Москва 1951 г.

2 **бу́рный** stürmisch - 2 **нести́сь** *ipf* ertönen - 2 **крик** Ruf - 6 **отраже́ние** Widerspiegelung - 7 **ина́че** anders - 9 **поруча́ть/поручи́ть** (поручу́, пору́чишь) beauftragen - 13 **сме́шивать/смеша́ть** verwechseln - 14 **ра́зница** Unterschied - 16 **добива́ться/доби́ться** *чего* (добью́сь, добьёшься) erreichen - 17 **строй** Ordnung - 21 **ито́г** Ergebnis - 22 **законода́тельное закрепле́ние** rechtliche Festlegung - 23 **завоёвывать/завоева́ть** erkämpfen - 25 **незы́блемость** *f* Unerschütterlichkeit - 26 **усто́и** *Pl* Grundsätze - 27 **необеспе́ченность** *f* Armut - 28 **ро́скошь** *f* Luxus - 30 **в отли́чие от** *чего* im Gegensatz zu - 37 **предпосы́лка** Voraussetzung - 40 **госпо́дствующий** herrschend - 42 **наоборо́т** umgekehrt - 46 **после́довательный** folgerichtig - 47 **вы́держанный** konsequent - 53 **обеспе́чивать/обеспе́чить** sichern - 57 **безрабо́тица** Arbeitslosigkeit - 61 **сдвиг** Wandlung - 62 **хозя́йственный** wirtschaftlich

Übung zum Wortschatz

1. *Ersetzen Sie die kursivgedruckten Wörter durch Synonyme.*
   a) Z. 7 *иначе говоря*
   b) Z. 14 существенная *разница*
   c) Z. 16 уже *осуществило*
   d) Z. 20 *продолжительные*
   e) Z. 21 представляет собой *итог*
   f) Z. 25 о *незыблемости*
   g) Z. 26 его *устоев*
   h) Z. 27 *необеспеченность*
   i) Z. 28 *роскошь* меньшинства
   j) Z. 34 *антагонистических*

2. *Bilden Sie von den folgenden Substantiven Adjektive mit dem Suffix -ическ- und setzen Sie sie in die richtige Form.*
   Muster: коммунист / курс   коммунистический курс
   a) социалист / строй
   b) империалист / политика
   c) демократ / общество
   d) аристократ / слой
   e) паразит / жизнь
   f) поэт / образ

3. *Suchen Sie im Text von Substantiven abgeleitete Adjektive und nennen Sie das jeweils zugrundeliegende Substantiv.*

4. *Suchen Sie im Text Substantive auf -ание(-ение) und bestimmen Sie die Verben, von denen sie abgeleitet sind.*

Вопросы и задания

1. Разделите текст доклада на смысловые части и сформулируйте кратко содержание каждой части.
2. Какие изменения, произошедшие в советском обществе в период между двумя конституциями, упоминает Сталин?
3. Перечислите особенности проекта Конституции, названные Сталиным.
4. Какие отличия советской Конституции от буржуазных устанавливает Сталин в своём докладе?
5. Проанализируйте язык Сталина и выделите стилистические особенности его речи (синтаксис, словарь, формулировка мысли).

5. КОНСТИТУЦИЯ (ОСНОВНОЙ ЗАКОН) СССР 1936 ГОДА

Третья Конституция СССР была утверждена VIII съездом Советов 5 декабря 1936 года и позднее стала называться сталинской Конституцией. Необходимость принятия новой конституции Сталин обосновал большими общественными преобразованиями, которые произошли за последние 12 лет.

5   В отличие от Конституции 1918 года сталинская Конституция гарантировала основные права всем гражданам СССР без исключений. В десятой главе Конституции "Основные права и обязанности граждан" перечисляются следующие права: право на труд, право на отдых, право на материальное обеспечение в старости, а также в случае болезни и потери трудоспособности,

право на образование, "женщине в СССР предоставляются равные права с мужчиной", равноправие граждан, свобода отправления религиозных культов, свобода слова, печати, собраний и митингов, уличных шествий и демонстраций, право объединения в общественные организации.

Гражданам СССР гарантировались: неприкосновенность личности и жилища и тайна переписки.

Одновременно на граждан налагались новые обязанности: соблюдать Конституцию и законы СССР, соблюдать трудовую дисциплину, выполнять общественный долг, уважать правила социалистического общежития, "беречь и укреплять общественную, социалистическую собственность".

3 **обосно́вывать/обоснова́ть** begründen - 4 **преобразова́ние** Umgestaltung - 8 **пра́во на труд** Recht auf Arbeit - 8 **пра́во на о́тдых** Recht auf Erholung - 8 **пра́во на материа́льное обеспече́ние** Recht auf materielle Absicherung - 11 **свобо́да отправле́ния религио́зных ку́льтов** Freiheit der Religionsausübung - 16 **соблюда́ть зако́ны** *ipf* Gesetze beachten - 17 **выполня́ть/вы́полнить (обще́ственный) долг** den (gesellschaftlichen) Pflichten nachkommen - 18 **уважа́ть пра́вила социалисти́ческого общежи́тия** Regeln des sozialistischen Gemeinschaftslebens achten - 18 **бере́чь и укрепля́ть обще́ственную, социалисти́ческую со́бственность** (берегу́, бережёшь) *ipf* das gesellschaftliche sozialistische Eigentum schützen und stärken

Вопросы и задания

1. Определите и прокомментируйте основное отличие Конституции 1936 года от Конституции 1918 года.
2. Перечислите права и гражданские свободы, которые закрепляла Конституция 1936 года.
3. Какие новые обязанности налагала Конституция на граждан? Выскажите ваше мнение о необходимости закрепления их конституционно.

6. СТАЛИНСКАЯ КОНСТИТУЦИЯ В ПЕСНЯХ НАРОДОВ СССР

Сталинская Конституция - величайший документ нашей эпохи. Просто, ясно, по-сталински мудро и глубоко в ней записаны осуществлённые мечты человечества. Всё, к чему звали человечество Маркс, Энгельс, Ленин, всё, о чём пел народ в своих песнях, о чём слагал он легенды, в Сталинской Конституции записано как нерушимый закон.

Всемирно-историческое значение Сталинской Конституции признано во всём мире. Ни один документ во всей истории человечества не вызывал такого живого интереса, любви, гордости и восхищения, как Сталинская Конституция. В ней говорится о самом близком для всех ста семидесяти миллионов населения СССР. Она, как солнце, как новое созвездие, загорелась для всех трудящихся капиталистических стран.

Доклад вождя народов товарища Сталина о проекте Конституции и всенародное обсуждение проекта Конституции превратились в праздник миллионов. Когда вождь народов начал свою речь о Конституции, в одиннадцати республиках, слушавших его голос по радио, началось ликование.

Об этом историческом моменте можно сказать словами народного певца Джамбула:

Волнуется мир. Тишина разлилась.
Настал на земле исторический час.
С трибуны звучит, как могучий набат,
Вождя гениальный доклад.
Казахи в степях, грузины в горах,
Зыряне в лесах, белоруссы в полях -
Народы, чтоб каждое слово сберечь,
Слушают Сталина речь.

Над вишнёвыми садами, над золотыми полями, над каменноугольными шахтами и металлургическими гигантами счастливой Украины звучит "Дума про Конституцию", написанная 56-летним колхозником Миколой Шашко́ из колхоза имени Шевченко:

Слова Конституции новой читаю,
Закон основной до конца изучаю.
Закон, что всех больше обдумывал Сталин,
Закон, что открыл нам безмерные дали.
От пункта до пункта когда я читаю,
Волнуюсь и сердцем привет посылаю.

В нефтеносном Азербайджане звучит песня Мухаммеда:

Сталин - солнечный гений бедного люда.
Чтобы счастье нам дать, он на землю пришёл.
Он слова-бриллианты, слова-изумруды
Рассыпает, чтоб людям жилось хорошо.
Написав Конституцию твёрдой рукою,
Он нам к солнцу и звёздам дорогу открыл.
Да и сам он, как солнце, горит над страною,
Возрождая в народах кипение сил.

По журналу *Новый мир* № 12, 1937 г.

2 му́дро weise - 4 слага́ть/сложи́ть леге́нду (сложу́, сло́жишь) eine Legende dichten - 5 неруши́мый зако́н unverbrüchliches Gesetz - 8 го́рдость *f* Stolz - 8 восхище́ние Entzücken - 10 созве́здие Gestirn - 10 загора́ться/загоре́ться erglänzen - 12 вождь *m* Führer - 18 ликова́ние Jubel - 22 тишина́ разлила́сь Stille ergoß sich - 24 наба́т Glockenläuten - 30 вишнёвый сад Kirschgarten - 30 ка́менноуго́льная ша́хта Steinkohlengrube - 31 ду́ма Duma *ukrainische Volksballade* - 37 безме́рные да́ли unermessliche Weiten - 40 нефтено́сный erdölhaltig - 41 люд *m volksspr.* Menschen, Leute - 43 изумру́д Smaragd - 44 рассыпа́ть/рассы́пать (рассы́плю, рассы́пишь) verstreuen - 48 кипе́ние сил das Brodeln der Kräfte

Übung zum Wortschatz

Bilden Sie von den folgenden Adjektiven Substantive mit dem Suffix -ость und übersetzen Sie sie ins Deutsche.
Muster: ясный документ → ясность документа → Klarheit des Dokumentes
a) всемирное значение
b) народная песня
c) серьёзный аргумент
d) живой интерес
e) гениальный вождь
f) безмерные дали
h) солнечный гений
i) бедный люд
j) твёрдая рука

Вопросы и задания

1. Как характеризуется Конституция в статье и в стихотворениях?
2. Найдите строки, в которых определяется значение Конституции для советского народа и трудящихся других стран, и прокомментируйте их. С чем сравнивается Конституция?
3. Найдите в тексте строки, описывающие страну в момент принятия Конституции. Соответствует ли, по вашему мнению, созданный образ действительности? Подтвердите ваше мнение примерами из истории.
4. Найдите в текстах строки или слова, в которых описывается советский народ. Охарактеризуйте и прокомментируйте образ народа, созданный в текстах.
5. В каких строках указывается на автора Конституции?
6. Обобщите детали характеристики Сталина в статье и в литературных произведениях и охарактеризуйте образ Сталина, созданный в них. Проанализируйте последнее стихотворение.

Aufgaben zur Grammatik (*Texte 4 - 6*)

1. *Wie heißt die Person? Bilden Sie von den folgenden Infinitiven Substantive mit dem Suffix -тель und übersetzen Sie sie ins Deutsche.*
   Muster: править страной → правитель страны → Herrscher des Landes

   a) основать партию
   b) представить страну
   c) распространить слухи
   d) продолжать традицию
   e) преобразовать систему
   f) заместить руководителя
   g) создать законы
   h) мечтать о будущем

2. *Ersetzen Sie die Relativsätze durch Partizipialkonstruktionen.*

1. Таково отражение в проекте новой Конституции сдвигов и изменений в хозяйственной и общественно-политической жизни СССР, которые осуществились за период от 1924 года до 1936 года. 2. Необходимость принятия новой конституции Сталин обосновал большими общественными преобразованиями, которые произошли за последние 12 лет.

3. *Ersetzen Sie die folgenden Passivsätze durch Aktivsätze. Beachten Sie den Aspekt der Verben in den angegebenen Sätzen.*

1. Конституционной комиссии было поручено внести изменения в текст Конституции 1924 года. 2. Значит, у нас уже осуществлена в основном первая фаза коммунизма, социализм. 3. Третья Конституция СССР была утверждена VIII съездом Советов 5 декабря 1936 года. 4. Одновременно на граждан налагались новые обязанности. 5. Всё, к чему звали человечество Маркс, Энгельс, Ленин, всё, о чём пел народ в своих песнях, в Сталинской Конституции записано как нерушимый закон. 6. Всемирно-историческое значение Сталинской Конституции признано во всём мире.

4. *Ersetzen Sie die folgenden Aktivsätze durch Passivsätze. Beachten Sie den Aspekt der Verben in den angegebenen Sätzen.*

1. Проект не просто провозглашает равенство прав граждан, но и обеспечивает его законодательным закреплением факта ликвидации эксплуатации. 2. Сталин обосновал необходимость принятия новой конституции. 3. В отличие от Конституции 1918 года сталинская Конституция гарантировала основные права всем гражданам СССР без исключений.

7. КОНСТИТУЦИЯ ГЛАЗАМИ СОВЕТНИКА ХРУЩЁВА

Фёдор Бурлацкий, журналист, политолог. Более 30 лет он работал советником в аппарате правительства.

В 1964 году мы руководили рабочей группой по подготовке Конституции. Её замыслил Хрущёв, чтобы создать гарантии против возврата сталинского режима личной власти и массовых репрессий. Он считал, что внутри партии уже кое-чего добился, теперь нужно преобразовать государство. Никаких установок от него мы, конечно, не получили: импровизация всегда была стилем русского руководства. И вот мы собрали самых крупных юристов, социологов, других учёных, которые на трёх страницах изложили своё видение Конституции. Потом мы подготовили записку для Хрущёва с нашими предложениями.

Интересно вспомнить, о чём мы мечтали тогда, чтобы понять, как далеко мы ушли за 30 лет. Выборы на альтернативной основе депутатов Верховного Совета СССР, который должен работать постоянно. Верхняя палата, формируемая на принципах подлинной федерации. Всенародно избираемый президент - не более чем на два срока одно и тоже лицо. Новая судебная система в целом. Гарантии неприкосновенности личности, жилища, тайны переписки. Вот почти всё. И такие предложения сочли неслыханной дерзостью.

Новая Конституция была принята 7 октября 1977 года. Составители Конституции, которую позднее стали называть брежневской, не включили в неё ни одну из этих идей. Характерной особенностью этой Конституции стала статья 6, в которой говорилось: "Руководящей и направляющей силой советского государства, ядром его политической системы, государственных и общественных организаций является Коммунистическая партия СССР. КПСС существует для народа и служит народу".

Было невозможно даже заикнуться в официальных бумагах о многопартийной системе, о подлинном парламенте, о политических свободах. Только в наших публикациях, написанных эзоповым языком, мы писали о тоталитарном режиме и неизбежности его падения.

По *Независимой газете*, 25.11.1993 г.

---

7 **устано́вка** Richtlinie - 9 **ви́дение** Vision - 10 **запи́ска** Bericht - 13 **Верхо́вный Сове́т СССР** Oberster Sowjet der UdSSR - 14 **Ве́рхняя пала́та** Oberhaus - 16 **срок** Amtsperiode - 18 **предложе́ние** Vorschlag - 18 **счита́ть/счесть чем** (сочту́, сочтёшь) halten für - 18 **неслы́ханная де́рзость** unerhörte Kühnheit - 22 **направля́ть/напра́вить** (напра́влю, напра́вишь) lenken - 23 **ядро́** Kern - 26 **заика́ться/заикну́ться** andeuten - 27 **по́длинный** echt - 28 **эзо́пов язы́к** äsopische Sprache

Übung zum Wortschatz

1. *Ersetzen Sie die kursivgedruckten Wörter durch Synonyme.*
   a) Z. 6 уже кое-чего *добился*
   b) Z. 6 нужно *преобразовать*
   c) Z. 7 никаких *установок*
   d) Z. 9 изложили своё *видение*
   e) Z. 23 *ядром* его системы
   f) Z. 26 даже *заикнуться*
   g) Z. 27 о *подлинном* парламенте
   h) Z. 28 *эзоповым языком*

2. *Ersetzen Sie die kursivgedruckten Wörter durch Antonyme.*
   a) Z. 5 *внутри* партии
   b) Z. 14 работать *постоянно*
   c) Z. 20 *включили* в неё
   d) Z. 26 *многопартийная* система

3. *Bilden Sie Wörter nach dem folgenden Muster:*
   Muster: альтернатива → альтернативный → альтернативность
   a) срок
   b) система
   c) идея
   d) партия
   e) человек
   f) связь
   g) порядок
   h) коллектив

Вопросы и задания

1. Сколько лет страна жила по сталинской Конституции? Охарактеризуйте политические изменения в стране, после которых возникла потребность в новой Конституции.
2. Какие новые положения и почему, по замыслу людей шестидесятых годов, должны были войти в новую Конституцию?
3. Какой эффект и почему, по вашему мнению, произвели такие предложения в правительственном аппарате?
4. Когда была принята четвёртая Конституция СССР и какое отражение получили в ней предложения первой конституционной группы?
5. Что стало главной особенностью брежневской Конституции и какое значение, по вашему мнению, это имело для перспектив дальнейшего развития страны?

8. ДЛЯ ЧЕГО ПИШЕТСЯ КОНСТИТУЦИЯ

Сергей Алексеев, крупный юрист, академик Российской Академии наук. С первых дней перестройки активно участвует в подготовке нового законодательства Российской Федерации.

Со школьных лет мы знаем, что Конституция - основной закон страны, она
5 определяет характер политической власти, "конструкцию" государственного устройства. Но Конституция прежде всего должна выразить и закрепить права человека и в этой связи должна упорядочить и ограничить государственную власть.

Октябрьская революция провозгласила освобождение труда, социальную защищённость неимущих, получение трудящимися собственности, самоуправление народа. Однако СССР вплоть до 80-х годов шёл не по пути социализма в его гуманном, демократическом значении, а по пути радикального, левокоммунистического развития. Во имя светлого будущего совершались жестокость и насилие, интересы отдельной личности приносились в жертву коллективу.

Первые советские Конституции - 1918 и 1924 годов - выполняли узкие задачи: обосновать существующую в стране политическую власть, конституционно оформить установки того времени: огосударствление всех видов собственности, необходимость трудовой повинности, неравенство, оправданное "высшими интересами". Что касается Конституции 1936 года (вернее её назвать антиконституцией), то в ней было много деклараций, которые не соответствовали реальному положению. Это о ней писал поэт Джамбул: "Закон, по которому солнце восходит, закон, по которому степь плодородит...".

Действующая Конституция, конечно, не самая лучшая. И всё-таки тенденция демократизации, признание прав человека в известной мере были здесь заложены. В 1977 году, когда Конституция была принята, они в значительной мере оставались на бумаге. Но вот пришло время, и оказалось, что мы можем опереться на конституционный принцип презумпции невиновности (статья 160), на право обжалования действий должностных лиц (статья 58). Действующая Конституция дала возможность произвести крупные изменения в политическом устройстве страны: преобразование высших органов государственной власти, преобразование избирательного права - основа первых свободных выборов в СССР.

Сейчас мы видим то главное, что будет определять содержание новой Конституции: идея прав человека, их законодательное закрепление, идея правового государства, идея разделения властей (законодательная, исполнительная, судебная).

По газете *Московские новости*, 29.04.1990 г.

1 **академик** Mitglied der Akademie - 2 **законодательство** - Gesetzgebung - 6 **выражать/выразить** (выражу, выразишь) ausdrücken - 7 **упорядочивать/упорядочить** regeln - 9 **социальная защищённость** soziale Sicherheit - 10 **неимущий** mittellos - 11 **вплоть до** bis zu - 14 **жестокость** f Brutalität - 14 **насилие** Gewalt - 14 **приносить/принести в жертву** *чему* j-m etwas zum Opfer bringen - 16 **узкая задача** konkrete, spezifische Aufgabe - 19 **трудовая повинность** Arbeitspflicht - 19 **оправдывать/оправдать** rechtfertigen - 23 **плодородить** *ipf* fruchtbar werden - 24 **действующий** geltend - 25 **признание права** Anerkennung des Rechtes - 25 **права человека** Menschenrechte - 26 **закладывать/заложить** den Grundstein legen - 27 **оказываться/оказаться** sich herausstellten - 28 **опираться/опереться на** *что* (обопрусь, обопрёшься) sich stützen auf - 28 **презумпция невиновности** Unschuldsvermutung - 29 **право обжалования** *чего* Beschwerderecht - 36 **законодательная власть** Legislative - 36 **исполнительная власть** Exekutive - 37 **судебная власть** richterliche (rechtsprechende) Gewalt

Übung zum Wortschatz

1. *Ersetzen Sie die Verbalkonstruktionen durch substantivische Konstruktionen.*
    a) выразить и закрепить права человека
    b) упорядочить и ограничить государственную власть
    c) революция провозгласила освобождение труда
    d) принести интересы отдельной личности в жертву коллективу
    e) провести крупные реформы в политическом устройстве страны
2. *Ersetzen Sie die kursivgedruckten Wörter durch Antonyme.*
    a) Z. 7 *ограничить* власть   c) Z. 18 *огосударствление*
    b) Z. 9 *освобождение* личности d) Z. 31 *крупные* изменения
3. *Suchen Sie im Text Substantive auf -ание(-ение) und bestimmen Sie die Verben, von denen sie abgeleitet sind.*

Вопросы и задания

1. Каково, по мнению автора, главное значение конституции и как соблюдался этот принцип в СССР вплоть до времени перестройки?
2. Какую оценку даёт автор первым трём советским конституциям?
3. Как характеризует автор Конституцию 1977 года и какую роль, по его мнению, она сыграла в процессе перестройки советского общества.
4. Какие требования предъявляются автором к будущей конституции?

9. КОНСТИТУЦИЯ РОССИЙСКОЙ ФЕДЕРАЦИИ 1993 ГОДА

Коллаж А. Дорофеева

После трёхлетних дискуссий, поиска компромиссов и разработки разными авторами разных вариантов был выработан проект Конституции Российской Федерации. Он был одобрен Конституционным совещанием и представлен Президентом РФ на всенародное голосование - референдум,
5 *который состоялся 12 декабря 1993 года.*

Пятая Конституция была принята всенародным голосованием 12 декабря 1993 года. Глава 2 "Права и свободы человека и гражданина" является почти безукоризненной. Она гарантирует гражданам неприкосновенность личности (арест и содержание под стражей допускаются только по решению суда), тайну переписки и других сообщений, запрещается сбор и хранение информации о частной жизни лица без его согласия. Каждый сам определяет свою национальность, гарантируются свобода передвижения и места жительства внутри и вне страны, свобода информации и запрет цензуры, свобода политических и общественных объединений, охрана интеллектуальной собственности, право частной собственности на землю. Никто не может быть лишён имущества без решения суда, учреждается суд присяжных.

3 **одобря́ть/одо́брить** billigen - 4 **голосова́ние** Abstimmung - 8 **безукори́зненный** makellos - 9 **содержа́ние под стра́жей** in Haft halten - 9 **допуска́ть/допусти́ть** (допущу́, допу́стишь) zulassen - 9 **реше́ние суда́** Gerichtsentscheidung - 14 **охра́на интеллектуа́льной со́бственности** Schutz des geistigen Eigentums - 16 **лиша́ть/лиши́ть иму́щества** Eigentumsentzug - 16 **учрежда́ть/учреди́ть** (учрежу́, учреди́шь) errichten

10. ПРАВОВОЕ ГОСУДАРСТВО В РОССИИ: РЕАЛЬНОСТЬ ИЛИ ИЛЛЮЗИЯ?

Идея правового государства - один из немногих лозунгов перестроечного и постперестроечного периодов, который признавался всеми политическими силами и движениями. Известные различия в трактовке смысла и содержания этой программной установки не уменьшили её потенциальных и реальных возможностей стать инструментом национального согласия и примирения и обеспечить безопасность каждого человека.

Демократическую конституцию справедливо считают фундаментом правового государства любой страны. На смену Конституции 1977 года пришёл новый Основной Закон, в целом прогрессивный и демократичный. Однако более глубокий анализ конституционных процессов может развеять "иллюзии". Прежде всего, несмотря на довольно длительную работу над проектом, по ряду позиций новая Конституция далека от совершенства. Но дело даже не в недостатках новой Конституции. Серьёзное беспокойство вызывает крайне низкий уровень конституционной законности, степень соблюдения Основного Закона государственными органами, должностными лицами и гражданами. Как известно, Россия никогда не отличалась высоким уровнем правовой культуры и законопослушания.

Прошедшие месяцы действия новой Конституции дают противоречивую картину. С одной стороны, заметно стремление государственных институтов подчеркнуть уважительное отношение к Конституции, соответствующий фон создан и средствами массовой информации. Вместе с тем, многое настораживает, например: продолжается практика решения указами вопросов, относящихся к сфере законодательной власти. Всё это свидетельствует о том, что конституционно-правовой нигилизм постепенно охватывает и новую Конституцию, грозит возвращением к практике принятия политических решений вне конституционных рамок.

При оценке конституционных процессов в современной России необходимо освободиться от одной конституционной иллюзии. Она связана с пониманием новой Конституции России как "Конституции XXI века".

Создание стабильного Основного Закона возможно только в том случае, если сформулировалась фактическая конституция - конституционный строй общества. Очевидно, что сейчас в России другая ситуация. Зачатки гражданского общества, рыночной экономики только формируются, не завершён процесс федерализации страны, который, при выходе из-под контроля, может вообще разрушить государство.

В этих условиях объективно речь может идти лишь о Конституции переходного периода. Поэтому крайне важное значение приобретает вопрос о максимально быстром и эффективном использовании потенциала Конституции 1993 года. На первый план выдвигается проблема наполнения конституционными идеями всего российского законодательства, его модернизации, превращения в реальный фактор экономических и политических реформ.

Важным шагом в этом направлении стало принятие Государственной думой в октябре 1994 года первого в истории России Гражданского кодекса, который определяет и защищает свободное и независимое положение граждан, недопустимость вмешательства государства в частноправовые отношения, без которых создание свободного гражданского общества невозможно, а также кладёт конец господству в обществе неконтролируемой власти и идеологии.

По книге *Россия сегодня: реальный шанс,* Москва 1994 г.

10 **развéивать/развéять** иллюзию Illusionen zerstören - 13 **недостáток**, недостáтка, недостáтки Pl Unzulänglichkeit - 14 **крáйне** äußerst - 14 **ýровень**, ýровня, ýровни Pl Niveau - 14 **стéпень** f Maß - 14 **соблюдéние закóна** Einhaltung des Gesetzes 16 **отличáться/отличúться** чем sich auszeichnen - 17 **законопослушáние** Gesetzesgehorsam - 21 **насторáживать/насторожúть** beunruhigen - 24 **охвáтывать/охватúть** (охвачý, охвáтишь) umfassen - 25 **грозúть** (грожý, грозúшь) ipf drohen - 26 **вне** чего außerhalb - 32 **зачáток**, зачатка, зачатки Pl Keim - 33 **рыночная экономика** Marktwirtschaft - 35 **разрушáть/разрýшить** zerstören - 39 **выдвигáть/вы́двинуть на пéрвый план** in den Vordergrund rücken - 43 **граждáнский кóдекс** Zivilgesetz - 45 **частноправовóй** privatrechtlich - 46 **граждáнское óбщество** Bürgergesellschaft - 47 **класть/положúть конец** чему (кладý, кладёшь/положý, положишь) ein Ende setzen - 47 **госпóдство** Herrschaft

Вопросы и задания

1. Разделите текст на смысловые части и сформулируйте кратко содержание каждой части.
2. В какой период советской власти возникла идея правового государства и как она была принята тогдашним обществом?
3. С чем сравнивается и как оценивается Конституция 1993 года?
4. Как характеризуется в статье выполнение конституционных положений в сегодняшней России? Какие примеры при этом приводятся?
5. Как оценивается в статье современное состояние российского общества?
6. Прокомментируйте фразу "В этих условиях объективно речь может идти лишь о Конституции переходного периода". О каком "переходном периоде", по вашему мнению идёт речь?
7. Какова, по мнению авторов, основная задача Конституции 1993 года?
8. Что сообщается в статье о Гражданском кодексе и о его значении в жизни общества?
9. Сделайте сообщение о советских и российской конституциях. В своём реферате обобщите информацию о времени принятия этих конституций, об исторических условиях того времени, охарактеризуйте особенности каждой Конституции и степень их соблюдения.

Aufgaben zur Grammatik (Texte 7 - 10)

1. *Ersetzen Sie die Verbalkonstruktionen durch substantivische Konstruktionen.*

a) признать лозунг
b) изложить своё видение
c) продолжить практику решения
d) совершить жестокость и насилие
e) учредить суд присяжных
f) освободиться от иллюзии

2. *Welches russische Wort entspricht dem Fremdwort?*

a) варьировать
b) имитировать
c) комбинировать
d) конфисковывать
e) легализовать
f) трансформировать
g) констатировать
h) аннулировать
i) фиксировать

1 отменять, 3 разнообразить, 5 закреплять, 7 устанавливать,
2 сочетать, 4 преобразовывать, 6 узаконить, 8 изымать, 9 подражать

3. *Bilden Sie von den folgenden Wörtern Substantive mit dem Suffix -ость und übersetzen Sie sie ins Deutsche.*
   Muster: нерушимый закон
   → нерушимость закона → Unverbrüchlichkeit des Gesetzes

a) осуществлённая мечта
b) образованный человек
c) контролируемая власть
d) необходимый закон
e) важный шаг
f) допустимый ответ
g) завершённый процесс
h) массовое движение

4. *Ersetzen Sie die Relativsätze durch Partizipialkonstruktionen.*

1. Мы собрали самых крупных юристов, социологов, других учёных, которые на трёх страницах изложили своё видение Конституции. 2. Мы руководили рабочей группой, которая разрабатывала проект будущей Конституции. 3. Действующая Конституция дала возможность произвести крупные изменения в политическом устройстве страны, которые легли в основу дальнейших общественных преобразований. 4. В Конституции 1936 года было много деклараций, которые не соответствовали реальному положению. 5. Важным шагом в этом направлении стало принятие первого в истории России Гражданского кодекса, который определяет и защищает свободное и независимое положение граждан. 6. Проект был одобрен Конституционным совещанием и представлен Президентом РФ на всенародное голосование - референдум, который состоялся 12 декабря 1993 года.

5. *Setzen Sie in die folgenden Sätze die Verben ein, die zu den kursivgedruckten Nomina gehören.*

1. Конституция 1918 г. _____ не всем гражданам равные *права*. 2. Представителей эксплуататорского класса _____ избирательного *права*. 3. В Советском Союзе часто случалось, что интересы отдельной личности _____ *в жертву* коллективу. 4. Советские Конституции не только гарантировали гражданам права, но и _____ на них *обязанности*. 5. В период с 1918 г. по 1936 год избирательное *право* _____ не на всех граждан. 6. Большое *значение* для понимания законодательной системы РФ _____ знание истории советской Конституции. 7. В Конституции 1993 года _____ своё *отражение* изменения постперестроечного периода.

    a) приносить/принести
    b) лишать/лишить
    c) получать/получить
    d) предоставлять/предоставить
    e) налагать/наложить
    f) распространяться/распространиться
    g) иметь

6. *Ersetzen Sie das kursivgedruckte Verb durch eine Wortverbindung (Verb + Substantiv).*

1. Конституция не только гарантировала гражданам основные права и свободы, но и *обязывала* их. 2. В течение многих десятилетий многое *жертвовалось* идее, и при этом забывали интересы отдельной личности. 3. В Конституции 1936 года *отразились*, по словам Сталина, общественные изменения предыдущих лет. 4. Гражданский кодекс должен *закончить* господство в обществе идеологии.

7. *Ersetzen Sie die folgenden Aktivsätze durch Passivsätze. Beachten Sie den Aspekt der Verben in den angegebenen Sätzen.*

1. Никаких установок от него мы, конечно, не получили. 2. Мы собрали самых крупных юристов, социологов, других учёных. 3. Первые советские Конституции выполняли узкие задачи. 4. Действующая Конституция дала возможность произвести крупные изменения в политическом устройстве страны. 5. Демократическую конституцию справедливо считают фундаментом правового государства любой страны. 6. Однако более глубокий анализ конституционных процессов может развеять "иллюзии". 7. Конституционно-правовой нигилизм постепенно охватывает и новую Конституцию. 8. Гражданский кодекс определяет и защищает свободное и независимое положение граждан.

ОТ КРЕПОСТНОГО ПРАВА К КОЛЛЕКТИВИЗАЦИИ

1. СЛЁЗЫ, РЫДАНИЯ, СТОН...

Летом 1790 года в одном из книжных магазинов Петербурга появилась книга "Путешествие из Петербурга в Москву". Имени автора на обложке книги не было. Один экземпляр книги был анонимно послан Екатерине Великой. После прочтения книги она сказала, что человек, написавший её, - "бунтовщик хуже Пугачёва". Автора книги довольно быстро нашли. Им оказался директор Петербургской таможни Александр Николаевич Радищев (1749-1802), дворянин, закончивший Лейпцигский университет, где он изучал юриспруденцию. Радищева немедленно арестовали.

Никто в России прежде не выступал так открыто против самодержавия и крепостного права, как это сделал Радищев. Автор "Путешествия из Петербурга в Москву" призывал народ к восстанию, чтобы покончить с крепостным рабством. Суд приговорил Радищева к смертной казни, которую Екатерина заменила пожизненной ссылкой в Сибирь. Радищев провёл в ссылке шесть лет. Павел I, сын Екатерины II, разрешил ему вернуться в Петербург. В 1802 году Радищев покончил жизнь самоубийством. Роман Радищева был запрещён к публикации в России вплоть до 1905 года.

Каждую неделю два раза вся Российская империя извещается, что Н. Н. или Б. Б. не в состоянии или не хочет платить того, что занял или взял, или чего от него требуют. Занятое либо проиграно, либо прожито, проедено, пропито. Публикуется: "Сего дня в десять часов продаваться будет с публичного торга имение, дом и при нём шесть душ мужского и женского пола; продажа будет при доме. Желающие могут осмотреть заблаговременно".

Наступил день и час продажи. В зале, где она производится, стоят неподвижны на продажу осуждённые.

Старик лет в 75. Старуха 80 лет, жена его. Женщина лет в 40, их дочь, вдова. Молодица 18 лет, дочь её и внучка стариков. Она держит на руках младенца. Молодой мужчина лет в 25, муж молодицы.

Едва молот издал свой звук и четверо узнали свою участь, - слёзы, рыдания, стон пронзили уши всего собрания. Наитвердейшие были тронуты. Сердце моё было столь стеснено, что, отдав несчастным последние деньги из кошелька, побежал вон. На лестнице встретился мне один чужестранец, мой друг.

- Что тебе сделалось? Ты плачешь?

- Возвратись, - сказал я ему. - Не будь свидетелем позорища. Ты проклинал некогда обычай варварский в продаже чёрных невольников в твоём отечестве; возвратись, - повторил я, - и не рассказывай о стыде нашем твоим согражданам, беседуя с ними о наших нравах.

По роману *Путешествие из Петербурга в Москву*, Москва 1905 г.

крепостно́е пра́во Leibeigenschaft - **рыда́ние** Schluchzen - **стон** Stöhnen, Gestöhn 2 **обло́жка** Umschlag - 6 **бунтовщи́к** Rebell - 7 **ока́зываться/оказа́ться** (окажу́сь, ока́жешься) sich erweisen - 7 **тамо́жня** Zollamt - 8 **дворяни́н** Adliger - 10 **выступа́ть/вы́ступить против** *чего* (вы́ступлю, вы́ступишь) sprechen gegen - 10 **самодержа́вие** Autokratie - 12 **призыва́ть/призва́ть к** *чему* (призову́, призовёшь) rufen zu - 12 **восста́ние** Aufstand - 13 **ра́бство** Sklaverei - 13 **пригова́ривать/приговори́ть к** *чему* verurteilen zu - 13 **сме́ртная казнь** Todesstrafe - 14 **ссы́лка** Verbannung - 16 **конча́ть/поко́нчить жизнь самоуби́йством** Selbstmord begehen 17 **вплоть до** bis zu - 18 **извеща́ть/извести́ть** (извещу́, извести́шь) benachrichtigen - 19 **занима́ть/заня́ть** sich borgen - 20 **тре́бовать/потре́бовать** fordern - 20 **ли́бо... ли́бо** entweder... oder - 20 **прожива́ть/прожи́ть** durchbringen - 20 **проеда́ть/прое́сть** (проем, проешь) verfressen - 20 **пропива́ть/пропи́ть** (пропью́, пропьёшь) versaufen - 21 **публи́чный торг** Versteigerung - 22 **име́ние** Landgut - 22 **душа́, ду́ши** *Pl* Leibeigene - 22 **пол** Geschlecht - 23 **заблаговре́менно** frühzeitig - 25 **осуждённый** verurteilt - 27 **молоди́ца** (молодая женщина) *alt* junge verheiratete (Bauers-)Frau - 28 **младе́нец**, младе́нца Säugling - 29 **едва́** sobald - 29 **мо́лот** Hammer - 29 **у́часть** *f* Los - 30 **пронза́ть/пронзи́ть** (пронжу́, пронзи́шь) durchbohren, durchstechen - 30 **быть тро́нутым** ergriffen sein - 31 **се́рдце стеснено́** das Herz ist zerrissen, beengt - 31 **столь** so - 32 **побежа́ть вон** *pf* hinauslaufen - 35 **свиде́тель** Augenzeuge - 35 **позо́рище** große Schande - 35 **проклина́ть/прокля́сть** (прокляну́, проклянёшь) verfluchen - 36 **нево́льник** Sklave - 36 **оте́чество** Vaterland - 38 **нра́вы** *Pl* Sitten

Übung zum Wortschatz

1. *Ersetzen Sie die kursivgedruckten Wörter durch Synonyme.*
   a) Z. 9 *немедленно* арестовали   d) Z. 29 узнали свою *участь*
   b) Z. 22 и при нём шесть *душ*   e) Z. 32 встретился *чужестранец*
   c) Z. 23 *заблаговременно*   f) Z. 36 в твоём *отечестве*
2. *Erläutern Sie den Bezug der Pronomina aus dem Textzusammenhang.*
   a) Z. 4 написавший *её*   b) Z. 6 *им* оказался   c) Z. 38 беседуя с *ними*
3. *Ersetzen Sie die folgenden unbestimmten Altersangaben durch bestimmte.*
   a) Z. 26 старик лет в 75   c) Z. 28 мужчина лет в 25
   b) Z. 26 женщина лет в 40

Вопросы и задания

1. Какую сцену описывает автор? Найдите в тексте слова, которые подтверждают, что такие сцены были обыкновенным явлением в России.
2. Опишите сцену аукциона.
3. Какие чувства испытывали крепостные, публика и автор после аукциона?

4. Из какой страны был "чужестранец"? Какие слова указывают на это?
5. Найдите в тексте слова, которые передают отношение Радищева к крепостному праву.
6. Расскажите об авторе романа и о судьбе его книги.

2. ИЗ ИСТОРИИ КРЕПОСТНОЙ ЗАВИСИМОСТИ

Первое упоминание о зависимых крестьянах встречается в "Русской правде", в своде древнерусского феодального права XIII века. В четырнадцатом и особенно в пятнадцатом веке в России начинают формироваться крупные княжеские, боярские и церковные землевладения. Рост и укрепление частных землевладений сопровождались усиленным закрепощением крестьян, которые должны были исполнять различные виды работ для землевладельцев, на землях которых они жили. В XV веке великий князь Московский разрешил переход крестьян от одного помещика к другому лишь один раз в году - в "Юрьев день осенний" (26 ноября), когда все сельскохозяйственные работы были уже практически закончены.

В 1497 году в Судебнике Ивана III, первом общерусском законодательстве, фиксируется правило Юрьева дня. В 1581 году царь Иван Грозный ограничил право перехода к другому землевладельцу в Юрьев день. В 1597 году Борис Годунов отменил Юрьев день.

Соборное уложение 1649 года, свод законов XVII века, окончательно закрепляло крестьян за владельцами земель и запрещало помещикам принимать беглых крестьян. Полное закрепощение русского крестьянства стало причиной народного восстания под предводительством Степана Разина в 1670-1671 годы.

В 1704 году Пётр I установил смертную казнь за укрывательство беглых крестьян, в 1705 - рекрутскую повинность (крепостных крестьян брали на службу в армию на срок в 24 года). В 1724 году крестьянам было запрещено без разрешения помещика уходить на заработки, в 1730 - владеть недвижимым имуществом. В 1760 году помещикам разрешили ссылать крестьян за провинности в Сибирь, а с 1765 года - на каторгу. В 1767 году Екатерина Великая лишила крестьян права подавать жалобы на своих помещиков. Тяжёлая бесправная жизнь, рабские условия труда стали причиной второго крупнейшего в истории России крестьянского восстания под предводительством Емельяна Пугачёва в 1773-1774 годах.

Движение за освобождение крестьян началось уже при Александре I (1801-1825). В 1803 году был издан указ о "свободных хлебопашцах", который разрешал помещикам отпускать крестьян на волю с землёй за выкуп. В 1804 году было отменено крепостное право в Прибалтике.

крепостна́я зави́симость Leibeigenschaft - 1 **упомина́ние** Erwähnung - 2 **свод** Sammlung von Gesetzen - 4 **кня́жеский** fürstlich - 4 **землевладе́ние** Grundbesitz -

4 **укрепле́ние** Verstärkung - 5 **сопровожда́ться** *чем ipf* zur Folge haben - 5 **закрепоще́ние** Versklavung - 8 **поме́щик** Gutsbesitzer - 9 **Ю́рьев день** Georgstag - 11 **законода́тельство** Gesetzgebung - 12 **Ива́н Гро́зный** Iwan der Schreckliche - 12 **ограни́чивать/ограни́чить пра́во** ein Recht einschränken - 14 **отменя́ть/отмени́ть пра́во** ein Recht abschaffen - 15 **оконча́тельно** endgültig - 15 **закрепля́ть/закрепи́ть за** *кем* (закреплю́, закрепи́шь) verankern, festigen - 16 **запреща́ть/запрети́ть** (запрещу́, запрети́шь) verbieten - 17 **бе́глый** flüchtig - 18 **под предводи́тельством** unter dem Befehl - 20 **устана́вливать/установи́ть** (установлю́, устано́вишь) einführen - 20 **укрыва́тельство** Versteck - 21 **рекру́тская пови́нность** Wehrpflicht - 23 **недви́жимое иму́щество** Grundbesitz - 25 **прови́нность** *f* Verstoß - 25 **ка́торга** Zwangsarbeit - 26 **лиша́ть/лиши́ть пра́ва** ein Recht entziehen, aberkennen - 26 **подава́ть/пода́ть жа́лобу на** *кого́-что* Beschwerde einlegen - 31 **ука́з** Erlaß - 31 **хлебопа́шец**, хлебопа́шца Landmann - 33 **отпуска́ть/отпусти́ть на во́лю** (отпущу́, отпу́стишь) in die Freiheit entlassen - 32 **вы́куп** Loskauf

Übung zum Wortschatz

1. *Ersetzen Sie die kursivgedruckten Wörter durch Synonyme.*
   a) Z. 3 *формироваться* землевладения b) Z. 8 *лишь* один раз в году
   c) Z. 23 *владеть* недвижимым имуществом d) Z. 32 *отпускать* крестьян на волю
2. *Suchen Sie im Text von Substantiven abgeleitete Adjektive und bestimmen Sie das jeweils zugrundeliegende Substantiv.*

Вопросы и задания

1. Какие русские законодательства и в связи с чем упоминаются в тексте?
2. Расскажите о процессе закрепощения крестьян в XIII-XVIII веках, а также о роли и изменениях закона Юрьева дня.
3. Назовите и прокомментируйте законы, которые регламентировали жизнь крепостных в XVIII веке.
4. Какова была реакция крестьян на процесс их полного закрепощения?
5. Какое развитие в русском обществе начала XIX века получила идея Радищева об освобождении крестьян?
6. Перескажите текст, используя вместо точного времени выражения: в начале (в середине, в первой половине, во второй половине, в конце) века.

Aufgaben zur Grammatik (Texte 1 - 2)

1. Ersetzen Sie die Verbalkonstruktionen durch substantivische Konstruktionen.

a) появилась книга
b) изучить юриспруденцию
c) открыто выступить против самодержавия
d) запретить продажу книги
e) известить читателей о продаже
f) возвратиться в Петербург
g) закрепостить крестьян
h) закрепить крестьян за владельцем земли
i) установить смертную казнь
j) издать указ

2. Bilden Sie von den folgenden Substantiven Adjektive mit dem Suffix - ск- und setzen Sie sie in die richtige Form.

Muster: *автор / текст* → *авторский текст*

a) Пугачёв / восстание
b) дворяне / собрание
c) Радищев / роман
d) муж / пол
e) раб / труд
f) жена / литература
g) университет / программа
h) крестьяне / вопрос
i) Сибирь / ссылка

3. Ersetzen Sie die kursivgedruckten Wörter durch Antonyme.

a) *запрещён* к публикации
b) *несчастный* человек
c) *крепостной* крестьянин
d) *полное* закрепощение
e) *лишить* крестьян права
f) *тяжёлая* жизнь
g) *освобождение* крестьян
h) крепостное право *отменили*

4. Ersetzen Sie die Relativsätze durch Partizipialkonstruktionen.

1. Автором оказался директор Петербургской таможни, который изучал юриспруденцию в Германии. 2. Полное закрепощение русского крестьянства, которое произошло в 1649 году, стало причиной крупного народного восстания. 3. В 1803 году был издан указ о "свободных хлебопашцах", который разрешал помещикам отпускать крестьян на волю с землёй за выкуп.

5. Ersetzen Sie die Passivsätze durch Aktivsätze.

1. Один экземпляр книги был анонимно послан Екатерине Великой. 2. Каждую неделю вся Российская империя извещается, что Н. Н. или Б. Б. не в состоянии или не хочет платить своих долгов. 3. В 1803 году был издан указ о "свободных хлебопашцах". 4. В 1724 году крестьянам было запрещено без разрешения помещика уходить на заработки.

3. КРЕПОСТНОЕ ПРАВО И ДВОРЯНСТВО

Николай Михайлович Карамзин (1766-1826), русский писатель, историк. Наибольшую известность Карамзину принесли повесть "Бедная Лиза", "Письма русского путешественника", а также "История государства Российского" - первое систематическое изложение русской истории. Первый
5 *том "Истории" вышел в 1818 году. Успех книги был необыкновенный. Пушкин писал, что Карамзин стал для публики "Колумбом, открывшим древнюю Русь". Карамзин придерживался консервативных взглядов и выступал за сохранение крепостного права. "Записка о древней и новой России", написанная им в 1811 году, является интереснейшим документом*
10 *политической и идейной борьбы в русском обществе начала XIX века. Пушкин высоко оценивал исторические труды Карамзина, однако в одной из эпиграмм он писал :*
   В его "Истории" изящность, простота
   Доказывают нам, без всякого пристрастья,
15 *Необходимость самовластья*
   И прелести кнута.

Что значит освободить у нас крестьян? Дать им волю жить, где угодно, отнять у господ всю власть над ними, подчинить их одной власти правительства. Хорошо. Но сии земледельцы не будут иметь земли, которая - в чём не
20 может быть и спора - есть собственность дворянская. Освобождённые от надзора господ, они станут пьянствовать, злодействовать - как худо для нравов и государственной безопасности! Одним словом, теперь дворяне содействуют монарху в хранении тишины и благоустройства; отняв у них сию власть, монарх, как Атлас, возьмёт себе Россию на плечи - удержит ли? Па-
25 дение страшно!

Первая обязанность государя есть блюсти внутреннюю и внешнюю целость государства; благотворить лицам есть уже вторая. Он желает сделать земледельцев счастливее свободою, но если сия свобода вредна для государства? И будут ли земледельцы счастливы, освобождённые от власти господ-
30 ской, но принесённые в жертву их собственным порокам.

Не знаю, хорошо ли сделал Борис Годунов, отняв у крестьян свободу, но знаю, что теперь им неудобно возвратить оную. Тогда они имели навык людей вольных - ныне имеют навык рабов. Мне кажется, что для твёрдости бытия государственного безопаснее поработить людей, нежели дать им не
35 вовремя свободу, для которой надо готовить человека.

По книге *Записка о древней и новой России*, 1914 г.

---

7 **древний** alt - 7 **придерживаться взгляда** *ipf* der Meinung sein - 13 **изящность** *f* Eleganz - 14 **пристрастье** Voreingenommenheit - 15 **самовластье** Autokratie - 16 **прелесть** *f* Reiz - 18 **подчинять/подчинить** *чему* unterstellen - 18 **власть** *f* Macht - 19 **сей, сия, сие, сии** *Pl* alt dieser - 19 **земледелец, земледельцы** *Pl* Bauer - 21

надзо́р Macht - 21 пья́нствовать *ipf* sich betrinken - 21 злоде́йствовать *ipf* Verbrechen verüben - 21 ху́до *alt* schlecht - 22 соде́йствовать *ipf* unterstützen - 23 хране́ние Aufrechterhaltung - 23 благоустро́йство vorbildliche Ordnung - 24 паде́ние Sturz - 26 блюсти́ (блюду́, блюдёшь) beschützen - 27 благотвори́ть Wohltat erweisen - 28 вре́дный schädlich - 30 приноси́ть/принести́ в же́ртву *чему* zum Opfer bringen - 30 поро́к Laster - 32 о́ную *veraltet für* её - 32 навык Charakter

Übung zum Wortschatz

1. *Ersetzen Sie die kursivgedruckten Wörter durch Synonyme.*
   a) Z. 16 *прелести* кнута
   b) Z. 17 *где угодно*
   c) Z. 19 *сии* земледельцы
   d) Z. 21 *от надзора*
   e) Z. 21 *как худо*
   f) Z. 22 дворяне *содействуют*
   g) Z. 26 *обязанность государя*
   h) Z. 26 *блюсти* целость
   i) Z. 28 *сия* свобода вредна
   j) Z. 32 *неудобно* возвратить
   k) Z. 32 *навык* людей
   l) Z. 34 *нежели* дать им

2. *Um welche grammatischen Formen handelt es sich bei folgenden auf -а(-я) endenden Wörtern? Bestimmen Sie die Grundform und setzen Sie bei den gegebenen Formen das Betonungszeichen.*
   a) Z. 14 пристрастья
   b) Z. 15 самовластья
   c) Z. 16 кнута
   d) Z. 18 правительства
   e) Z. 20 дворянская
   f) Z. 21 надзора
   g) Z. 28 вредна
   h) Z. 33 бытия
   i) Z. 35 человека

Вопросы и задания

1. Какова, по мнению Карамзина, роль монарха и дворянства в обществе? Какие аргументы он приводит при этом?
2. Как характеризуется в тексте народ?
3. Какие доказательства приводятся Карамзиным против освобождения крестьян?
4. Какие взаимоотношения, по мнению автора, должны быть между государством и личностью? Прокомментируйте точку зрения Карамзина.

4. СЕЧЬ ИЛИ НЕ СЕЧЬ МУЖИКА?

Алекса́ндр Ива́нович Ге́рцен (1812-1870), русский писатель, журналист. С 1847 года жил в эмиграции. Основал в Лондоне Вольную русскую типографию и издавал в ней журнал "Колокол", который приобрёл огромную популярность в России. Сотни экземпляров этого журнала нелегально
5 *привозились в Россию. Хотя официально "Колокол" был запрещён и даже упоминать имя Герцена в легальной печати не разрешалось, журнал чи-*

тался всеми образованными слоями общества. *В 1858 году Герцен издал в Лондоне "Путешествие из Петербурга в Москву" Радищева. Статья "Сечь или не сечь мужика" была опубликована в "Колоколе" в 1857 году.*

10 - Сечь или не сечь мужика? That is the question![1] - Разумеется, сечь, и очень больно. Как же можно без розог уверить человека, что он шесть дней в неделю должен работать на барина, а остальные на себя... Сомнение в праве сечь есть само по себе посягательство на дворянские права, на неприкосновенность собственности, признанной законом. И отчего же не сечь мужика,
15 если это позволено, если мужик терпит, а церковь благословляет?

Неужели в самом деле у нас есть райские души, которые думают, что целая каста людей из гуманности бросит розги? Полноте дурачиться...

По *Собранию сочинений А. И. Герцена*, т. 13, Москва 1958 г.

[1]Вот в чём вопрос!

сечь *ipf* (секу́, сечёшь) prügeln - 2 **осно́вывать/основа́ть** gründen - 2 **типогра́фия** Druckerei - 3 **ко́локол** Glocke - 6 **печа́ть** *f* Presse - 7 **слой** Schicht - 10 **разуме́ется** selbstverständlich - 11 **розга́, ро́зги** *Pl* Ruten - 11 **уверя́ть/уве́рить в чём** überzeugen von - 12 **ба́рин** Herr - 12 **сомне́ние в чём** Zweifel an - 13 **посяга́тельство на что** Eingriff in - 13 **неприкоснове́нность** *f* Unantastbarkeit - 15 **терпе́ть** (терплю́, те́рпишь) *ipf* ertragen - 15 **благословля́ть/благослови́ть** (благословлю́, благослови́шь) segnen - 16 **ра́йский** paradiesisch - 17 **по́лноте дура́читься** es reicht, den Narren zu spielen

Вопросы и задания

1. При помощи каких аргументов Герцен с иронией доказывает необходимость физического наказания крепостных?
2. Как характеризует автор дворянство и определяет его права?
3. Как относятся к физическим наказаниям государственные органы, церковь и сами крестьяне?
4. Кого имеет Герцен в виду, говоря "райские души"? Как можно, по мнению автора, покончить с физическими наказаниями? Какие слова в тексте подтверждают это?
5. Сравните и прокомментируйте точки зрения на крепостное право Карамзина и Герцена.

5. МАНИФЕСТ 19 ФЕВРАЛЯ

19 февраля 1861 года царь Александр Второй подписал манифест об отмене крепостного права в России. Александр II вошёл в историю под именем Царь-Освободитель.

К моменту освобождения крестьян общее население России (не считая Финляндии, Польши и Кавказа) составляло: 23 миллиона крепостных, 26 миллионов государственных крестьян, 4 миллиона горожан, 1 миллион дворян и 650 тысяч духовных лиц. Примерно 103 тысячи помещиков владело крепостными крестьянами.

После подписания манифеста крестьяне получили личную свободу, но рекрутская повинность и телесные наказания не отменяются, свобода передвижения и повсеместного проживания крестьян была ограничена. Крестьяне были освобождены без земли. Помещики должны были предоставить в распоряжение крестьянам за выкуп полевой надел от 1 до 12 десятин[1] на душу. Выкуп за надел мог выплачиваться в течение 49 лет. Государство давало крестьянам кредиты для выкупа наделов у помещиков. Надельные земли после выкупа переходили не в собственность крестьянина, а в собственность крестьянской общины, которая распределяла земли между своими членами.

[1]Десятина - мера площади в дореволюционной России, равна 1,09 гектара.

7 **духо́вное лицо́** Geistlicher - 7 **приме́рно** ungefähr - 10 **теле́сное наказа́ние** Prügelstrafe - 10 **свобо́да передвиже́ния и повсеме́стного прожива́ния** Freizügigkeit - 12 **предоставля́ть/предоста́вить в распоряже́ние** (предоста́влю, предоста́вишь) zur Verfügung stellen - 13 **наде́л** Landanteil - 17 **общи́на** *hist.* Gemeinde 17 **распределя́ть/распредели́ть** verteilen - 18 **член** Mitglied

Вопросы и задания

1. Расскажите о возникновении крепостного права в России. Используйте материалы предыдущих текстов.
2. Охарактеризуйте различные точки зрения на крепостное право, существовавшие в русском обществе.
3. Каков был социальный состав населения России к моменту отмены крепостного права?
4. Как был решён земельный вопрос при освобождении крестьян?
5. Охарактеризуйте юридический статус российского крестьянства во время крепостного права и после его отмены.

6. СТОЛЫПИНСКАЯ РЕФОРМА

Пётр Аркáдьевич Столы́пин (1862-1911), видный государственный деятель первого десятилетия XX века. Столыпин - смелый реформатор, активный и беспощадный противник революции, убеждённый сторонник монархии, но в её обновлённом, реформированном виде - сделал ряд начинаний во многих областях жизни страны. С его именем связана аграрная реформа, масштабное железнодорожное строительство, обновление русского военного флота, развитие городского хозяйства. В 1906 году он занял пост председателя совета министров. В 1911 году Столыпин был убит террористами.

В начале двадцатого века сельское хозяйство в России было технически и агрономически отсталым, что обусловливало общую отсталость страны и опасное социальное напряжение - 85% населения жило в сельской местности. Столыпин считал, что реформа 1861 года решила только первую часть задачи - освободила крестьян от крепостной зависимости; второй её частью, которая опоздала на 45 лет, является освобождение крестьян от крепостных оков общины. Зависимость крестьянства от общины, отсутствие самостоятельности и свободы действий имели следствием своим полное отсутствие инициативы, низкую производительность труда и устаревшие методы ведения сельского хозяйства.

Столыпин не раз говорил: "Пока крестьянин беден, пока он не обладает личной земельной собственностью, пока он находится в оковах общины - он останется рабом, и никакой закон не даст ему гражданской свободы. А правительство желает поднять крестьянское земледелие, оно желает видеть крестьянина богатым, так как где достаток, там и просвещение, там и настоящая свобода".

9 ноября 1906 года вышел указ, который разрешал крестьянам выходить из общины с землёй и юридически закреплял их наделы в частную собственность. На приобретение земли крестьяне могли брать кредиты в Крестьянском банке под незначительные проценты сроком на 55 лет.

В 1907 году Столыпин представил на рассмотрение Думе проект аграрной реформы, главными элементами которой были разрушение общины, финансовая помощь частным хозяйствам и переселение малоземельных крестьян на окраины страны. Несмотря на прогрессивность аграрной реформы, против неё выступили различные слои общества. Для государственной бюрократии община была удобным административным средством управления - община платила налоги сразу и за всех своих членов. Реформа была враждебна коллективной психологии крестьянства. А для социал-революционных партий частная собственность на землю означала конец всем революционным доктринам.

Тем не менее аграрная реформа продолжалась и вскоре стала приносить первые плоды. В 1905 году в Европейской России насчитывалось 12,3 млн.

крестьянских хозяйств, которым принадлежало 139 млн. десятин земли, и 130 тысяч помещичьих имений, которым принадлежало 53 млн. десятин. К концу 1916 года помещичье землевладение уменьшилось с 53 млн. до 44 млн. десятин - 9 млн. десятин без революций и экспроприаций перешло в руки крестьян.

За те же годы 2,5 млн. бедных крестьян переселились в Сибирь и Туркестан и получили за Уралом более 31 млн. десятин земли. С 1909 года устойчиво росли урожаи. Россия больше не знала голода.

В 1909 году в интервью саратовской газете "Волга" Столыпин сказал: "Дайте государству двадцать лет покоя внутреннего и внешнего, и вы не узнаете нынешней России!"

"По газетам *Известия*, 6.02.1993 г. и *Литературная газета*, 6.10.1993 г.

3 **беспоща́дный** erbarmungslos - 3 **сторо́нник** Anhänger - 4 **обновля́ть/обнови́ть** (обновлю́, обнови́шь) erneuern - 5 **свя́зывать/связа́ть** (свяжу́, свя́жешь) verbinden - 10 **се́льское хозя́йство** Landwirtschaft - 11 **отста́лый** *f* rückständig - 11 **обусло́вливать/обусло́вить** (обусло́влю, обусло́вишь) bedingen, verursachen - 12 **напряже́ние** Spannung - 16 **око́вы** *Pl* Fesseln - 16 **зави́симость** *f* Abhängigkeit - 16 **отсу́тствие** *чего* Fehlen, Mangel an - 17 **сле́дствие** Folge - 18 **производи́тельность труда́** *f* Arbeitsproduktivität - 24 **доста́ток**, доста́тка Wohlstand - 24 **просвеще́ние** Aufklärung, Bildung - 28 **приобрете́ние** Erwerb - 30 **представля́ть/предста́вить на рассмотре́ние** (предста́влю, предста́вишь) zur Prüfung vorlegen - 31 **разруше́ние** Zerstörung - 32 **переселе́ние** Umsiedlung - 33 **окра́ина страны́** Randgebiet - 35 **управле́ние** Verwaltung - 36 **нало́г** Steuer - 41 **плод** Frucht - 48 **усто́йчиво** stabil - 49 **урожа́й** Ernte(ertrag) - 49 **го́лод** Hungersnot

Вопросы и задания

1. Как оценивается в тексте состояние сельского хозяйства в России и уровень жизни крестьян к моменту начала столыпинских реформ?
2. Чем была обусловлена, по мнению Столыпина, отсталость сельского хозяйства в России?
3. Охарактеризуйте суть аграрной реформы и реакцию на неё общества.
4. В какой отрезок времени осуществлялась аграрная реформа и какие результаты она дала?

Aufgaben zur Grammatik (Texte 3 - 6)

1. *Bilden Sie zu den folgenden Wörtern das Femininum und den Plural.*
   Muster: дворянин → дворянка → дворяне

   a) крестьянин
   b) гражданин
   c) христианин
   d) лютеранин
   e) россиянин
   f) горожанин

2. *Ersetzen Sie die Verbalkonstruktionen durch substantivische Konstruktionen.*

   a) упоминать имя
   b) сократить цифру
   c) владеть землёй
   d) получить свободу
   e) освободить крестьян
   f) соблюсти целостность
   g) выплачивать кредит
   h) подписать манифест
   i) предоставить надел
   j) увеличить кредиты
   k) находиться в оковах
   l) получить образование

3. *Bilden Sie von den folgenden Substantiven Adjektive mit dem Suffix -н- und setzen Sie sie in die richtige Form.*
   Muster: место / условия → местные условия

   a) труд / жизнь
   b) спор / вопрос
   c) свобода / люди
   d) указ / тон
   e) кредит / политика
   f) община / владение
   g) инициатива / человек
   h) газета / статья
   i) власть / характер
   j) печать / орган
   k) церковь / книги
   l) часть / задача

4. *Ersetzen Sie die kursivgedruckten Wörter durch Antonyme.*

   a) как *худо*
   b) *росли* урожаи
   c) *содействовать* монарху
   d) *отсталое* хозяйство
   e) *приобретение* земли
   f) *окраина* страны

5. *Ersetzen Sie die Partizipialkonstruktionen durch Relativsätze.*

1. Человек, написавший книгу, "бунтовщик хуже Пугачёва". 2. Им оказался Александр Николаевич Радищев, дворянин, закончивший Лейпцигский университет. 3. Карамзин стал для публики "Колумбом, открывшим древнюю Русь". 4. "Записка", написанная им в 1811 году, является интереснейшим документом того времени. 5. В 1860 году комиссии по подготовке реформы, объединявшие либеральную бюрократию и представителей общества, выработали окончательный проект реформы. 6. Крестьянство, несколько лет ожидавшее "воли", было разочаровано, получив волю без земли. 7. Народный идеал справедливого землеустройства разошёлся с реальностью проводимой в России реформы с её выкупами и ограничениями.

6. *Ersetzen Sie die Relativsätze durch Partizipialkonstruktionen.*

1. Герцен издавал журнал "Колокол", который приобрёл огромную популярность в России. 2. Неужели в самом деле у нас есть райские души, которые думают, что целая каста людей из гуманности бросит розги? 3. Надельные земли после выкупа переходили в собственность крестьянской общины, которая распределяла их между своими членами. 4. Второй её частью, которая опоздала на 45 лет, является освобождение крестьян от крепостных оков общины. 5. В 1906 году вышел указ, который разрешал крестьянам выходить из общины с землёй.

7. *Ersetzen Sie die folgenden Aktivsätze durch Passivsätze. Beachten Sie den Aspekt der Verben in den angegebenen Sätzen.*

1. Радищева немедленно арестовали. 2. Герцен основал в Лондоне Вольную русскую типографию. 3. 19 февраля 1861 года Александр II подписал манифест об отмене крепостного права. 4. После подписания манифеста крестьяне не получили личную свободу. 5. В 1907 году Столыпин представил на рассмотрение Думе проект аграрной реформы.

8. *Setzen Sie die jeweils passende Konjunktion ein: поэтому, потому что, а, но, и.*

1. Идеи французской революции оказали большое влияние на Радищева, ____ он по-новому взглянул на российскую действительность. 2. Радищев был приговорён к пожизненной ссылке, ____ сын Екатерины, Павел I, через шесть лет разрешил ему вернуться в Петербург. 3. Иван Грозный ограничил действие закона Юрьева дня, ____ Борис Годунов полностью отменил его. 4. Хотя Карамзин принадлежал к просвещённейшим людям своего времени, ____ его политические взгляды отличались крайним консерватизмом. 5. При освобождении крестьяне не получат земли, - писал Карамзин, ____ она является собственностью дворянства. 6. Первой обязанностью монарха является сохранение целостности государства, ____ дворяне должны способствовать ему в этом. 7. Аграрные реформы в России являлись важнейшими, ____ 85 % населения жило в сельской местности. 8. Против отмены сельской общины были многие политические партии, ____ многие крестьяне относились к ней враждебно.

7. АГРАРНАЯ РЕВОЛЮЦИЯ В РОССИИ

Крестьянская борьба за землю к 1917 году насчитывала более 150 лет. И когда мы говорим об аграрной революции 1917 года, то имеем в виду заключительную фазу этой борьбы. Получив землю, крестьяне не получили права свободно распоряжаться продуктами своего труда.

В 1918 г. заместитель председателя ВСНХ Милютин сказал: "Не только земля должна считаться национальной собственностью, но и продукт этой земли - хлеб". Продразвёрстка, то есть насильственная конфискация всего хлеба у крестьян, ставила крестьянство в оппозицию к государству. Насильственное изъятие продукта крестьянского труда вступало в противоречие с крестьянскими представлениями о социальной справедливости. Вековая мечта крестьян - быть хозяином на своей земле и распоряжаться продуктами своего труда - не осуществилась. Именно на этой основе крестьяне продолжали борьбу уже с Советской властью.

Агитационный плакат 20-х годов

Доведённое до отчаяния и ярости трудовое крестьянство бралось за топоры, вилы, пики, сабли, охотничьи ружья. Крестьяне собирались в отряды, полки, армии. В одном из воззваний народной армии говорилось: "Казаки, крестьяне, мусульмане, все граждане! Вступайте в наши ряды, организуйте свои отряды, как мы... Да здравствует свободный труд, свобода торговли! Да здравствует истинная народная власть, а не именующая себя рабоче-крестьянской, ставшая нашим поработителем и кровопийцей. За Советскую народную власть! Вперёд!"

В нашей историографии эта борьба трактовалась просто - как кулацкие мятежи. Но в крестьянских восстаниях, охвативших всю страну, участвовали сотни тысяч крестьян. По данным ВЧК, в 1918 и в первую половину 1919 года произошло 340 восстаний в 20-и губерниях Центральной России. В апреле 1919 года на Украине - 93 восстания, в июне - 207 и т. д. В начале 1920 года произошли крупные восстания в Поволжье, в Сибири. В конце 1920-го года география и масштабы крестьянских восстаний расширяются. Кроме Украины и Сибири, они вспыхивают на юго-востоке, на Тамбовщине и в других регионах.

Возникает глубокий политический и экономический кризис. Лишь после отмены продразвёрстки и перехода к продналогу весной 1921 года крестьяне добиваются своего. Этим и завершается аграрная революция в России.

По журналу *Вопросы истории* № 11, 1989 г.

2 **насчи́тывать/насчита́ть** zählen - 5 **заключи́тельный** Schluß- - 8 - **распоряжа́ться/распоряди́ться** *чем* (распоряжу́сь, распоряди́шься) verfügen über - 10 **замести́тель председа́теля** stellvertretender Vorsitzender - 11 **ВСНХ** (Вы́сший сове́т наро́дного хозя́йства) Oberster Volkswirtschaftsrat - 12 **счита́ться** *ipf чем* - gelten als 15 **продразвёрстка** (**прод**ово́льственная **развёрстка**) Ablieferungszwang - 19 **изъя́тие** Beschlagnahme - 25 **доводи́ть/довести́** до отча́яния (доведу́, доведёшь) jdn zur Verzweiflung bringen - 25 **я́рость** *f* Zorn - 25 **топо́р**, топоры́ *Pl* Axt - 26 **ви́лы** *Pl* Gabel - 26 **пи́ка** Lanze - 26 **са́бля** Säbel - 26 **охо́тничье ружьё** Jagdgewehr - 26 **отря́д** Zug - 27 **полк**, полки́ *Pl* Regiment - 28 **вступа́ть/вступи́ть** во что (вступлю́, вступи́шь) eintreten in - 29 **да здра́вствует** es lebe - 30 **и́стинный** wahr - 31 **поработи́тель** Versklaver - 31 **кровопи́йца** Blutsauger - 33 **кула́цкий** großbäuerlich - 34 **мяте́ж** Revolte - 35 **ВЧК** (Всеросси́йская чрезвыча́йная коми́ссия по борьбе́ с контрреволю́цией и сабота́жем) Allrussische Außerordentliche Kommission zur Bekämpfung der Konterrevolution und Sabotage - 40 **вспы́хивать/вспы́хнуть** ausbrechen - 40 **Тамбо́вщина** (Тамбо́вская о́бласть) Region der Stadt Tambow - 43 **проднало́г** (**прод**ово́льственный **нало́г**) Naturalsteuer - 44 **добива́ться/доби́ться** *чего* (добью́сь, добьёшься) erreichen - 44 **заверша́ться/заверши́ться** sich vollenden

Übung zum Wortschatz

1. *Ersetzen Sie die kursivgedruckten Wörter durch Synonyme.*
   a) Z. 2 *насчитывала* более 150 лет   g) Z. 27 в одном из *воззваний*
   b) Z. 5 *заключительную* фазу   h) Z. 30 *истинная* власть
   c) Z. 16 насильственная *конфискация*   i) Z. 33 *трактовалась* просто
   d) Z. 21 с *представлениями*   j) Z. 38 *крупные* восстания
   e) Z. 23 мечта ... не *осуществилась*   k) Z. 44 *завершается* революция
2. *Ersetzen Sie die Verbalkonstruktionen durch substantivische Konstruktionen.*
   a) не получить права свободно распоряжаться землёй
   b) осуществить вековую мечту крестьян
   c) свободно распорядиться личным имуществом
   d) вступить в ряды крестьянской армии
   e) завершить аграрную революцию в России

Вопросы и задания

1. Расскажите об изменениях закона о праве крестьян на владение землёй, начиная с XV века и до 1918 года. Используйте материалы предыдущих текстов.
2. Охарактеризуйте аграрную политику в России в 1917-1918 годы.

3. Почему крестьяне считали аграрную политику большевиков социальной несправедливостью и возращением к прошлому?
4. Охарактеризуйте цели, масштабы и результаты крестьянской войны.
5. Почему, по вашему мнению, крестьянские восстания 1918-1921 годов назывались в советской историографии "кулацкими мятежами"?
6. Посмотрите на иллюстрацию к тексту и скажите, какое конкретное явление в сельской жизни того времени она отражает. Какая грамматическая форма и почему, по вашему мнению, использована в надписи на плакате?

8. КРЕСТЬЯНСКАЯ ВОЙНА

В августе 1920 года в Тамбовской губернии началось крестьянское восстание. Поводом для восстания стало недовольство сельского населения непосильным продналогом, который часто обрекал их на голодную смерть. С самого начала боевые действия приняли крайне ожесточённый характер с обеих сторон. Однако длительное время красному командованию не удавалось найти средства против партизанской тактики восставших крестьян.

В мае 1921 года на пост командующего войсками Тамбовской губернии был назначен Тухачевский[1]. В середине июня, когда основные силы восставших разгромили, Тухачевский отдал приказ: "Остатки разбитых банд и отдельные бандиты... собираются в лесах и оттуда совершают набеги на мирных жителей. Для немедленной очистки лесов приказываю:
1. Леса, где прячутся бандиты, очистить ядовитыми газами.
2. Инспектору артиллерии немедленно подать на места нужное количество баллонов с ядовитыми газами.
3. Начальникам... энергично выполнять настоящий приказ".

Вскоре из Москвы пришла телеграмма, которая одобряла применение отравляющих веществ против восставших крестьян.

Газовые баллоны и химические снаряды для артиллерии прибыли в начале июля и неоднократно применялись.

Например, в середине июля в Рассказовском районе было применено 116 смертоносных снарядов и 200 снарядов с удушающими газами, а 2 августа в районе села Инжавина 59 химических снарядов.

Документы свидетельствуют, что большевистские военачальники были пионерами в применении химического оружия против своего народа, против восставших крестьян, которые были беззащитны перед ядовитыми газами.

По *Военно-историческому журналу* № 1-2, 1993 г.

---

[1]Михаи́л Никола́евич Тухаче́вский (1893-1937), маршал СССР, в гражданскую войну командир Красной Армии.

2 по́вод Anlaß - 2 **непоси́льный** die Kräfte übersteigend - 3 **обрека́ть/обре́чь на** *что* (обреку́, обречёшь) verurteilen zu - 4 **кра́йне** äußerst - 4 **ожесточённый** erbittert - 8 **назнача́ть/назна́чить** *кем* ernennen zu - 9 **громи́ть/разгроми́ть** (гром-

лю́, громи́шь) zerschlagen - 9 **отдава́ть/отда́ть прика́з** (отда́м, отда́шь) einen Befehl erteilen - 9 **оста́ток**, оста́тка Rest - 10 **соверша́ть/соверши́ть набе́г** einen Überfall verüben - 12 **ядови́тый газ** Giftgas - 15 **выполня́ть/вы́полнить прика́з** einen Befehl ausführen - 16 **примене́ние** Anwendung - 16 **отравля́ющее вещество́** Giftstoff - 18 **снаря́д** Geschoß - 19 **неоднокра́тно** mehrfach - 21 **удуша́ющий газ** Gas mit erstickender Wirkung - 23 **свиде́тельствовать** *ipf* bezeugen

Übung zum Wortschatz

1. *Ersetzen Sie die kursivgedruckten Wörter durch Synonyme.*
   a) Z. 2 *поводом* для восстания
   b) Z. 3 *обрекал* их на смерть
   c) Z. 4 *крайне* ожесточённый
   d) Z. 13 *нужное* количество
   e) Z. 16 *отравляющих* веществ
   g) Z. 19 *неоднократно*
2. *Suchen Sie im Text Substantive auf -ание(-ение) und bestimmen Sie die Verben, von denen sie abgeleitet sind.*

Вопросы и задания

1. Где, когда и почему происходили описываемые события?
2. Найдите в тексте слова, которые употреблялись в официальных документах для названия восставших и их действий, и определите их лексическую окраску.
3. Почему, по вашему мнению, командование решило применить химическое оружие против восставших и какова была реакция правительства?
4. Найдите в тексте указание на то, сколько раз применялось химическое оружие.
5. Сравните и прокомментируйте оценку народных восстаний в советской историографии до конца 80-х годов с современной оценкой этих же событий. Какие политические события в стране вызвали эти изменения?

9. 1921-1922 ГОДЫ: ЖЕРТВЫ ПРОДРАЗВЁРСТКИ

Московские историки по-прежнему сдержанны в интерпретации причин голода 1921-1922 годов. Они избегают переводить их в сугубо политическую область. В самом деле, трудно сбросить со счетов всеобщую разруху после семилетней войны (сначала мировой, затем гражданской), изъятие хлеба.
5 Но несомненным фактом были реквизиции хлеба "подчистую" даже в голодающих районах Среднего Поволжья - для "спасения пролетариата". Фактом остаются и отсутствие запасов, означавшее смертный приговор для миллионов (общее число жертв голода историки оценивают сегодня в 5,4 млн. человек), и сознательное преуменьшение географии голода, и запоздалое

10 обращение за иностранной помощью, и отказ от сотрудничества с общественными организациями.

Ранней весной 1922 года начала поступать помощь Американской Ассоциации Помощи России. Её деятельность, которую Москва прекратила осенью следующего года, спасла минимум полтора миллиона жизней. Но го-
15 лодные смерти не закончились в 1922 году. Рассекречиваемые ныне архивы указывают лишь на то, что если в 1921-1922 годах гибли миллионы, то в 1923-м десятки тысяч, а в 1924-м сотни людей. Лишь 1925-1927 годы (расцвет нэпа) были вполне благополучными для русской деревни, возможно самыми сытыми за всю её историю.

По *Независимой газете*, 16.04.1992 г.

1 **сде́ржанный** zurückhaltend - 2 **избега́ть/избе́гнуть** (избе́гну, избе́гнешь) vermeiden - 2 **переводи́ть/перевести́** во *что* (перевожу́, перево́дишь/переведу́, переведёшь) übertragen - 2 **сугу́бо** ausschließlich - 3 **сбра́сывать/сбро́сить со счето́в** (сбро́шу, сбро́сишь) nicht berücksichtigen - 3 **разру́ха** Zerrüttung - 5 **несомне́нный** zweifellos - 5 **подчисту́ю** völlig - 7 **сме́ртный пригово́р** Todesurteil - 9 **запозда́лый** verspätet - 10 **обраще́ние за** *чем* Gesuch um - 10 **отка́з от** *чего* Ablehnung von - 13 **прекраща́ть/прекрати́ть** (прекращу́, прекрати́шь) beenden - 15 **рассекре́чивать/рассекре́тить** (рассекре́чу, рассекре́тишь) die Geheimhaltung aufheben - 15 **ны́не** jetzt - 17 **расцве́т** Blütezeit - 18 **нэп** (но́вая экономи́ческая поли́тика) NÖP (Neue Ökonomische Politik) - 18 **сы́тый** satt

Вопросы и задания

1. Охарактеризуйте последствия аграрной политики государства в 1918-1921 годы. Используйте материалы предыдущих текстов.
2. Как представлялись в советской историографии причины и результаты голода 1921-1922 годов?
3. Какие факты того времени и почему, по вашему мнению, сознательно фальсифицировалась или скрывались от общественности в течение многих десятилетий?

Aufgaben zur Grammatik   (Texte 7 - 9)

1. *Bilden Sie von den folgenden Substantiven Adjektive mit dem Suffix -н- und setzen Sie sie in die richtige Form. Beachten Sie den Konsonantenwechsel im Stammauslaut:* г - ж, к - ч.

a) книга / ярмарка
b) юг / районы страны
c) порок / система
d) век / спор
e) кризис / момент
f) восток / окраина

2. *Bilden Sie von den folgenden Substantiven Adjektive mit dem Präfix без- und dem Suffix -н- und setzen Sie sie in die richtige Form.*
   Muster: билет / пассажир → безбилетный пассажир

a) вода / земля
b) вред / работа
c) воздух / пространство
d) закон / действия
e) раздел / власть
f) отказ / человек

3. *Ersetzen Sie die kursivgedruckten Wörter durch Antonyme.*

a) *введение* продразвёрстки
b) *отсутствие* запасов хлеба
c) *преуменьшение* географии голода
d) *отказ от* сотрудничества
e) *голодные* годы
f) *нарушать* закон

4. *Ersetzen Sie die Relativsätze durch Partizipialkonstruktionen.*

1. Поводом для восстания стало недовольство сельского населения непосильным продналогом, который часто обрекал их на голодную смерть. 2. Вскоре из Москвы пришла телеграмма, которая одобряла применение отравляющих веществ. 3. Её деятельность, которую Москва прекратила осенью следующего года, спасла минимум полтора миллиона жизней.

5. *Setzen Sie dort, wo es erforderlich ist, die richtigen Präpositionen bzw. Endungen ein.*

1. __ XV век__ __ XVII век__ в России действовало правило "Юрьева дня". 2. __ начале XIX век__ отменили крепостное право в Прибалтике. 3. __ 1918-1919 год__ крестьяне начинают вооружённую борьбу за свои права. 4. __ середине 1920 год__ крестьянские восстания охватили всю страну. 5. Последствия голода 1921-1922 год__ ощущались в деревне вплоть __ 1925 год__. 6. __ феврал__ 1918 год__ была введена продразвёрстка. 7. Лет__ 1919 год__ почти во всех губерниях вспыхивают восстания. 8. Восстания продолжались __ середин__ 1919 год__ __ конц__ 1920 год__.

10. КУЛЬТУРНЫЙ ХОЗЯИН

Вопрос о земле, о положении и правах крестьянства как и прежде остаётся одним из актуальнейших также и в сегодняшней России. В обсуждении проекта земельной реформы принимали участие широкие слои населения. Ниже приводится одно из читательских писем.

Трудно, мучительно трудно решался земельный вопрос в России на протяжении последних двух столетий. Тут и Юрьев день, когда были окончательно закрепощены крестьяне, и освобождение крестьян от крепостного права в 1861 году, и реформы Столыпина в 1906 году, положившие конец общинному владению землёй.

В октябре 1917 года одним из лозунгов большевиков был лозунг "Земля крестьянам!". Он сыграл решающую роль в победе большевиков в крестьянской стране.

Однако после октябрьского переворота аграрный вопрос ещё долго оставался камнем преткновения, начались эксперименты в поисках "революционных" форм ведения крестьянского хозяйства. Начали прежде всего с грабежа крестьян - ввели продразвёрстку, что стало причиной крестьянских восстаний, охвативших всю Россию.

В этом хаосе идей и решений Ленин несколько раз менял свою тактику в аграрном вопросе, пытаясь вывести страну из кризиса. Наконец в марте 1921 года была принята новая экономическая политика - нэп, то есть возвращение к прежнему дореволюционному крестьянскому хозяйству, которая дала за несколько лет удивительные результаты.

Крестьяне получили землю без права купли и продажи, свободу пользования землёй и результатами своего труда. Опухшие от голода люди вышли в поле и сеяли всё, что осталось. И чудо свершилось, собрали небывалый урожай. Великая любовь к земле, наша плодородная земля - всё это помогло быстро встать на́ ноги.

Это было время активного поиска новых путей развития сельского хозяйства. Наиболее удачным был путь создания культурных хозяйств. Осенью, после сбора урожая, проводили сельскохозяйственные выставки и премировали лучших культурных хозяев.

В восстановлении личного хозяйства крестьянину большую помощь оказывали сельские кустари: плотники, столяры, портные, сапожники. Кустари обеспечивали сельское население всем необходимым. Они обогащали сельский рынок.

Всё это позволило очень быстро, всего за 5-6 лет, преодолеть голод и разруху, восстановить экономику страны. Культурные хозяева давали основную массу товарного хлеба.

К 1925 году сельскохозяйственное производство достигло уровня 1913 года. В денежное обращение был введён знаменитый червонец. Магазины были полны товаров. Крестьяне охотно продавали свои продукты и могли купить всё необходимое для семьи и хозяйства.

С большим ликованием деревня встречала первые кинофильмы, радио, электрическое освещение.

45 Светлым временем в памяти старшего поколения крестьян остались 20-е годы нашей послереволюционной деревни.

По *Независимой газете*, 29.03.1993 г.

5 мучи́тельно quälend, sehr - 5 на протяже́нии *чего* im Laufe - 6 столе́тие Jahrhundert - 6 и... и sowohl... als auch - 8 класть/положи́ть коне́ц (кладу́, кладёшь) ein Ende setzen - 13 переворо́т Umsturz - 14 ка́мень преткнове́ния Stein des Anstoßes - 14 в по́исках *чего* auf der Suche nach - 15 грабёж, грабежа́, грабежи́ *Pl* Raub - 16 вводи́ть/ввести́ (ввожу́, вво́дишь/введу́, введёшь) einführen - 23 пра́во ку́пли и прода́жи Kaufrecht - 24 опу́хший aufgeschwollen - 25 се́ять/посе́ять säen - 25 и чу́до сверши́лось und das Wunder geschah - 25 собира́ть/собра́ть урожа́й Ernte einbringen - 26 плодоро́дный fruchtbar - 27 встава́ть/встать на́ ноги (вста́ну, вста́нешь) auf die Beine kommen - 30 преми́ровать *ipf* prämiieren - 33 куста́рь, кустаря́ *m Pl* Heimarbeiter - 33 пло́тник Zimmermann - 33 столя́р, столяры́ *Pl* Tischler - 33 портно́й, портни́ха, портны́е *Pl* Schneider - 33 сапо́жник Schuster - 34 обеспе́чивать/обеспе́чить *чем* versorgen mit - 34 обогаща́ть/обогати́ть (обогащу́, обогати́шь) bereichern - 36 преодолева́ть/преодоле́ть überwinden - 37 восстана́вливать/восстанови́ть (восстановлю́, восстано́вишь) wiederaufbauen - 38 (**това́рный**) хлеб (Handels-)Getreide - 40 де́нежное обраще́ние Geldumlauf - 40 черво́нец, черво́нца Goldrubel - 43 ликова́ние Jubel

Übung zum Wortschatz

1. *Ersetzen Sie die kursivgedruckten Wörter durch Synonyme.*
    a) Z. 6 двух *столетий*
    b) Z. 25 чудо *свершилось*
    c) Z. 29 *наиболее удачным*
    d) Z. 30 *проводили* выставки
    e) Z. 30 *премировали* лучших
    f) Z. 34 кустари *обеспечивали*
    g) Z. 41 *охотно* продавали
    h) Z. 43 с большим *ликованием*
2. *Geben Sie den Sachverhalt mit anderen Worten wieder.*
    а) Z. 14 ещё долго оставался *камнем преткновения*
    б) Z. 27 всё это помогло быстро *встать на ноги*

Вопросы и задания

1. Разделите текст на смысловые части и сформулируйте кратко содержание каждой части.
2. Охарактеризуйте новую экономическую политику, причины перехода к ней и её отличие от аграрной политики первых лет Советской власти.
3. Какие изменения произошли в деревне в период нэпа?
4. Как оценивает и комментирует автор письма аграрную политику советского государства? Подтвердите ваш ответ примерами из текста.

11. "ВЕЛИКИЙ ПЕРЕЛОМ"

Начавшееся весной 1928 года форсирование организации колхозов становится всё более сильным. Летом 1929 года провозглашается лозунг "сплошной коллективизации". Форсирование темпов коллективизации отражало позицию Сталина и его ближайшего окружения (Молотова[1], Кагановича[2]). В основе этой позиции лежало пренебрежение к настроениям крестьянства, к его неготовности и нежеланию отказаться от собственного хозяйства. "Теоретическим" обоснованием форсирования коллективизации стала статья Сталина "Год великого перелома", опубликованная 7 ноября 1929 года. В ней утверждалось, что в колхозы якобы пошли основные, середняцкие массы крестьянства, что в социалистическом преобразовании сельского хозяйства уже одержана "решающая победа". Статья ориентировала на создание в деревне "зерновых фабрик-гигантов". Партия ставит задачу "сплошной коллективизации" и завершения её за "год-полтора".

Раскулачивать стали не только кулаков, но и середняков - тех, кто не хотел вступать в колхозы. Коллективизация на местах часто проходила под лозунгом: "Кто не идёт в колхоз, тот враг Советской власти!" Грубейшие нарушения законов происходили при обобществлении средств производства и личного скота. Обобществляли не только единственную корову, но даже и последнюю курицу. В сельской местности начали забивать скот.

Уровень коллективизации стремительно повышался: к началу января 1930 г. в колхозах было свыше 20% крестьянских хозяйств, к началу марта - свыше 59%. Главным последствием насилия при создании колхозов стало массовое недовольство и открытые протесты крестьян, вплоть до вооружённых выступлений. С начала января до середины марта 1930 г. их было зарегистрировано 1678 на территории СССР без Украины. С учётом данных по Украине число антиколхозных восстаний намного выше двух тысяч. Росли случаи расправ над коммунистами и колхозными активистами. Истребление скота приобрело массовый характер.

О происходившем в деревне знали все, включая Сталина и его окружение. Известно, что за осень и зиму на имя Сталина и Калинина[3] из деревни поступило 90 тысяч писем с жалобами и протестами. Но тем не менее нажим на местные организации продолжал расти. Сталин требовал "усилить работу по коллективизации".

Только во второй половине февраля 1930 г. ЦК партии дал директивы не спешить при организации колхозов. 2 марта появилась статья Сталина "Головокружение от успехов", которая осуждала перегибы и подчёркивала необходимость соблюдения принципов добровольности коллективизации. Вся ответственность за перегибы, "угрозы по отношению к крестьянам" перекладывалась на местных работников. Статья не содержала конкретных указаний о путях и способах решения создавшихся проблем.

Местные организации находились в крайне тяжёлом положении. На многих активистов колхозного строительства обрушились наказания, вплоть до судебных репрессий. Причём эти карательные меры проводили те же лица, которые сами и требовали ускорения темпов коллективизации.

45 9 мая 1930 г. в "Правде" было опубликовано письмо рабочего Мамаева. В письме смело ставился вопрос: "У кого же закружилась голова?... Значит, царь хорош, а чиновники на местах плохие". Далее Мамаев писал: "Надо сказать о своих собственных ошибках и не учить этому низовую партийную массу".

50 Выступивших тогда с открытой критикой сталинского руководства обвинили в том, что они выступают против ЦК, и назвали правыми уклонистами, что автоматически вело к исключению из партии.

Начался массовый выход крестьян из колхозов. К августу 1930 г. колхозы объединяли 21,4% крестьянских хозяйств.

55 По журналу *История СССР* № 5, 1990 г.

[1]Вячеслáв Михáйлович Мóлотов (1890-1986), государственный деятель СССР, в 1930-1941 годы был председателем Совета Народных Комиссаров.
[2]Лáзарь Моисéевич Каганóвич (1893-1991), с 1930 г. член Политбюро КП, организатор и сторонник твёрдого курса в вопросах коллективизации.
[3]Михаи́л Ивáнович Кали́нин (1875-1946), советский государственный и партийный деятель, с 1922 г. председатель Центрального Исполнительного Комитета СССР.

вели́кий перелóм großer Umschwung - 1 **форси́ровать** forcieren, beschleunigen - 2 **провозглашáть/провозгласи́ть** (провозглашу́, провозгласи́шь) verkünden - 2 **сплошнóй** völlig - 3 **отражáть/отрази́ть** (отражу́, отрази́шь) widerspiegeln - 4 **окружéние** Umgebung - 5 **пренебрежéние к** *чему* Mißachtung - 5 **настроéние** Einstellung - 7 **обоснование** Begründung - 9 **утверждáть** *ipf* behaupten - 9 **я́кобы** angeblich - 9 **середня́цкий** mittelbäuerlich - 10 **преобразовáние** Umgestaltung - 11 **одéрживать/одержáть побéду** (одержу́, одéржишь) einen Sieg erringen - 14 **раскулáчивать/раскулáчить** enteignen - 17 **нарушéние закóна** Gesetzesübertretung - 17 **обобществлéние средств произвóдства** Vergesellschaftung der Produktionsmittel - 19 **забивáть/заби́ть скот** (забью́, забьёшь) Vieh schlachten - 22 **наси́лие** Gewalttätigkeit - 25 **с учётом** unter Berücksichtigung - 27 **распрáва над** *кем* Gewaltanwendung gegen - 27 **истреблéние** Ausrottung - 28 **приобретáть/приобрести́ харáктер** (приобрету́, приобретёшь) einen Charakter bekommen - 29 **включáя** *что* einschließlich - 31 **поступáть/поступи́ть** *1. и. 2. Pers. ungebr.* eingehen - 31 **нажи́м** Druck - 34 **ЦК** (**Центрáльный Комитéт**) Zentralkomitee - 34 **директи́вы** *Pl* Richtlinien - 35 **головокружéние** Schwindel - 36 **переги́б** Exzeß - 36 **подчёркивать/подчеркну́ть** betonen - 38 **угрóза** Drohung - 38 **перекла́дывать/переложи́ть отвéтственность на** *кого-что* die Verantwortung abwälzen auf - 39 **указáние** Anweisung - 42 **обру́шились наказáния** es trafen sie schwerere Strafe - 43 **кара́тельные мéры** Strafmaßnahmen - 47 **чинóвник** Beamter, Amtsträger - 50 **обвиня́ть/обвини́ть в чём** beschuldigen - 51 **прáвый уклони́ст** Rechtsabweichler

Übung zum Wortschatz

1. *Formen Sie die Sätze a) - b) nach dem folgenden Muster um.*
   Muster: В январе было 200 колхозов, а в марте 2000.
   → С января по март число колхозов выросло *до* 2000. (Von Januar bis März stieg die Zahl der Kolchosen *auf* 2000 an.)
   → ... увеличилось *на* 1800 (... vergrößerte sich *um* 1800).
   → ... увеличилось *в* 10 раз (... vergrößerte sich *auf das 10-fache*).
   a) В 1906 году из общины вышло 700 тысяч крестьянских хозяйств, а к 1913 году - 2.100.000.
   b) В 1908 году из европейской части России в Сибирь переселилось 500 тысяч безземельных крестьян, а к 1913 году - 2,5 млн.
2. *Ersetzen Sie die folgenden Sätze durch substantivische Konstruktionen.*
   Muster: Крестьяне *не желали* вступать в колхозы.
   →   *нежелание* крестьян вступать в колхозы
   a) Середняки не вступили в колхоз.
   b) В некоторых районах не обобществили кур и гусей.
   c) Горожане не знали о происходящем в деревне.
   d) В статье не содержалось конкретных указаний о решении проблем.

Вопросы и задания

1. Какую роль сыграли упомянутые в тексте статьи в процессе коллективизации в деревне?
2. Охарактеризуйте положение в деревне в период между публикациями этих статей.
3. Какой резонанс вызвала статья "Головокружение от успехов" в партийных кругах?
4. Сравните и прокомментируйте аграрную политику партии до нэпа и в период нэпа с аграрной политикой в период коллективизации.
5. Какова была реакция крестьянства на изменение аграрной политики?

Aufgaben zur Grammatik (Texte 10 - 11)

1. *Ersetzen Sie die Verbalkonstruktionen durch substantivische Konstruktionen.*

a) немедленно вывести страну из кризиса
b) быстро преодолеть голод и разруху
c) медленно восстановить экономику страны
d) провозгласили лозунг "сплошной коллективизации"
e) уровень коллективизации значительно повысился
f) на имя Сталина поступило 90 тысяч писем с жалобами

2. *Ersetzen Sie die kursivgedruckten Wörter durch Antonyme.*

a) *купить* землю
b) *пренебрежение* к крестьянам
c) *нарушение* закона
d) *национализировать* фабрику
e) *ускорение* процесса
f) *осуждать* реформы
g) *конкретные* указания
h) *истребление* личного скота

3. *Bilden Sie von den folgenden Substantiven Adjektive mit dem Präfix без-(бес-) und dem Suffix -н- und setzen Sie sie in die richtige Form. Beachten Sie, daß vor stimmhaften Konsonanten - б, в, г, д, ж, з, л, м, н, р - und Vokalen без- und vor stimmlosen Konsonanten - к, п, с, т, ф, х, ц, ч, ш, щ - бес- geschrieben wird.*

   Muster: дом / человек → бездомный человек

a) стыд / политика
b) работа / мужчины
c) люди / районы
d) человек / условия труда
e) право / жизнь крестьян
f) результат / деятельность
g) условие / соглашение
h) выход / положение
i) причина / ярость

4. *Ersetzen Sie die kursivgedruckten Wortverbindungen (Verb + Substantiv) durch die passenden Verben. Beachten Sie den Aspekt und die Rektion der Verben in den angegebenen Sätzen.*

1. Насильственное изъятие продукта крестьянского труда *вступало в противоречие* с крестьянскими представлениями о социальной справедливости. 2. Тухачевский *отдал приказ* о применении отравляющих веществ против восставших. 3. В 1767 году Екатерина Великая лишила крестьян права *подавать жалобы* на своих помещиков. 4. В тридцатые годы Сталин утверждал, что социализм *одержал победу* в СССР. 5. В дискуссии, организованной журналом "История СССР", *принимали участие* крупнейшие историки страны. 6. При восстановлении личного хозяйства большую *помощь* кресть-

янину *оказывали* сельские кустари. 7. Реформы Столыпина *положили конец* общинному владению землёй. 8. *Удар* по крестьянству *наносили* вполне сознательно.

a) ударять/ударить *кого-что*
b) участвовать *в чём*
c) противоречить *кому-чему*
d) помогать/помочь *кому-чему*
e) оканчивать/окончить *что*
f) побеждать/победить *в чём*
g) жаловаться/пожаловаться на *кого*
h) приказывать/приказать + *инф.*

5. *Ersetzen Sie die Relativsätze durch Partizipialkonstruktionen.*

1. В марте 1921 года была принята новая экономическая политика, которая дала за несколько лет удивительные результаты. 2. Раскулачивать стали не только кулаков, но и середняков, которые не хотел вступать в колхозы. 3. В марте появилась статья Сталина "Головокружение от успехов", которая осуждала перегибы и подчёркивала необходимость соблюдения принципов добровольности коллективизации. 4. Причём эти карательные меры проводили лица, которые сами и требовали ускорения темпов коллективизации.

6. *Ersetzen Sie die folgenden Aktivsätze durch Passivsätze. Beachten Sie den Aspekt der Verben in den angegebenen Sätzen.*

1. Начали прежде всего с грабежа крестьян - ввели продразвёрстку. 2. В этом хаосе идей и решений Ленин несколько раз менял тактику в аграрном вопросе. 3. В восстановлении личного хозяйства большую помощь оказывали крестьянину сельские кустари: плотники, столяры, портные. 4. Партия ставит задачу "сплошной коллективизации" и завершения её за "год-полтора". 5. Выступивших с критикой сталинского руководства обвинили в том, что они выступают против ЦК, и назвали правыми уклонистами. 6. Эти карательные меры проводили те же лица. 7. Центральный Комитет партии дал директивы не спешить при организации колхозов.

12. РАСКУЛАЧИВАНИЕ

Борúс Андрéевич Можáев (1923), российский писатель, публицист. Роман "Мужики и бабы" был написан в 1980 году, автор назвал его романом-хроникой. Можаев подробно рассказывает о коллективизации деревни в 1929-1932 годы, о её влиянии на судьбы крестьянства и о её трагических последствиях. В печатаемом отрывке один из героев романа, Прокоп, крестьянин-середняк, возвращается домой после ареста. На следующий день у него должны конфисковать имущество и выселить его с семьёй из деревни.

Прокоп шёл торопливо по ночной улице, резко скрипел под валенками снег. При виде своего дома Прокоп взялся за грудь - в левой стороне больно кольнуло. Три окна, выходившие на улицу, тихонько светились.

Дверь открыли сразу. И потому, как Матрёна была одета и обута во всё верхнее и тёплое, Прокоп понял - не спала. В доме, у порога, она упала головой на его плечо и тихонько заголосила:

- Ой, Прокопушка, милый! Заберут тебя, забе-еру-ут. Соседка приходила ночью. Говорит, Прокопа в тюрьму отправят. А вас всех выселят... А что я с детьми делать буду? Господи, господи! За что ты нас предаёшь на муки смертные?

- Постой, постой... - Прокоп чувствовал, как боль в левой стороне груди всё нарастает. - Что тут у вас?

Матрёна рассказывала:

- Сказали, что придут рано утром. Тебя посадят. А ребят возьмут, в чём есть. Я вот и одела их ночью...

Прокоп прошёл в горницу - ребятишки, все пятеро, в шапках, в валенках, в шубках и даже в варежках лежали поперёк кровати... Он сдавленно произнёс:

- Ладно... Я их встречу! Всё равно уж - семь бед - один ответ.

Он достал ружьё, повесил его у наружной двери. И сказал как можно спокойнее:

- Давай, мать, позавтракаем. А то бог знает, когда и где обедать будем.

Пришли к ним ещё до рассвета; дети спали. Застучали в дверь.

- Хозяин, открывай!

- Прокоп, открой! Стёкла побьют, - сказала Матрёна.

- А дьявол с ними. Они теперь не наши.

- Открывай, или стрелять будем! - крикнул Зéнин, секретарь сельской партячейки, и вынул из кармана наган.

- Стреляй, - сказал Прокоп, потом сходил в сени, вернулся с ружьём и подошёл к окну.

- Прокоп, что ты, господь с тобой! - бросилась к нему Матрёна.

Зенин выстрелил.

- Ах ты гад! Испугать хочешь. - Прокоп поднял ружьё и выстрелил в окно.

Раздался оглушительный грохот, заплакали, закричали дети.

- Что ты наделал, отец? Что ты, господь с тобой, - шла к нему Матрёна, как к дитю малому. - В своём ли ты уме? Дай сюда ружьё! Дай сюда, говорю!

Она взяла из вялых, трясущихся рук Прокопа ружьё и выбросила его в окно. Боль опять жгла всю левую половину груди, спину. Он с трудом держался на ногах, во рту было сухо.

Между тем из соседних домов стали выходить люди. Зенин закричал:

- А ну, по домам! Или всех арестует конная милиция!

На крыльцо вышла Матрёна и крикнула:

- Заходите в избу! Он не тронет. Ружьё выбросили.

- Пускай сам выходит на крыльцо! - крикнул Зенин. - Или стрелять будем по окнам!

Матрёна скрылась за дверью, а через минуту вышел Прокоп; слегка качаясь, как пьяный, он стал спускаться по ступенькам.

Направив на него наганы, подошли Зенин и другие.

- Связать ему руки! - приказал Зенин.

Прокопу заломили руки назад. Вдруг он вяло опустил голову и стал падать прямо лицом в снег.

- Что это с ним? - опешил рабочий.

- Отойдёт, - сказал Зенин. - Это он от жадности. Отнесите его на двор. Пусть охладится. Да руки ему свяжите!

Потом пошли в дом делать опись. Дети сидели на печи, младшие дружно ревели. Матрёна тоже голосила. Один только Петька, подросток лет четырнадцати, молчал.

- С чего начнём опись?

- Подожди ты с описью, - сказал Зенин. Давай сначала помещение освободим.

- Куда вы нас на мороз выселяете? Или мы злодеи какие? Малых детей пожалейте! - Матрёна встала перед печкой и заголосила громче прежнего.

- Давай сюда ребят! - крикнул Зенин.

- Не трогайте их! Не трогайте! - пронзительно закричала Матрёна и стала биться головой о печку. - Ироды проклятые! Креста на вас нету... Душегубы!

- А ну, взять её! - приказал Зенин.

И четыре мужика схватили Матрёну за́ руки и за́ ноги и потащили на улицу. На улице, разбросав всех по снегу, как медведица собак, она поднялась на крыльцо и у самого порога упала. Её снова тащили до самых саней.

- Детей ведите сюда! - кричал Зенин, заламывая ей руки.

Петька уже стоял возле дверей и держал узелки, собранные матерью в дорогу.

- А это зачем? С собой ничего брать не разрешается.

- Еда здесь у нас, - сказал Петька.

85   - И еду нельзя.
     Когда детей усадили в сани, Матрёна затихла, смирилась со своей судьбой.
     - Везите их до райисполкома, - приказал Зенин. - Там скажут, куда ехать дальше.
     - Куда же вы хозяина дели? - спросила Матрёна.
90   - Не ваше дело, - ответил Зенин.
     И уже входя в избу, приказал:
     - Сходите, посмотрите... Не убежал он?
     И в доме он сказал с облегчением:
     - Вот теперь можно и опись составлять.
95   - Но здесь, кроме зеркала да деревянной кровати, и нет ничего, - сказал рабочий.
     - Начинай с самого начала, с дома. Так и пиши: пункт первый - дом на каменном фундаменте...
     Его прервала Санька, влетев в комнату, она сказала с ужасом на лице:
100 - Мёртвый он! Мёртвый! Что же мы наделали?
     - Ничего особенного. Одним классовым врагом стало меньше, - спокойно сказал Зенин.

По роману Бориса Можаева *Мужики и бабы,* Москва 1987 г.

9 **скрипе́ть/скри́пнуть** (скриплю́, скрипи́шь) knirschen - 9 **ва́ленки** *Pl* Filzstiefel - 10 **грудь** *f* Brust - 11 **коло́ть/кольну́ть** stechen - 13 **поро́г** Schwelle - 14 **голоси́ть/загол оси́ть** (голошу́, голоси́шь) *volksspr.* anfangen laut zu klagen - 16 **тюрьма́** Gefängnis - 16 **выселя́ть/вы́селить** aussiedeln - 17 **предава́ть/преда́ть на му́ки** (преда́м, преда́шь) den Qualen aussetzen - 19 **посто́й** warte - 20 **нараста́ть/нарасти́** anwachsen - 24 **го́рница** "gute Stube" *in Bauernhäusern* - 24 **ребяти́шки** Kinder - 25 **шу́бка** Kinderpelzmantel - 25 **ва́режки** *Pl* Fausthandschuhe - 25 **сда́вленно** gedrückt - 27 **семь бед - оди́н отве́т** das geht alles auf eine Rechnung - 31 **рассве́т** Morgengrauen - 33 **стекло́**, **стёкла** *Pl* Fensterscheiben - 34 **дья́вол** Teufel - 35 **стреля́ть** *ipf* schießen - 36 **партяче́йка** (**партийная ячейка**) Parteizelle - 36 **нага́н** Revolver - 37 **се́ни** *Pl* Diele *in Bauernhäusern* - 41 **гад** Scheusal - 43 **раздава́ться/разда́ться** erschallen - 43 **оглуши́тельный** ohrenbetäubend - 43 **гро́хот** Krachen - 46 **тряст́ись** *ipf* zittern - 47 **жечь** *ipf 1. u. 2. Pers. ungebr.* schmerzen - 49 **ме́жду тем** inzwischen - 51 **крыльцо́** Vortreppe - 55 **кача́ясь** schwankend - 57 **направля́ть/напра́вить на** *что* (напра́влю, напра́вишь) richten auf - 58 **свя́зывать/связа́ть** (свяжу́, свя́жешь) binden - 59 **зала́мывать/заломи́ть ру́ки наза́д** (заломлю́, зало́мишь) die Arme nach hinten biegen - 61 **опе́шить** *pf* verblüfft werden - 62 **отходи́ть/отойти́** (отойду́, отойдёшь) wieder zu sich kommen - 62 **жа́дность** *f* Habgier - 63 **охлажда́ться/охлади́ться** (охлажу́сь, охлади́шься) sich abkühlen - 64 **о́пись** *f* Beschlagnahmeprotokoll - 65 **реве́ть** *ipf* heulen - 65 **подро́сток**, подро́стка Halbwüchsiger - 70 **злоде́й** Übeltäter - 73 **пронзи́тельно** schrill - 74 **и́род** *volksspr. nach dem bibl. Namen Herodes* Unmensch - 74 **душегу́б** Seelenverkäufer - 77 **тащи́ть/потащи́ть** schleppen - 78 **разбра́сывать/разброса́ть** (разбро́шу, разбро́сишь) umherwerfen - 78 **медве́дица** Bärin - 79 **са́ни** *Pl* Schlitten - 81 **узело́к**, узелки́ *Pl* Bündel - 86 **смиря́ться/смири́ться с** *чем* sich abfinden mit - 87 **райисполко́м** (**рай**о́нный **испол**ни́тельный **ком**ите́т) Kreis-Exekutivkomitee - 93 **облегче́ние** Erleichterung - 99 **прерыва́ть/прерва́ть** ins Wort fallen, unterbrechen - 100 **мёртвый** tot

Вопросы и задания

1. Охарактеризуйте главных героев, Прокопа и Матрёну, и их реакцию на предстоящее раскулачивание.
2. Что делают и как реагируют на действия представителей властей главные герои?
3. Опишите действия представителей советской власти и других участников раскулачивания.
4. Как реагируют на происходящее соседи?
5. Найдите в тексте описания и упоминания детей. Как влияют они на действия родителей и как реагируют на происходящее вокруг них?
6. Проанализируйте речь всех героев и укажите, где это возможно, на особенности их речи. Как характеризует автор своих героев при помощи языковых средств?

13. ПИСЬМО ИЗ ПРОШЛОГО

Это письмо неизвестного человека родственникам за границу до адресата не дошло. Как и сотни подобных писем, 60 с лишним лет они пролежали в секретном архиве. Письмо было написано 14 августа 1929 г.

Если бы вас, свежих людей, окунуть в наш рай, то на вас нашёл бы столбняк от всех наших прелестей. В городе с зимы хлеб дают по карточкам - 1 фунт только гражданам, а "лишённые"[1], которых очень много, могут питаться манной небесной. Ни хлеба, ни муки на рынке нет. Крестьянин за торговлю мукой на базаре предаётся суду, ссылается, а его имущество конфискуется за то, что переработал зерно в муку и продал на базаре.

Хлеб зерном подлежит сдаче государству по ценам, которые оно само устанавливает. Всю зиму и весну у нас сидят продовольственные агенты по сбору хлеба. Дошло до того, что собирают по чашке муку, по фунтам зерно, фасоль, и если у кого нашли излишек зерна или муки, арестовывают: тюрьма и ссылка.

Если нет хлеба, то конфискуется имущество на сумму в пять раз большую. Так у нас пока конфисковано имущество с домами у трёх семей.

Богатеть у нас больше нет охотников, ибо это сулит мало прелестей. Земли много пустует, скот не разводят, когда самим жрать нечего. В чём же секрет голода? А в том, что весь хлеб неизвестно куда исчезает. И это ужасно! Своих морят голодом, делают нищими, а загранице продают.

При такой тяжёлой налоговой системе народ не хочет работать, ибо от труда своего ничего не получает. Страна пришла в упадок.

Режим ужасный, беспощадный. У людей не стало ни радостей, ни светлых надежд. Все угрюмы, печальны. Не знают ни праздников, ни старого родства, ни гостеприимства.

Я имел крепкие нервы, твёрдое убеждение, упрямую волю, но теперь потерял всё. А когда-то была надежда, охота работать на благо родины, чтобы чувствовать себя и человеком, и гражданином общей семьи - отечества. Но мы - "отверженные", и нас таких тысячи легионов...

По газете *Аргументы и факты* № 46, 1992 г.

[1]Конституция РСФСР 1918 года лишила "представителей класса эксплуататоров" многих гражданских прав. Лишённые прав, официально их называли "лишенцы", не имели также права и на получение продуктов по карточкам в голодные годы.

4 **окунáть/окунýть во** *что* hineinstecken - 4 **рай** Paradies - 4 **на вас нашёл бы столбнáк** ihr würdet zur Salzsäule erstarren - 5 **кáрточка** Lebensmittelkarte - 7 **мáнна небéсная** Manna - 7 **ни... ни** weder... noch - 7 **мукá** Mehl - 7 **рýнок**, рынка Markt - 8 **предавáть/предáть судý** dem Gericht übergeben - 8 **имýщество** Vermögen - 10 **подлежáть сдáче** *ipf* der Ablieferung unterliegen - 10 **устанáвливать/установить цéну** (установлю́, устанóвишь) den Preis festlegen - 13 **фасóль** Bohnen - 13 **излишек, излишка** Überschuß - 17 **охóтник** Liebhaber, Interessent - 17 **ибо** denn - 17 **сулить/посулить** versprechen - 18 **пустовáть** *ipf* brachliegen - 18 **разводить/развести скот** Vieh züchten - 18 **жрать** *ipf* fressen *grob* - 19 **исчезáть/исчéзнуть** verschwinden - 20 **морить/уморить гóлодом** verhungern lassen - 22 **приходить/прийти в упáдок** verfallen - 24 **угрюмый** mürrisch - 25 **гостеприимство** Gastfreundschaft - 26 **вóля** Willen - 27 **охóта** Lust - 27 **блáго** Wohl - 27 **рóдина** Heimat - 29 **отвéрженный** Ausgestoßener

Übung zum Wortschatz

1. *Ersetzen Sie die kursivgedruckten Wörter durch Synonyme.*
   a) Z. 2 сотни *подобных* писем
   b) Z. 2 60 с *лишним* лет
   c) Z. 4 окунуть в наш *рай*
   d) Z. 11 у нас *сидят* агенты
   e) Z. 17 богатеть нет *охотников*
   f) Z. 18 самим *жрать* нечего
   g) Z. 21 *ибо* это *сулит* мало *прелестей*
   h) Z. 23 режим *беспощадный*
   i) Z. 27 *охота* работать

2. *Geben Sie den Sachverhalt mit anderen Worten wieder.*
   a) Z. 4 - 5 (Если бы вас) окунуть в наш рай, то на вас нашёл бы столбняк от всех наших прелестей.
   b) Z. 6 "лишённые"... могут питаться манной небесной
   c) Z. 12 собирают по чашке муку, по фунтам зерно
   d) Z. 22 Страна пришла в упадок.

Вопросы и задания

1. Что рассказывается в письме о политике государства и о деятельности государственных органов?
2. Охарактеризуйте результаты такой политики и реакцию населения на неё.

3. Какая характеристика даётся в письме советскому государству?
4. Найдите строки, в которых автор высказывает свою позицию по отношению к государству, и прокомментируйте их на основе материала предыдущих текстов.

14. ОСУЩЕСТВЛЕНИЕ ПОЛИТИКИ "ЛИКВИДАЦИИ КУЛАЧЕСТВА КАК КЛАССА" (1930-1932)

После массовых выходов крестьян из колхозов весной 1930 г. в деревне наступает кратковременное "затишье", но уже осенью начинается новая кампания по коллективизации. Особенно широко использовался такой метод принуждения, как налогообложение, который всё больше и больше превращался в специфическую форму давления на "инакомыслящего" единоличника, не желавшего вступать в колхоз.

Рисунок В.Мокиевского

Разница в налоговом обложении различных социальных групп крестьянства достигала астрономических размеров. Так, в 1931 году на один двор единоличник платил налог в 10 раз больше, чем колхозник (соответственно 31 и 3 рубля), а кулак в 140 раз больше (418 руб.). Альтернативой вступлению в колхоз для семьи крестьянина-единоличника были полное разорение или раскулачивание, нередко с последующим выселением.

Осенью 1930 г. возобновилось выселение раскулаченных крестьян. Из раскулаченных к концу 1930 г. в целом по стране примерно 400 тыс. хозяйств, около 20%, были выселены на европейский Север, на Урал, в Сибирь, Казахстан.

Весной 1931 г. в Западной Сибири было экспроприировано и выселено в северные районы около 40 тысяч крестьянских хозяйств. В Калмыкии раскулачивание и выселение проходило с 15 июня по 15 июля 1931 г. Из 1323 хозяйств было выселено 1121 хозяйство (6157 человек). На местах прежнего жительства было оставлено лишь 202 хозяйства (611 человек).

Всего из республик Средней Азии было выселено 6944 кулака, а из Казахстана - 5500.

В целом по стране в 1931 году было раскулачено около 200 тысяч хозяйств.

Выселяемые из сельской местности назывались в официальной переписке "спецпереселенцы". Основная часть спецпереселенцев направлялась в малонаселённые, часто почти непригодные для жизни районы страны - на Урал, в Сибирь, в Казахстан. В записке председателя ОГПУ Сталину указывалось, что к январю 1932 г. в этих районах было поселено около 1,4 млн. человек. Большинство из них работало на лесоповале, в горнодобывающей промышленности, меньшая часть "использовалась" в сельском хозяйстве. Положение спецпереселенцев было крайне тяжёлым. "Опеку" над ними осуществляло ОГПУ, а посёлки мало чем отличались от концлагерей.

В начале 1933 г. заместитель наркома лесной промышленности СССР сообщал правительству об ужасном положении людей в сибирских леспромхозах: "На почве недоедания среди спецпереселенцев и особенно их детей свирепствуют цинга, брюшной тиф, которые имеют форму эпидемий с массовой смертностью". Автор записки просил об отпуске 500 тонн муки для питания 45 тысяч детей, чтобы спасти их от голодной смерти.

Многие спецпереселенцы пытались бежать, но, как правило, эти попытки заканчивались трагично: беглецов либо пристреливали по дороге, либо возвращали в лагеря. Тем не менее, в сентябре-октябре 1931 г. было зарегистрировано более 37 тысяч побегов. В августе 1932 г. вышло постановление правительства, которое разрешало расправляться с кулаками на месте, без суда и без права амнистии. Обжалование беззакония запрещалось. По оценкам историков, погибло от четверти до трети депортированных крестьян.

Каковы же результаты осуществления "политики ликвидации кулачества как класса"? Кроме названных выше цифр, за годы коллективизации не менее 10 миллионов крестьян пополнили ряды рабочего класса, это было "бегство мужика из деревни". В дискуссии, организованной журналом "История СССР", количество пострадавших от раскулачивания крестьян и их семей оценивалось до 20 миллионов человек.

Сплошная коллективизация в целом по стране была закончена в 1932 г., когда в колхозах состояло 62,4% крестьянских хозяйств. В декабре 1932 г. вышло ещё одно постановление - всех крестьян лишили права иметь паспорт, они не имели больше права покидать свои места жительства, было запрещено принимать их на работу в городах. Этим указом крестьяне были окончательно превращены в советских крепостных.

По журналу *История СССР* № 6, 1990 г.

3 **затишье** Stille - 7 **принуждение** Zwang - 7 **налогообложение** Besteuerung - 8 **превращаться/превратиться во** *что* (превращусь, превратишься) sich verwandeln in - 10 **инакомыслящий** andersdenkend - 10 **единоличник** Einzelbauer - 13 **разница** Unterschied - 18 **соответственно** entsprechend - 21 **разорение** Verarmung - 22 **возобновлять/возобновить** (возобновлю, возобновишь) wiederaufnehmen - 23 **в целом по стране** insgesamt im Lande - 36 **спецпереселенец, -нка,** -нцы Deportierte - 37 **непригодный** unwirtlich - 38 **ОГПУ** (Особое государственное политическое управление для борьбы с политической и экономической контрреволюцией, шпионажем и бандитизмом) OGPU - 40 **лесоповал** Holzfällen - 40 **горнодобывающая промышленность** Bergbau - 42 **опека** Kuratel - 44 **нарком**

(наро́дный комисса́р) Volkskommissar - 45 леспромхо́з (лесопромы́шленное хозя́йство) Holzindustriebetrieb - 46 на по́чве *чего* auf Grund von - 46 недоеда́ние Unterernährung - 46 свире́пствовать *ipf* grassieren - 47 цинга́ Skorbut - 47 брюшно́й тиф Bauchtyphus - 48 о́тпуск *чего* Zuteilung von - 48 пита́ние Ernährung - 53 постановле́ние Verordnung - 54 расправля́ться/распра́виться (распра́влюсь, распра́вишься) abrechnen - 54 на ме́сте vor Ort - 55 обжа́лование Beschwerde - 59 пополня́ть/попо́лнить ergänzen

Вопросы и задания

1. Какие средства использовало правительство при проведении коллективизации и какова была их эффективность?
2. Обобщите данные о масштабах депортаций раскулаченных крестьян.
3. Какова была дальнейшая судьба депортированных крестьян?
4. Что сообщается об условиях жизни и работы спецпереселенцев?
5. Какие юридические права были у спецпереселенцев?
6. Как оценивают сегодня историки последствия коллективизации?
7. Посмотрите на рисунок и скажите, какую общественную точку зрения на методы и последствия коллективизации отразил художник? Какой мотив для своего рисунка он выбрал? Какую роль играют на рисунке государственные символы СССР?

15. СОВЕРШЕННО СЕКРЕТНЫЙ ГОЛОД

Сведения о тех страшных событиях, надолго засекреченные, в последнее время стали проникать в печать, однако только документы совершенно секретного кремлёвского архива Политбюро позволяют увидеть полную картину совершённых преступлений.

5   В начале 30-х годов голод охватил не только Украину, но и огромную территорию бывшего Союза: Северный Кавказ, Поволжье, юг, Западную Сибирь, Урал, Казахстан.

Можно ли было избежать голода? Осенью 1932-го - весной 1933 года голодали не менее 50 миллионов человек. В 1932 году был собран богатый
10 урожай. Для внутреннего потребления зерна было на 38 млн. центнеров больше, чем в 1931 году. Голода вполне можно было избежать.

Удар по крестьянству наносили вполне сознательно. В крестьянстве сталинское руководство видело оплот сопротивления своим действиям.

В 1931-1932 годах планы заготовок выросли на треть. Изымался не толь-
15 ко весь товарный, но и значительная часть необходимого в хозяйстве хлеба. 20 августа 1932 года секретарь Северо-Кавказского крайкома партии в записке Сталину просил во избежании голода снизить план хлебозаготовок. Сталин отказал в просьбе.

Тотальные заготовки хлеба привели к тому, что значительная часть колхозов осталась совсем без зерна. Голод регистрируется уже с ноября-декабря 1931 г. Весной уже регистрируются смертные случаи.

Какова была реакция населения? Оно покидало родные места и уходило в более благополучные районы. В июне 1932 г. Сталин в письме в Политбюро обосновывает репрессивные меры по отношению к крестьянству и пишет, что "десятки тысяч украинских колхозников всё ещё бродят по стране и разлагают трудящихся".

К новому урожаю люди пришли в предельно истощённом состоянии. Как только колос начал созревать, на поля ринулись так называемые "парикмахеры" - прежде всего матери, которые стригли рано ут-

Плакат 1933 года

ром незрелые колосья, чтобы сварить из них кашу и накормить детей. Когда начался сбор урожая, колхозники любым способом пытались унести зерно, чтобы накормить умирающую семью сейчас, немедленно. 7 августа 1932 года вышел сталинский указ, который предусматривал за хищение социалистической собственности смертную казнь или 10 лет при смягчающих обстоятельствах. По указу "о пяти колосках", как его называли крестьяне, с августа 1932 года по январь 1933 года было осуждено 56 тысяч человек и расстреляно более тысячи.

И начался массовый смертный голод. Историки называют различные цифры жертв голода 1932-1933 годов - от 6 до 15 миллионов человек. Сотни тысяч крестьян покидают родные края в поисках хлеба. 22 апреля 1933 г. Сталин и Молотов посылают директиву всем партийным органам, в которой говорилось: "... этот выезд крестьян, как и выезд из Украины в прошлом году, организован врагами Советской власти". Органы власти должны были "немедленно арестовывать таких крестьян и возвращать их на их места жительства".

В конце 1932 г. секретарь ЦК Украины Терехов в беседе со Сталиным сообщил ему о массовом голоде крестьян на Украине. Сталин прервал собеседника: "Нам говорили, что вы, товарищ Терехов, хороший оратор, оказывается, вы хороший рассказчик - сочинили такую сказку о голоде... Не лучше ли вам оставить пост секретаря ЦК Украины и пойти работать в Союз писателей: будете сказки писать, а дураки их читать". Даже в устной беседе

Сталин отрицал наличие голода в стране.

В настоящее время стали известны документы, которые говорят, что это
был организованный голод. Более того, в стране были запасы хлеба, чтобы
спасти людей.

По *Независимой газете*, 16.04.1992 г. и
газете *Московские новости* , 20.06.1993 г.

1 засекре́чивать/засекре́тить (засекре́чу, засекре́тишь) geheimhalten - 2 проника́ть/прони́кнуть durchsickern - 4 соверша́ть/соверши́ть преступле́ние ein Verbrechen verüben - 5 охва́тывать/охвати́ть (охвачу́, охва́тишь) erfassen - 8 избежа́ть/избе́гнуть (избегу́, избежи́шь) vermeiden - 10 потребле́ние Verbrauch - 12 наноси́ть/нанести́ уда́р (наношу́, нанесёшь) einen Schlag versetzen - 12 созна́тельно bewußt - 13 опло́т Hort - 14 треть Drittel - 16 крайко́м (краево́й комите́т) Regionskomitee - 17 снижа́ть/сни́зить (сни́жу, сни́зишь) senken - 17 (хлебо)загото́вка (Getreide)Ablieferung - 18 отка́зывать/отказа́ть в про́сьбе (откажу́, отка́жешь) eine Bitte abschlagen - 33 броди́ть *ipf* streifen - 33 разлага́ть/разложи́ть zersetzen - 34 трудя́щийся Werktätige - 36 преде́льно äußerst - 36 истощённый geschwächt - 37 ко́лос, коло́сья Pl Ähre - 37 созрева́ть/созре́ть reif werden - 38 ри́нуться *pf* sich stürzen - 38 так называ́емый sogenannt - 40 стричь *ipf* (стригу́, стрижёшь) abschneiden - 41 ка́ша Brei - 44 предусма́тривать/предусмотре́ть сме́ртную казнь за хище́ние Todesstrafe vorsehen für Entwendung - 45 смягча́ющие обстоя́тельства Pl mildernde Umstände - 55 ме́сто жи́тельства Wohnsitz - 65 запа́с Vorrat - 66 спаса́ть/спасти́ retten

Вопросы и задания

1. На основе материалов предыдущих текстов охарактеризуйте причины голода 1932-1933 годов.
2. Расскажите о географии голода, количестве голодающих и реакции населения.
3. Как реагировало правительство на сообщения о массовом голоде?
4. Как оценивают и характеризуют историки сегодня причины и результаты голода, а также политику сталинского руководства?
5. Почему, по вашему мнению, все документы о коллективизации и массовом голоде десятилетиями хранились в секретных архивах?
6. На основе прочитанных текстов сделайте сообщение об аграрной политике советского государства с 1917 до 1933 года.
7. Охарактеризуйте гражданские права крестьянства в СССР.
8. Посмотрите на иллюстрацию к тексту и скажите:
    а) Кто и как изображён на плакате?
    б) К какому времени относится этот плакат? Что происходило в то время в стране? Какие детали на плакате указывают на это?
    в) Какой из государственных законов иллюстрирует этот плакат?
    г) Прокомментируйте надпись на плакате. Какое решение для этой проблемы предлагает автор плаката? Какая деталь на плакате указывает на это?

Aufgaben zur Grammatik (*Texte* 13 - 15)

1. *Ersetzen Sie die Verbalkonstruktionen durch substantivische Konstruktionen.*

a) использовался метод принуждения
b) превратился в форму давления
c) возобновить выселение раскулаченных
d) направить в малонаселённые районы
e) отрицать наличие голода в стране
f) пополнить ряды рабочего класса
g) снизить план хлебозаготовок
h) наступило "затишье"
i) спасти детей от смерти
j) сознательно нанести удар
k) разложить трудящихся
l) истощить силы
m) осудили 56 тысяч человек
n) сочинить сказку о голоде

2. *Bilden Sie von den folgenden Substantiven Adjektive mit dem Suffix - н- und setzen Sie sie in die richtige Form. Beachten Sie den Konsonantenwechsel im Stammauslaut:* г - ж, к - ч, х - ш, ц - ч.
   Muster: рука / багаж → ручной багаж

a) мука / пыль
b) страх / жизнь
c) срок / работа
d) рынок / хозяйство
e) отрывок / сведения
f) каторга / работа
g) век / истина
h) успех / действия
i) публика / лекция

3. *Bilden Sie von den folgenden Substantiven Adjektive mit dem Präfix без- und dem Suffix -н- und setzen Sie sie in die richtige Form.*

a) помощь / дети
b) звук / шаги
c) порок / жизнь
d) система / занятия
e) земля / крестьянин
f) сила / правительство
g) билет / пассажир
h) конец / дискуссия
i) пощада / режим
j) процент / кредит
k) партия / депутат
l) лес / территория

4. *Welches russische Wort entspricht dem Fremdwort?*

a) интерпретировать
b) конфисковывать
c) легализовывать
d) аннулировать
e) биография
f) констатировать
g) стимулировать
i) авторитарный
j) трансформировать
k) позитивный
l) абсурдный
m) фатальный
n) контролировать
o) депортировать
p) негативный

1 толковать, 2 выселять, 3 властный, 4 жизнеописание, 5 проверять, 6 узаконивать, 7 поощрять, 8 положительный, 9 роковой, 10 изымать, 11 преобразовывать, 12 отрицательный, 13 бессмысленный, 14 устанавливать, 15 отменять

5. *Wie heißt die Person? Bilden Sie von den folgenden Infinitiven Substantive mit dem Suffix -тель und übersetzen Sie sie ins Deutsche.*

Muster: править страной → правитель страны → Herrscher des Landes

a) заместить председателя
b) завершить дело отца
c) исполнить приказ
d) грабить крестьян
e) предать идеалы юности
f) основать новую школу
g) усмирить страну
h) истребить инакомыслящих
i) обвинить администрацию
j) поработить крестьянство

6. *Ersetzen Sie die Relativsätze durch Partizipialkonstruktionen.*

1. Хлеб зерном подлежит сдаче государству по ценам, которые оно само устанавливает. 2. Особенно широко использовался метод налогообложения, который превращался в специфическую форму давления на "инакомыслящего" единоличника. 3. На почве недоедания среди спецпереселенцев и особенно их детей свирепствуют цинга и брюшной тиф, которые имеют форму эпидемий с массовой смертностью. 4. В августе 1932 г. вышло постановление правительства, которое разрешало расправляться с кулаками на месте. 5. Как только колос начал созревать, на поля ринулись так называемые "парикмахеры" - прежде всего матери, которые рано утром стригли незрелые колосья, чтобы сварить из них кашу и накормить детей.

7. *Ersetzen Sie die folgenden Aktivsätze durch Passivsätze. Beachten Sie den Aspekt der Verben in den angegebenen Sätzen.*

1. Дошло до того, что собирают по чашке муку, по фунтам зерно, фасоль. 2. Беглецов либо пристреливали по дороге, либо возвращали в лагеря. 3. В начале 30-х годов голод охватил не только Украину, но и огромную территорию бывшего Союза. 4. В июне 1932 года Сталин в письме в Политбюро обосновывает репрессивные меры по отношению к крестьянству. 5. Сталинский указ предусматривал за хищение социалистической собственности смертную казнь. 6. Историки называют различные цифры жертв голода 1932-1933 годов. 7. Вы будете сказки писать, а дураки их читать. 8. Сталин и Молотов посылают директиву всем партийным органам.

8. *Setzen Sie die Verben ein, die zu den kursivgedruckten Substantiven passen.*

1. Манифест 19 февраля _____ *конец* крепостному праву в России. 2. Аграрная политика Советского государства _____ в *противоречие* с интересами крестьянства. 3. Сталин _____ *приказ* о проведении сплошной коллективизации. 4. В двадцатые годы американские

общественные организации _____ большую *помощь* голодающим России. 5. Спецпереселенцам было запрещено _____ *жалобы* на беззакония местных властей. 6. При помощи химического оружия войска быстро _____ *победу* над восставшими крестьянами.

а) одерживать/одержать в) подавать/подать д) класть/положить
б) оказывать/оказать   г) отдавать/отдать е) вступать/вступить

9. *Setzen Sie die jeweils passende Konjunktion ein:* либо - либо, поэтому, потому что, а, но, и.

1. Имени автора на обложке книги не было, _____ его довольно быстро нашли. 2. В 1581 году царь Иван Грозный ограничил право перехода к другому землевладельцу в Юрьев день, _____ Борис Годунов в 1597 году совсем отменил Юрьев день. 3. Мне кажется, что для твёрдости бытия государственного безопаснее поработить людей, _____ они ещё не готовы к свободе. 4. Без розог нельзя уверить человека, что он шесть дней в неделю должен работать на барина, _____ необходимо сечь мужика, и очень больно. 5. В 1906 году крестьянам разрешили выходить из общины с землёй, _____ тысячи крестьян сразу же покинули общину. 6. Сталин знал о происходившем в деревне, _____ на его имя из деревни поступило 90 тысяч писем с жалобами и протестами. 7. Альтернативой вступлению в колхоз для семьи крестьянина-единоличника были _____ полное разорение, _____ раскулачивание.

16. ПЛЮС КОЛЛЕКТИВИЗАЦИЯ

Лион Измайлов, российский писатель, мастер короткого юмористического рассказа. Его произведения в течение более двадцати лет регулярно печатались на страницах многих газет и журналов. Название рассказа имеет глубокий смысл. В СССР не было, пожалуй, человека, который бы не знал сказанной Лениным в начале 20-х годов фразы: "Коммунизм есть Советская власть плюс электрификация всей страны". В шестидесятые годы Хрущёв, пытавшийся восстановить сельское хозяйство, разрушенное коллективизацией, продолжил фразу "... плюс химизация сельского хозяйства". В конце 80-х - начале 90-х годов советские люди впервые узнали правду о коллективизации. На протяжении полувека эта тема была в стране табу. Сатирическим рассказом "Плюс коллективизация" Лион Измайлов внёс свою лепту в активный процесс переосмысления прошлого.

Однажды грузин Сталин поручил еврею Кагановичу проводить коллективизацию в русском селе. Каганович пригорюнился и пошёл советоваться с братом. Брат Кагановича сказал:

- Лазарь, зачем тебе это нужно? Ты в сельском хозяйстве ничего не понимаешь, тем более ты еврей, а должен заниматься этим в русском селе.

Тут Лазарь вспылил и начал кричать на брата.

- Лазарь, - сказал брат, - ты же был хорошим сапожником, а должен теперь заниматься не своим делом. Представь себе, если бы Ленин шил сапоги, ну разве он смог бы сшить такие сапоги?

И брат показал Лазарю свою ногу, одетую в изящный сапог.

Лазарь собственноручно снял с ноги брата сапог, долго его щупал, нюхал и даже пробовал на зуб.

- Хороший сапог, - сказал он наконец, - кто его сделал?

- Ты, - закричал брат, - ты его сделал ещё до революции, и я этот сапог с гордостью ношу до сих пор.

Лазарь Моисеевич действительно был приличным сапожником. И любил это дело настолько, что, даже будучи наркомом, всегда сам себе чинил обувь. Он не собирался никогда становиться революционером. Но вот революция позвала его, и он бросил всё: семью, местечко и даже блестящую карьеру сапожника и пошёл вперёд к победе коммунизма.

Занимался в первые годы после революции обычной большевистской работой: интриговал, вёл за собой массы, расстреливал. И справлялся с этим довольно неплохо. У него даже какой-то талант появился организационный. Мало кто мог так умело дать отпор или, допустим, организовать аресты и расстрелы. Ну, может быть, Дзержинский и ещё пара-тройка большевиков. Но они были плохими революционерами, не поняли вовремя, за кем надо идти, а Лазарь понял, он шёл за всеми сразу, пока наконец не выбрал настоящий революционный путь, проложенный верным ленинцем. И вот теперь Сталин вызвал его к себе и сказал:

- Лазарь, ты знаешь, я не антисемит, у меня даже есть один друг - еврей.
- Ну, конечно, Иосиф Виссарионович.
- Но, - продолжал Сталин, ты, конечно, не можешь не знать, что при этом я евреев не люблю.
- А за что их любить, товарищ Сталин! - закричал Каганович. - Я сам их терпеть не могу.
- Постой, - сказал Сталин, - да ты ведь, кажется, и сам еврей.
- Нет, товарищ Сталин, это не так.
- Постой, - говорит Сталин. - Отец у тебя кто?
- Еврей.
- Мать кто?
- Еврейка.
- А ты кто?
- А я коммунист! - гордо сказал Каганович.
- Ай, молодец, - сказал Сталин, - настоящий интернационалист. Но ты, - продолжал Сталин, - можно сказать, безродный космополит.

Каганович университетов не кончал и не знал, что это такое, безродный космополит. Поэтому ответил:
- Я, товарищ Сталин, коммунист, преданный делу Сталина.
- Ох, хитрец, - сказал Сталин, улыбаясь, - и вот потому, что ты такой хитрый, я тебя, Лазарь, пошлю проводить на селе коллективизацию.
- Товарищ Сталин, - испугался Каганович, - за что такая великая честь?! Есть ведь более достойные люди. Калинин, он из народа, в конце концов Будённый[1], он и с лошадьми хорошо знаком.
- Нет, Лазарь, ты пойдёшь проводить коллективизацию, и я тебе объясню почему. А потому, Лазарь, что ты хоть и коммунист, а всё же еврей. Если коллективизация не удастся, то мы так прямо и скажем народу, что проводил её еврей Каганович, который не любит русский народ за то, что он русский. И тогда народ сам решит, что с тобой делать. А если коллективизация всё-таки получится, тогда все будут благодарить нас за то, что я дал крестьянам настоящее коллективное счастье, и я тебя тогда не забуду.
- Гениально, товарищ Сталин.
- А вообще-то скажу тебе честно, я крестьян не люблю, поэтому и хочу сделать их колхозниками. Не люблю я их. - Сталин закурил трубку. - Поэтому и посылаю именно тебя, дорогой, на это нужное и ответственное дело. Думаю, ты не подведёшь. А потом надо смотреть далеко вперёд. Через много-много лет, когда нас с тобой не будет...

Сталин сделал паузу, во время которой Каганович подумал: "Тебя не будет, а я собираюсь жить долго". Но тут же запретил себе эти мысли, поскольку предполагал, что этот усатый дьявол мог и мысли читать.
- Так вот, - сказал Сталин, - через много-много лет, когда нас с тобой не будет и в нашей стране начнётся чёрт-те что, вспомнят, что коллективизацию проводил еврей, и она вам, жидам, тогда откликнется. - Сталин ухмыльнулся, что у него означало высшую степень самодовольства.

Ну, а дальше всё известно. Каганович пошёл и стал проводить коллективизацию. Он, конечно, в этом сельском хозяйстве понимал мало. Но зато он хорошо разбирался в страхе, ужасе, жадности - в общем, в человеческой психологии.

Поэтому он вызвал секретарей обкомов и райкомов и сказал:

- Сталин поручил мне провести коллективизацию, и я её проведу, а кто в колхоз не пойдёт, того будем рассматривать как личного врага товарища Сталина.

И пошло, и поехало. Никто не хотел быть личным врагом вождя мирового пролетариата.

И вот сегодня, когда уже нет в живых Сталина, а совсем недавно и Каганович отправился к своему усатому дьяволу, никто не говорит, что Сталин проводил коллективизацию или что партия объединила всех в колхозы. Нет, находятся люди и немало их, которые говорят: "Во всём виноват Каганович. Он боролся один на один с русским народом".

И я думаю: какой же всё-таки дьявольской изобретательностью обладал Сталин! Ведь колхозы есть и по сей день. И на сколько лет вперёд отравил он сознание миллионов людей. И в этом его главная заслуга перед дьяволом. За что ему гореть в адском пламени теперь уже вместе с Лазарем Моисеевичем, который, по его убеждениям, никогда не был евреем, а всегда был честным и бескомпромиссным коммунистом-интернационалистом.

По журналу *Юность* № 1, 1992 г.

[1]Семён Михайлович Будённый (1883-1973), маршал СССР, в гражданскую войну командовал Конной армией.

12 **вносить/внести свою лепту во** *что* seinen Beitrag leisten zu - 12 **переосмысление прошлого** Auseinandersetzung mit der Vergangenheit - 13 **грузин** Georgier - 13 **еврей** Jude - 14 **пригорюниться** *pf poet.* den Kopf hängen lassen - 17 **тем более** um so mehr - 18 **вспылить** *pf* aufbrausen - 20 **шить/сшить** (шью, шьёшь) nähen - 20 **сапог**, сапоги *Pl* Stiefel - 23 **щупать/пощупать** betasten - 23 **нюхать/понюхать** beriechen - 24 **пробовать/попробовать на зуб** mit den Zähnen probieren - 27 **гордость** Stolz - 28 **приличный** gut - 29 **чинить/починить** reparieren - 30 **обувь** Schuhwerk - 31 **местечко** Schtetl - 31 **блестящий** glänzend - 34 **справляться/справиться с** *чем* (справлюсь, справишься) bewältigen - 36 **давать/дать отпор** *кому* eine Abfuhr erteilen - 36 **допускать/допустить** (допущу, допустишь) annehmen - 38 **вовремя** rechtzeitig - 40 **прокладывать/проложить** путь einen Weg bahnen - 40 **ленинец** Leninist - 57 **безродный** heimatlos - 60 **преданный** treu - 61 **хитрец** Schlaukopf - 63 **честь** *f* Ehre - 64 **достойный** würdig - 77 **подводить/подвести** *кого* im Stich lassen - 81 **усатый** schnurrbärtig - 83 **чёрт-те что** weiß der Teufel was - 84 **жид** *verächtlich* Jude - 84 **откликаться/откликнуться** zurückschlagen auf jdn - 84 **ухмыляться/ухмыльнуться** grinsen - 85 **самодовольство** Selbstgefälligkeit - 88 **разбираться/разобраться в** *чём* (разберусь, разберёшься) sich verstehen auf - 94 **вождь** Führer - 101 **изобретательность** *f* Erfindungsgabe - 102 **отравлять/отравить** (отравлю, отравишь) vergiften - 103 **заслуга** Verdienst - 104 **адский** höllisch

Вопросы и задания

1. Разделите рассказ на смысловые части и сформулируйте главную мысль каждой части.
2. Почему автор выбрал героем своего рассказа Кагановича? Какие факты его биографии сообщаются в рассказе и как автор их комментирует? Вспомните, в каких текстах и в связи с чем упоминалось его имя.
3. Прокомментируйте сцену разговора Сталина с Кагановичем: темы, поведение и реакцию собеседников.
4. Найдите строки, описывающие ход коллективизации. Какие реальные детали использовал автор в своём рассказе?
5. Охарактеризуйте образы Сталина и Кагановича, созданные автором.
6. Какую из современных оценок периода коллективизации приводит автор и как он комментирует её?
7. Найдите в тексте строки, в которых автор даёт оценку советскому периоду в истории России и оценку деятельности руководителей советского государства, и на их основе прокомментируйте позицию автора в процессе переосмысления истории СССР.

ПОЛИТИКА В ОБЛАСТИ РЕЛИГИИ (1917 - 1943)

1. РУССКАЯ ПРАВОСЛАВНАЯ ЦЕРКОВЬ

С 988 до 1589 года Русская православная церковь (РПЦ) имела митрополитанское устройство, с 1589 до 1720 года - патриаршее, с 1721 до 1917 года синодальное, а с 1917 года снова патриаршее.

При проведении кардинальных государственных реформ Пётр Великий натолкнулся на сильное сопротивление со стороны церкви. Так как патриарх являлся, по его мнению, главным препятствием на пути европеизации России, то Пётр I в 1721 году отменил патриаршество. Для управления церковью был образован Святейший Правительственный Синод. Его структура напоминала лютеранский Синод, с которым Пётр I познакомился во время своего пребывания в Германии.

Православие являлось государственной религией в России. Государственным законом запрещался переход в другую религию. При решении любых гражданских дел свидетельство о крещении было равнозначно свидетельству о рождении.

В июне 1917 года Временное правительство России провозгласило свободу совести. 5/18 ноября 1917 года[1] митрополит Тихон был избран патриархом Московским и всея России. Сразу же после прихода к власти большевиков новое правительство выпускает ряд декретов, которые регулируют взаимоотношения церкви и государства. Декрет от 4 декабря 1917 года лишил церковь всех землевладений, по декрету от 11 декабря все богословские учебные заведения были закрыты, их здания и библиотеки конфискованы, 18 декабря гражданская регистрация брака заменила церковный брак.

20 января 1918 года Ленин подписал "Декрет об отделении церкви от государства и школы от церкви", в котором подчёркивалось: "Никакие церковные и религиозные общества не имеют права владеть собственностью. Прав юридического лица они не имеют". В декрете далее говорилось: "Все имущества существующих в России церковных и религиозных обществ объявляются народным достоянием. Здания и предметы, предназначенные для богослужебных целей, отдаются, по особым постановлениям местной или центральной государственной власти, в бесплатное пользование соответственных религиозных обществ".

Народный комиссариат юстиции издал специальную инструкцию о проведении декрета в жизнь. В инструкции указывалось, что "необходимое число местных жителей, которые могут получить в пользование богослужебное имущество, определяет местный Совет". Священнослужители не могли претендовать на богослужебное имущество, так как они принадлежали к "эксплуататорскому классу". Духовенство лишили гражданских прав, им не давали продовольственных карточек. Дети духовных лиц не имели права поступать в высшие учебные заведения. Все монастыри и лавры были закрыты, а их имущество перешло в руки государства. Патриарх Тихон 19 января 1918 года предал анафеме Советскую власть.

[1] 14 февраля 1918 г. в России был введён григорианский календарь вместо действовавшего до тех пор юлианского. Различие между старым и новым стилями составляет в XX веке 13 дней.

Ру́сская правосла́вная це́рковь russisch-orthodoxe Kirche - 5 **ната́лкиваться/натолкну́ться** на *что* stoßen auf - 6 **препя́тствие** Hindernis - 7 **отменя́ть/отмени́ть** (отменю́, отме́нишь) abschaffen - 8 **образо́вывать/образова́ть** gründen, errichten - 8 **Святе́йший Прави́тельственный Сино́д** - Heiliger Synod - 13 **гражда́нское де́ло** Zivilverfahren - 13 **свиде́тельство о креще́нии** Taufurkunde - 13 **свиде́тельство о рожде́нии** Geburtsurkunde - 15 **Вре́менное прави́тельство** Provisorische Regierung - 15 **провозглаша́ть/провозгласи́ть** (провозглашу́, провозгласи́шь) proklamieren - 15 **свобо́да со́вести** Gewissensfreiheit - 16 **избира́ть/избра́ть** (изберу́, изберёшь) wählen - 18 **взаимоотноше́ние** gegenseitige Beziehung - 19 **лиша́ть/лиши́ть** wegnehmen, entziehen - 20 **богосло́вский** theologisch - 22 **брак** Ehe - 22 **заменя́ть/замени́ть** (заменю́, заме́нишь) ersetzen - 23 **отделе́ние** Trennung - 24 **подчёркивать/подчеркну́ть** betonen - 25 **владе́ть** *чем* ipf besitzen - 25 **со́бственность** f Eigentum - 26 **юриди́ческое лицо́** juristische Person - 27 **иму́щество** Vermögen - 28 **достоя́ние** Eigentum, Besitz - 29 **богослуже́бный** gottesdienstlich - 29 **постановле́ние** Verordnung, Beschluß - 35 **священнослужи́тель** *m* Geistlicher - 37 **духове́нство** Klerus - 39 **монасты́рь** *m* Kloster - 39 **ла́вра** Lawra *großes Kloster* - 41 **предава́ть/преда́ть ана́феме** (преда́м, преда́шь) mit dem Kirchenbann belegen

Übung zum Wortschatz

1. *Ersetzen Sie die kursivgedruckten Wörter durch Synonyme.*
   a) Z. 4 при *проведении* реформ
   b) Z. 5 *натолкнулся* на сопротивление
   c) Z. 8 был *образован* Синод
   d) Z. 18 выпускает *ряд* декретов
   e) Z. 20 *по* декрету от 11 декабря
   f) Z. 21 библиотеки *конфискованы*
   g) Z. 27 народным *достоянием*
2. *Suchen Sie im Text Substantive auf -ание(-ение) und bestimmen Sie die Verben, von denen sie abgeleitet sind.*

Вопросы и задания

1. Охарактеризуйте устройство Русской православной церкви, начиная с момента крещения Руси в 988 году и до наших дней?
2. Какой статус имела православная церковь в Российской империи?
3. Как изменились юридические права церкви и духовенства после революции?

2. КОНСТИТУЦИЯ РСФСР 1918 ГОДА[1]

Раздел второй, глава 5.

Статья 13. В целях обеспечения за трудящимися действительной свободы совести церковь отделяется от государства и школа от церкви, а свобода религиозной и антирелигиозной пропаганды признаётся за всеми гражданами.

Статья 23. Руководствуясь интересами рабочего класса в целом, Российская Социалистическая Федеративная Республика лишает отдельных лиц и отдельные группы[2] прав, которые используются ими в ущерб интересам социалистической революции.

Раздел четвёртый, глава 13.

Статья 65. Не избирают и не могут быть избранными...

г) монахи и духовные служители церквей и религиозных культов...

По книге *Конституция РСФСР*, Москва 1918 г.

[1] Подробно о советских конституциях смотри в главе "Путь к правовому государству".
[2] Народный комиссариат юстиции 14 апреля 1920 года дал разъяснение, что служители культа, как имеющие нетрудовой заработок и занимающиеся непроизводительным трудом, не могут пользоваться гражданскими правами.

2 ра́здел Abschnitt - **3 обеспече́ние** Gewährleistung - **5 признава́ть/призна́ть** anerkennen - **7 лиша́ть/лиши́ть пра́ва** das Recht aberkennen, entziehen - **8 уще́рб** Beeinträchtigung, Schaden - **12 мона́х** Mönch - **12 духо́вный служи́тель** Geistlicher - **непроизводи́тельный труд** unproduktive Arbeit

Вопросы и задания

1. Какие права гарантировала верующим Конституция 1918 года?
2. Найдите в тексте строки, в которых объясняется, почему некоторые группы населения лишаются гражданских прав.
3. Какими гражданскими правами не могли пользоваться священнослужители?
4. Расскажите об устройстве и изменениях в структуре Русской православной церкви до 1918 года. При рассказе используйте вместо точного времени выражения: в начале (в середине, в первой половине, во второй половине, в конце, с... до...) века.

Aufgaben zur Grammatik (Texte 1 - 2)

1. *Ersetzen Sie die Verbalkonstruktionen durch substantivische Konstruktionen.*

a) образовать Святейший Синод
b) провозгласить свободу совести
c) регулировать взаимоотношения
d) поступить в высшее учебное заведение
e) все виды имущества объявили народным достоянием
f) духовенство лишили всех гражданских прав
g) использовать права

2. *Ersetzen Sie die kursivgedruckten Wörter durch Antonyme.*

a) *сопротивление* со стороны церкви
b) *отменить* партриаршество
c) *запрещать* переход
d) *лишить* права

3. *Ersetzen Sie die Relativsätze durch Partizipialkonstruktionen.*

1. Новое правительство выпускает ряд декретов, которые регулируют взаимотношения церкви и государства. 2. В инструкции указывалось, что необходимое число местных жителей, которые могут получить в пользование богослужебное имущество, определяет местный Совет. 3. Священнослужители не могли претендовать на богослужебное имущество, которое стало достоянием республики.

4. *Ersetzen Sie die folgenden Aktivsätze durch Passivsätze. Beachten Sie den Aspekt der Verben in den angegebenen Sätzen.*

1. В июне 1917 года Временное правительство провозгласило свободу совести. 2. 20 января 1918 года Ленин подписал "Декрет об отделении церкви от государства и школы от церкви". 3. Народный комиссариат юстиции издал специальную инструкцию о проведении декрета в жизнь. 4. Российская Социалистическая Федеративная Республика лишает отдельных лиц и отдельные группы прав.

5. *Beantworten Sie schriftlich die folgenden Fragen.*

a) Сколько лет прошло с момента крещения Руси до избрания первого русского патриарха?
b) С какого и до какого века во главе РПЦ стоял патриарх?
c) Сколько времени делами РПЦ управлял Святейший Синод?

3. БЕСПОРЯДКИ В ГОРОДЕ ШУЕ

Шуйский[1] уездный исполком по предложению губернской комиссии по изъятию ценностей из церквей образовал уездную комиссию. На понедельник 13 марта было назначено изъятие ценностей из шуйского соборного храма. В 12 часов дня, после богослужения, в храм прибыла комиссия, которую толпа встретила враждебными криками. Желая избежать столкновения, комиссия решила отложить работу до среды и вышла из храма. В среду 15 марта к началу церковной службы к храму на соборной площади стали стекаться значительные толпы народа, много женщин и школьной молодёжи. Подъехавшую конную милицию толпа встретила угрозами, камнями. С колокольни начали бить набат. Набатный звон продолжался полтора часа и стянул на площадь огромные толпы народа.

Властями была вызвана полурота, а также 2 автомобиля с пулемётами. Войска были встречены градом камней. Четыре красноармейца были жестоко избиты. После первого залпа в воздух второй залп был дан по толпе. Этим залпом было убито 4 человека и 10 тяжело ранено, после чего толпа разбежалась. К вечеру был произведён целый ряд арестов. Комиссия по изъятию ценностей продолжала свою работу и забрала из собора 3 пуда[2] серебра.

По газете *Известия*, 28.03.1922 г.

[1]Шу́я, город в Ивановской области, приблизительно 300 км от Москвы.
[2]Пуд - мера веса. 1 пуд равен 16 кг.

беспоря́дки *Pl* Unruhen - 1 **уе́зд** *hist.* Kreis - 1 **исполко́м** (**исполни́тельный комите́т**) Exekutivkomitee - 2 **изъя́тие** Beschlagnahme - 2 (**церко́вные**) **це́нности** *Pl* Kirchenschätze - 3 **назнача́ть/назна́чить** festsetzen - 3 **собо́рный храм** Dom, Kathedrale - 5 **толпа́**, то́лпы *Pl* Menschenmenge - 5 **крик** Schrei - 5 **избега́ть/избежа́ть** vermeiden - 5 **столкнове́ние** Zusammenstoß - 6 **откла́дывать/отложи́ть** (отложу́, отло́жишь) verlegen - 8 **стека́ться/стечься** *1. и. 2. Pers. ungebr.* zusammenkommen - 9 **угро́за** Drohung - 10 **колоко́льня** Glockenturm - 10 **бить наба́т** Alarm schlagen - 11 **стя́гивать/стяну́ть** (стяну́, стя́нешь) zusammenziehen - 12 **ро́та** Kompanie - 12 **пулемёт** Maschinengewehr - 13 **град** Hagel - 14 **избива́ть/избить** (изобью́, изобьёшь) verprügeln - 14 **залп** Salve

Übung zum Wortschatz

1. *Ersetzen Sie die kursivgedruckten Wörter durch Synonyme.*
   a) Z. 2 комиссия по *изъятию*   c) Z. 5 избежать *столкновения*
   b) Z. 4 в храм *прибыла*   d) Z. 8 стали *стекаться*
2. *Suchen Sie im Text von Substantiven abgeleitete Adjektive und nennen Sie das jeweils zugrundeliegende Substantiv.*
3. *Ersetzen Sie die folgenden Verbalkonstruktionen durch substantivische Konstruktionen.*

a) Z. 2 образовать уездную комиссию
b) Z. 8 стеклись значительные толпы народа
c) Z. 13 жестоко избить красноармейцев

4. *Ersetzen Sie die kursivgedruckten Wörter durch Antonyme.*

a) Z. 4 в храм *прибыла* комиссия   c) Z. 9 *подъехавшую* к храму
b) Z. 6 комиссия *вышла* из храма   d) Z. 16 *разбежалась* с площади

Вопросы и задания

1. Сформулируйте кратко (одно предложение), о чём идёт речь в тексте.
2. Расскажите о действиях комиссии при изъятии ценностей.
3. Опишите реакцию городского населения на действия комиссии.
4. Найдите в тексте слова, которые автор статьи использует для описания действий толпы и действий комиссии. Какую оценку действиям обеих сторон даёт автор при помощи этих слов?

4. АТАКА НА РЕЛИГИЮ

Дми́трий Волкого́нов (род. в 1928 г.), окончил Военно-политическую академию, проходил военную службу, затем работал преподавателем философии в одной из военных академий. После этого был назначен начальником Института военной истории, откуда был уволен в 1989 году за "очернение советской истории". Волкогонов написал около тридцати книг по философии, истории и политике. Наибольшую известность ему принесла трилогия "Вожди", которая состоит из трёх книг: "Сталин" (1990), "Троцкий" (1992) и "Ленин" (1994).

Атака на религию была массированной и затяжной, но самым ужасным в ней была "охота" на священников. В стране царил в то время страшный голод. На основании декрета ВЦИК от 23 февраля 1922 года в городах страны началось насильственное изъятие церковных ценностей в фонд помощи голодающим. Ниже приводится отрывок из письма Ленина членам Политбюро.

"Строго секретно. Просьба копий не снимать.
Тов. Молотову для членов Политбюро.

По поводу происшествия в Шуе необходимо принять сейчас же твёрдое решение в связи с общим планом борьбы в данном направлении. Так как я сомневаюсь, что мне удастся лично присутствовать на заседании Политбюро 20 марта [1922 г.], то поэтому изложу свои соображения письменно... Именно теперь и только теперь, когда в голодных местах едят людей и на дорогах валяются сотни, если не тысячи трупов[1], мы можем (и поэтому должны) провести изъятие церковных ценностей с самой бешеной и беспощадной энергией и не останавливаться перед подавлением любого сопротивления...

Поэтому я прихожу к выводу, что мы должны именно теперь дать самое решительное и беспощадное сражение духовенству и подавить его сопротивление с такой жестокостью, чтобы они не забыли этого в течение нескольких десятилетий... Официально выступить с мероприятиями должен только товарищ Калинин², - никогда и ни в коем случае не должен выступать ни в печати, ни иным образом перед публикой тов. Троцкий... Изъятие ценностей, в особенности, самых богатых лавр, монастырей и церквей, должно быть проведено с беспощадной решительностью и в самый кратчайший срок. Чем большее число представителей реакционного духовенства и реакционной буржуазии удастся по этому поводу расстрелять, тем лучше".

На следующий день на заседании Политбюро, на котором присутствовали Л. Б. Каменев, И. В. Сталин, В. М. Молотов и Л. Д. Троцкий, последний предложил проект директивы об изъятии церковных ценностей, который был принят.

Комиссию по сбору изымаемых церковных ценностей возглавил Троцкий. Комиссия работала совершенно секретно. Формально изъятием руководил ЦК Помгола³.

Комиссия действовала в духе того времени. Ценности изымались, где только было можно: в церквях, музеях, у буржуазии. Эти ценности, многие из которых имели огромное значение для российской культуры, обращались в деньги для пополнения бюджета различных министерств. Документы говорят, что изъятые церковные ценности почти не были потрачены на непосредственную помощь миллионам голодающих, а использовались совсем на другие нужды - для создания фонда так называемой "роскоши" для обеспечения крупных партийных комитетов, а также фонда для экспорта.

Статистика показывает, что во время столкновений при изъятии церковных ценностей в 1922 году погибло или было расстреляно 2691 человек белого духовенства⁴, 1962 монаха и 3447 монахинь и послушниц.

По книге Д. Волкогонова *Троцкий*. Москва 1992 г.

¹По официальным данным, во время голода 1921-1922 годов в стране голодало 23,2 млн. чел. Общее число жертв голода историки оценивают в 5,4 млн. чел.
²Михаи́л Ива́нович Кали́нин (1875-1946), советский государственный деятель, в 1922 году председатель Центрального исполнительного комитета (ЦИК).
³Помгол - Комиссия помощи голодающим при ВЦИК (председатель М. И. Калинин) работала с 1921-1922 года.
⁴Священнослужители, которые приняли монашество, называются чёрным духовенством, а остальные - белым.

7 **вождь** *m* Führer - 9 **затяжно́й** dauerhaft - 10 **свяще́нник** Geistlicher - 10 **цари́ть** *ipf* herrschen - 10 **го́лод** Hungersnot - 12 **наси́льственный** gewaltsam - 16 **по́вод** Anlaß - 18 **сомнева́ться** *ipf* bezweifeln - 18 **прису́тствовать** *ipf* anwesend sein - 19 **излага́ть/изложи́ть** (изложу́, изло́жишь) darlegen - 19 **соображе́ние** Überlegungen - 21 **валя́ться** *ipf* herumliegen - 21 **труп** Leiche - 22 **бе́шеный** enorm - 22 **беспоща́дный** erbarmungslos - 23 **подавле́ние** Unterdrückung - 25 **сраже́ние** Kampf - 25 **подавля́ть/подави́ть** (подавлю́, пода́вишь) unterdrücken - 28 **ни в ко́ем слу́чае** auf keinen Fall - 29 **ни... ни** weder... noch - 29 **ины́м образом** auf

andere Weise - 32 **чем... тем** je mehr... desto - 33 **удава́ться/уда́ться** *1. u. 2. Pers. ungebr.* gelingen - 33 **расстре́ливать/расстреля́ть** erschießen - 36 **прое́кт** Entwurf 36 **изыма́ть/изъя́ть** (изыму́, изы́мешь) beschlagnahmen - 38 **возглавля́ть/возгла́вить** (возгла́влю, возгла́вишь) an der Spitze stehen - 43 **обраща́ть/обрати́ть в де́ньги** (обращу́, обрати́шь) zu Geld machen - 44 **пополне́ние** Auffüllen - 47 **ро́скошь** *f* Luxus - 47 **обеспече́ние** Versorgung - 51 **бе́лое духове́нство** weltliche Geistlichkeit - 51 **мона́хиня** Nonne - 51 **послу́шница** Novizin

Übung zum Wortschatz

1. *Ersetzen Sie die kursivgedruckten Wörter durch Synonyme.*
   a) Z. 9 была *затяжной*
   b) Z. 10 царил *страшный* голод
   c) Z. 16 по поводу *происшествия*
   d) Z. 19 свои *соображения*
   e) Z. 21 *валяются* сотни трупов
   f) Z. 45 *непосредственную* помощь
2. *Suchen Sie im Text Substantive auf -ание(-ение) und bestimmen Sie die Verben, von denen sie abgeleitet sind.*
3. *Bilden Sie von den folgenden Substantiven Adjektive mit dem Suffix - н- und setzen Sie sie in die richtige Form.*
   Muster: сбор / пункт → сборный пункт
   a) Z. 43 культура / наследие
   b) Z. 44 бюджет / комиссия
   c) Z. 47 миллион / житель
   d) Z. 47 роскошь / жизнь

Вопросы и задания

1. Разделите письмо Ленина на смысловые части и сформулируйте кратко содержание каждой части.
2. Найдите в письме строки, в которых Ленин конкретно говорит о целях и формах борьбы против церкви и священнослужителей.
3. Какова была реакция Политбюро на письмо Ленина?
4. Опишите работу комиссии по изъятию церковных ценностей.
5. Сравните и прокомментируйте официальные цели и результаты конфискации церковного имущества.
6. Прокомментируйте строки "... с общим планом борьбы в этом направлении". О какой борьбе идёт здесь, по-вашему, речь?
7. Почему, по вашему мнению, "... никогда и ни в коем случае не должен выступать ни в печати, ни иным образом перед публикой тов. Троцкий"?
8. Проанализируйте язык письма Ленина и подтвердите свой ответ примерами из текста:
   а) Какие слова и в каком контексте употребляются им несколько раз?
   б) Как часто и для описания чего им употребляются адъективы?
   в) Допускает ли его речь возможность другого, альтернативного решения? Что указывает на это?
9. Сколько священнослужителей стало жертвой "войны" против религии?

Aufgaben zur Grammatik (Texte 3 - 4)

1. *Ersetzen Sie die Verbalkonstruktionen durch substantivische Konstruktionen.*
   Muster: быстро решить задачу → быстрое решение задачи

   a) письменно изложить соображения
   b) жестоко подавить сопротивление духовенства
   c) официально выступить с мероприятиями
   d) немедленно обратить церковные ценности в деньги

2. *Ersetzen Sie die kursivgedruckten Wörter durch Antonyme.*

   a) *образовать* комиссию
   b) встретила *враждебными* криками
   c) *после* богослужения
   d) изложу мысли *письменно*
   e) на заседании *присутствовали*
   f) *формально* руководил

3. *Ersetzen Sie die Relativsätze durch Partizipialkonstruktionen.*

   1. Наибольшую известность ему принесла трилогия "Вожди", которая состоит из трёх книг. 2. После богослужения, в храм прибыла комиссия, которую толпа встретила враждебными криками. 3. Комиссию по сбору изымаемых церковных ценностей, которая действовала в духе того времени, возглавил Троцкий.

4. *Ersetzen Sie die folgenden Passivsätze durch Aktivsätze.*

   1. На понедельник было назначено изъятие ценностей из шуйского соборного храма. 2. Властями была вызвана полурота. 3. Четыре красноармейца были жестоко избиты. 4. После первого залпа в воздух второй залп был дан по толпе. 5. К вечеру был произведён целый ряд арестов. 6. Троцкий предложил проект, который был принят. 7. Ценности конфисковывались везде. 8. Эти ценности обращались в деньги для пополнения бюджета различных министерств. 9. Документы говорят, что изъятые церковные ценности почти не были потрачены на непосредственную помощь миллионам голодающих.

5. *Aus welchen Wörtern sind die folgenden Komposita oder Abkürzungen gebildet?*

   a) РПЦ; b) землевладение; c) богословский; d) богослужебный; e) ВЦИК; f) Политбюро; g) ЦК Помгол

5. СТУДЕНТ

Антóн Пáвлович Чéхов (1860-1904), русский писатель и врач. После окончания гимназии поступил на медицинский факультет Московского университета. Уже в студенческие годы начал писать короткие рассказы.

Рассказ "Студент" был опубликован в 1894 году. В нём Чехов показывает духовный мир будущего служителя церкви. Но этот рассказ интересен ещё и тем, что в нём даётся многое для понимания внутреннего мира и мировоззрения поколения священнослужителей, которое в начале двадцатых годов составляло большинство среди служителей церкви и которое подверглось жестоким репрессиям, преследованиям и уничтожению.

Иван Великопольский, студент духовной академии, возвращаясь домой, шёл всё время лугом по тропинке. Кругом было пустынно и как-то особенно мрачно. Только на вдовьих огородах около реки светился огонь. Пожимаясь от холода, студент думал о том, что точно такой же ветер дул и при Иоанне Грозном, и при Петре, и что при них была точно такая же лютая бедность, голод, такие же дырявые соломенные крыши, невежество, тоска, мрак, чувство гнёта - все эти ужасы были, есть и будут, и пройдёт ещё тысяча лет, жизнь не станет лучше.

Огороды назывались вдовьими потому, что их содержали две вдовы, мать и дочь. Костёр горел жарко. Вдова Василиса, высокая старуха, стояла возле и в раздумье глядела на огонь; её дочь Лукерья сидела на земле.

- Вот и зима пришла назад, - сказал студент, подходя к костру. - Здравствуйте!

Василиса вздрогнула, но тотчас же узнала его и улыбнулась приветливо. Поговорили.

- Точно так же в холодную ночь грелся у костра апостол Пётр, - сказал студент, протягивая к огню руки. Значит, и тогда было холодно. Ах, какая это была страшная ночь, бабушка!

Он посмотрел кругом.

- Если помнишь, во время Тайной Вечéри Пётр сказал Иисусу: "С тобою я готов и в темницу, и на смерть". А Господь ему на это: "Говорю тебе, Пётр, не пропоёт сегодня петух, как ты трижды отречёшься, что не знаешь меня". После Вечери Иисус смертельно тосковал в саду и молился, а бедный Пётр истомился душой, ослабел, и он никак не мог побороть сна. Спал. Потом, ты слышала, Иуда в ту же ночь поцеловал Иисуса и предал его мучителям. Его связанного вели к первосвященнику и били, а Пётр шёл вслед... Он страстно любил Иисуса, и теперь видел издали, как его били...

Лукерья устремила неподвижный взгляд на студента.

- Пришли к первосвященнику, - продолжал он, - Иисуса стали допрашивать, а работники развели среди двора огонь, потому что было холодно, и грелись. С ними около костра стоял Пётр и тоже грелся, как вот я теперь. Одна женщина увидела его и сказала: "И этот был с Иисусом". И все работники у огня подозрительно поглядели на него, и Пётр сказал: "Я не знаю его". Немного погодя опять кто-то узнал в нём одного из учеников Иисуса и сказал: "И ты из них". Но он опять отрёкся. И в третий раз кто-то обратился к нему: "Не тебя ли сегодня я видел с ним в саду?" Он третий раз отрёкся. И после этого раза тотчас же запел петух, и Пётр посмотрел издали на Иисуса и вспомнил слова, которые он сказал ему на Вечери... Вспомнил, пошёл со двора и горько-горько заплакал. В Евангелии сказано: "И исшед вон, плакася горько". Воображаю тихий, тёмный сад, и в тишине едва слышатся рыдания.

Студент вздохнул и задумался. Василиса вдруг всхлипнула, слёзы потекли у неё по щекам, а Лукерья, глядя неподвижно на студента, покраснела и выражение у неё стало тяжёлым, напряжённым, как у человека, который сдерживает сильную боль.

Студент пожелал вдовам спокойной ночи и пошёл дальше. Дул сильный ветер, в самом деле возвращалась зима, и не было похоже, что послезавтра Пасха.

Теперь студент думал о Василисе: если она заплакала, то, значит, всё, происходившее в ту страшную ночь с Петром, имеет к ней какое-то отношение...

Он оглянулся. Одинокий огонь спокойно мигал в темноте. Студент опять подумал, что если Василиса заплакала, а её дочь смутилась, то, очевидно, то, что происходило девятнадцать веков назад, имеет отношение к настоящему - к обеим женщинам, к этой деревне, к нему самому, ко всем людям. Если старуха заплакала, то не потому, что он умеет трогательно рассказывать, а потому, что Пётр ей близок, и потому, что она всем своим существом заинтересована в том, что происходило в душе Петра.

По книге *А. П. Чехов Рассказы*. Москва 1900 г.

9 **преследование** Verfolgung - 9 **уничтожение** Ausrottung - 10 **духовная академия** theologische Akademie - 11 **луг** Wiese - 11 **тропинка** Pfad - 11 **пустынно** öde - 12 **мрачно** finster - 12 **вдовий** Witwen- - 12 **пожиматься/пожаться от холода** sich krümmen vor Kälte - 13 **Иоанн (Иван) Грозный** Ivan der Schreckliche - 14 **лютая бедность** bittere Armut - 15 **дырявый** durchlöchert - 15 **соломенная крыша** Strohdach - 15 **невежество** Unwissenheit - 15 **тоска** Trübsal - 16 **гнёт** Unterdrückung - 18 **содержать** ipf bewirtschaften - 19 **костёр** Lagerfeuer - 20 **в раздумье** nachdenklich - 23 **вздрагивать/вздрогнуть** zusammenzucken - 25 **греться/погреться** sich wärmen - 29 **Тайная Вечеря** Abendmahl - 29 **Иисус** Jesus - 30 **темница** Kerker - 30 **Господь** *m* der Herr - 31 **петух** Hahn - 31 **отрекаться/отречься от** *чего* (отрекусь, отречёшься) verleugnen - 32 **тосковать** *ipf* betrübt sein - 32 **молиться/помолиться** beten - 33 **истомился душой** *pf* quälte sich in seiner Seele - 34 **Иуда** Judas - 34 **предавать/предать** überantworten - 34 **мучитель** *m* Peiniger - 35 **связанный** gebunden - 35 **первосвященник** Hohenpriester - 35 **идти вслед** hinterdrein gehen - 36 **страстно** leidenschaftlich - 37 **устремлять/устремить взгляд на** *что* (устремлю, устремишь) den Blick richten auf - 38 **допрашивать/допросить** verhören - 42 **подозрительно** mißtrauisch - 44 **обращаться/обратиться к** *кому* (обращусь, обратишься) sich wenden an - 49 **воображать/вообразить**

(воображу́, вообрази́шь) sich vorstellen - 50 **рыда́ние** Schluchzen - 51 **всхли́пывать/всхли́пнуть** aufschluchzen - 53 **напряжённый** angespannt - 57 **Па́сха** Ostern 61 **огля́дываться/огляну́ться** sich umschauen - 62 **смуща́ться/смути́ться** (смущу́сь, смути́шься) verlegen sein - 65 **тро́гательно** rührend

Вопросы и задания

1. Разделите рассказ на смысловые части и сформулируйте кратко содержание каждой части.
2. Обобщите описания природы в момент действия и описания самого места действия.
3. Охарактеризуйте действующих лиц рассказа.
4. Какие внешние причины побудили Ивана Великопольского к рассказу именно этого отрывка из Евангелия?
5. Перескажите этот отрывок.
6. Какова была реакция женщин на его рассказ?
7. Опишите действия, чувства и мысли студента на протяжении всего рассказа.

6. БОРЬБА ПРОТИВ РЕЛИГИИ - БОРЬБА ЗА СОЦИАЛИЗМ

Активная борьба против религии и антирелигиозная пропаганда, хорошо организованные и щедро финансируемые государством, начались сразу же после Октябрьской революции. Особенно активно они велись в двадцатые и тридцатые годы. В эти же годы был создан и Союз воинствующих без-
5 *божников, который взял руководство и организацию этой борьбы в свои руки. Ниже приводятся выдержки из брошюры, написанной к десятилетнему юбилею этой организации. Текст не адаптирован, орфография первого издания сохранена.*

   Отношение коммунистической партии к религии в послеоктябрьский пе-
10 риод чётко выражено в беседе т. Сталина с первой американской рабочей делегацией, посетившей СССР в 1927 году. В ответ на вопрос делегации: "Могла бы компартия в будущем быть нейтральной по отношению к религии?", - товарищ Сталин ответил: "Партия не может быть нейтральной в отношении религии, и она ведёт антирелигиозную пропаганду против всех и
15 всяких религиозных предрассудков, потому что она стоит за науку, а религиозные предрассудки идут против науки, ибо всякая религия есть нечто противоположное науке. Партия будет вести пропаганду против этих предрассудков, потому что это есть одно из верных средств подорвать влияние реакционного духовенства, поддерживающего эксплуататорские классы и про-
20 поведующего повиновение этим классам".

Вскоре после Великой Пролетарской революции происходит вскрытие мощей святых в церквях и монастырях в разных местах Советского Союза. Систематической, плановой борьбы с религией в годы гражданской войны не велось. Во время голода в 1921 году советская власть производит изъятие церковных ценностей. И вскрытие мощей, и изъятие церковных ценностей сопровождались широчайшим развёртыванием антирелигиозной пропаганды. Исключительно важную роль в это время сыграла печать. Безбожная печать в то время была представлена двумя антирелигиозными изданиями - журналом "Революция и церковь" и газетой "Религия и наука".

Всюду небывалый успех! Подписывайтесь на журнал "Безбожник"
Обложка журнала "Безбожник", 1923 г.

После окончания гражданской войны и перехода страны к мирному строительству меняется и характер антирелигиозной работы. Повышается роль антирелигиозной учёбы. СССР покрывается сетью антирелигиозных кружков и ячеек. В Москве издаются антирелигиозная газета "Безбожник" (с 1922 г.) и журнал "Безбожник у станка" (с 1923 г.).

Союз воинствующих безбожников (СВБ) был организован в 1925 году. Число членов Союза увеличилось с 1925-1929 г. в 6-7 раз. Если в 1926 г. членов СВБ насчитывалось около 80000, то в 1929 г. - около 500000. Соответственно выросло и число ячеек с 2500 в 1926 г. до 10000 в 1929 г. Интересно отметить, что 50% всего состава СВБ были рабочие, 46% было беспартийных и 20% женщин.

Вопрос об антирелигиозной пропаганде среди детей имеет свою историю в СВБ. Необходимо подчеркнуть, что не кто иной, как именно Союз безбожников, явился инициатором пересмотра принципа безрелигиозного образования и замены его антирелигиозным. С 1930 г. начинает выходить ежемесячный детский журнал "Юный безбожник". Выпускается целый ряд методических и художественных сборников для антирелигиозной работы среди детей.

В 1928 г. Центральный совет СВБ ставит перед комсомолом вопрос об антирелигиозной работе среди молодёжи и о создании при ЦС СВБ специальной секции по работе среди детей и молодёжи. В конце 1928 г. возникла новая форма работы - воскресные антирелигиозные университеты.

ЦС СВБ систематически и настойчиво мобилизовывал внимание писателей, поэтов, художников, артистов, деятелей кино и театра вокруг задач борьбы против религии. В результате сотрудничества СВБ с работниками искусств было создано и поставлено на сцене несколько удачных антирелигиозных пьес, например: "Миллион Антониев" Градова и Орлова, "Владимир-Красное Солнышко" Арго и Адуева и ряд других. Следует упомянуть имена Серафимовича, Демьяна Бедного и других писателей, давших целый ряд ценных антирелигиозных произведений. В области кино был создан также ряд прекрасных антирелигиозных кинофильмов: "Чудо", "Праздник святого Иоргена", "Крест и маузер", "Потомок Чингиз-Хана", "Иуда", "Когда мёртвые воскресают", "Опиум" и др. Советское искусство во всех своих видах и формах сослужило большую службу делу борьбы против религии.

Карикатура 1923 г. "Рабочие и крестьяне борются с богами при помощи антирелигиозных журналов".

Из года в год растут на местах антирелигиозные музеи. Первый музей открылся в 1923 г. в Ленинграде. В 1927 г. насчитывается уже 11 антирелигиозных музеев, в 1928 г. создаётся ещё три.

Осенью 1926 г. началась работа по созданию Центрального антирелигиозного музея в Москве. В июле 1928 г. Моссовет передал музею здание Страстного монастыря. Второй съезд СВБ в 1929 г. выдвигает своим девизом положение - "Борьба против религии - борьба за социализм".

В 1932 г. в СССР издавалось 10 антирелигиозных газет и 23 антирелигиозных журнала, из которых 13 национальных. Выпуск антирелигиозной непериодической литературы в одном только 1930 г. составлял 37 млн. печатных листов и 418 названий.

По брошюре Ф. Олещука *10 лет Союза воинствующих безбожников СССР,* Москва 1936 г.

4 **Сою́з вои́нствующих безбо́жников** Liga der kämpferischen Atheisten - 10 **выража́ть/вы́разить** (вы́ражу, вы́разишь) ausdrücken - 10 **т.** (товарищ) Genosse - 15 **предрассу́док** Vorurteil - 16 **и́бо** denn - 18 **ве́рный** zuverlässig - 18 **подрыва́ть/подорва́ть влия́ние** den Einfluß brechen - 19 **подде́рживать/поддержа́ть** (поддержу́, подде́ржишь) unterstützen - 19 **пропове́довать** *ipf* predigen - 20 **повинове́ние** Gehorsam - 23 **вскры́тие** Öffnen - 23 **мо́щи** *Pl* Reliquien - 24 **свято́й** Heiliger 35 **сопровожда́ться** *чем ipf* begleitet werden - 36 **развёртывание** Entfalten - 40 **печа́ть** *f* Presse - 48 **сеть** *f* Netz - 48 **кружо́к**, кружка́, кружки́ *Pl* Zirkel - 49 **ячейка** Zelle - 50 **стано́к**, станка́, станки́ *Pl* Werk - 53 **соотве́тственно** entsprechend - 55 **отмеча́ть/отме́тить** (отме́чу, отме́тишь) bemerken - 59 **пересмо́тр** Revision - 60 **заме́на** *чем* Ersetzen durch - 72 **возника́ть/возни́кнуть** entstehen - 77 **насто́йчиво** beharrlich - 85 **упомина́ть/упомяну́ть** erwähnen - 88 **пото́мок**, пото́мка, пото́мки *Pl* Nachkommen - 89 **воскреса́ть/воскре́снуть** auferstehen - 96 **Моссове́т** (**Моск**овский **сове**т депутатов трудящихся) Moskauer Sowjet der Deputierten der Werktätigen - 100 **вы́пуск** Auflage - 101 **печа́тный лист** Druckbogen

Übung zum Wortschatz

1. *Ersetzen Sie die kursivgedruckten Wörter durch Synonyme.*
   a) Z. 1 *антирелигиозная* пропаганда
   b) Z. 18 *верных* средств
   c) Z. 18 *подорвать влияние*
   d) Z. 38 *исключительно* важную
   e) Z. 40 *безбожная печать*
   f) Z. 61 *выпускается* целый ряд
   g) Z. 72 *возникла* новая форма
   h) Z. 77 *настойчиво*
   i) Z. 81 *сотрудничества*
   j) Z. 83 несколько *удачных*

2. *Ersetzen Sie die kursivgedruckten Wörter durch Antonyme.*
   a) Z. 9 *послеоктябрьский* период
   b) Z. 18 *подорвать влияние*
   c) Z. 36 *развёртывание* пропаганды
   d) Z. 47 *повышается* роль
   e) Z. 52 число *увеличилось*
   f) Z. 72 *возникла* новая форма

3. *Formen Sie die Sätze a) - c) nach dem folgenden Muster um.*
   Muster:
   В 1923г. в СССР был один антирелигиозный музей, а в 1927 - 11.
   → 1. С 1923-1927 г. число антирелигиозных музеев увеличилось *на* 10.
   (Von 1923-1927 vergrößerte sich die Zahl der antireligiösen Museen um 10.)
   → 2. С 1923-1927 г. ... *до* 11 (... auf 11.).
   → 3. С 1923-1927 г. ... *в* 11 *раз* (... 11-fach).

   a) В 1921 г. выпускались один атеистический журнал и одна антирелигиозная газета, а в 1932 г. уже соответственно - 23 и 10.
   b) В 1926 г. насчитывалось 2500 ячеек СВБ, а в 1929 г. - 10000.
   c) В 1925 г. в организации СВБ насчитывалось 50000 членов Союза, а в 1928 г. - 450000.

Вопросы и задания

1. Разделите текст на смысловые части и сформулируйте кратко содержание каждой части.
2. Почему, по вашему мнению, "систематической, плановой борьбы с религией в годы гражданской войны не велось"?
3. Обобщите сведения и расскажите о создании, развитии и социальном составе СВБ.
4. Что сообщается в тексте о работе СВБ с детьми и молодёжью.
5. Охарактеризуйте участие деятелей культуры и искусства в антирелигиозной пропаганде.
6. Кто и как высказался в тексте о позиции партии и правительства по вопросу антирелигиозной пропаганды? Охарактеризуйте эту позицию и определите её соответствие положениям Конституции.
7. Сделайте сообщение о результатах десятилетней деятельности СВБ.

7. СУДЫ НАД БОГОМ

(1923 г.) В помещении "Яра"[1] комсомольцы торжественно отпраздновали успех "красной пасхи". После многочисленных речей тут же был инсценирован суд над Папой Римским. Подсудимому было предъявлено обвинение в контрреволюционности и противодействии коммунизму. Папа был признан
5 виновным и приговорён к смертной казни. Приговор был встречен громом аплодисментов.

Постановлено устраивать такие процессы во всех пролетарских клубах и рабочих собраниях.

30 января 1923 г. в клубе Московского гарнизона в присутствии Троцко-
10 го и Луначарского[2] состоялось собрание, на котором было инсценировано заседание политического трибунала для вынесения приговора над Богом. На заседании присутствовало до 5000 красноармейцев. Подобные заседания устраиваются агитотделом коммунистической пропаганды.

27 февр. 1923 г. в "Известиях" опубликована резолюции митинга в Баку с
15 требованием суда над Магометом.

[1] До революции один из самых популярных и дорогих ресторанов в Москве.
[2] Анато́лий Васи́льевич Лунача́рский (1875-1933), народный комиссар просвещения с 1917-1929 год.

По книге А. Валентинова *Чёрная книга*, Париж 1925 г.

3 **Па́па Ри́мский** Papst - 3 **подсуди́мый** Angeklagter - 3 **предъявля́ть/предъяви́ть обвине́ние в чём** (предъявлю́, предъя́вишь) Anklage erheben wegen - 4 при-

знава́ть/призна́ть вино́вным für schuldig erklären - 5 пригова́ривать/приговори́ть к сме́ртной ка́зни zur Todesstrafe verurteilen - 7 постана́вливать/постанови́ть (постановлю́, постано́вишь) beschließen

Вопросы и задания

1. Обобщите информацию всех трёх текстов и скажите, какой вид антирелигиозной пропаганды описывается в них.
2. Опишите и прокомментируйте цели этой формы антирелигиозной борьбы, её участников, руководителей и "подсудимых", а также реакцию присутствующих.
3. Выскажите ваше мнение о допустимости такой формы антирелигиозной пропаганды.

8. "ИЗ ЛЕНИНА СДЕЛАЛИ БОГА"

В середине 20-х годов цензоры Политконтроля внимательно читали письма, которые граждане СССР писали друг другу. Сейчас, когда открываются секретные архивы, мы можем узнать, что на самом деле волновало Россию через несколько лет после революции. Письмо, отрывок из
5 *которого публикуется, написано в 1925 году в Ленинграде.*

Уничтожают религию, а из Ленина сделали Бога. Уголки Ленина, как иконостасы, портретам чуть не молятся. Людям нужен идол, прожжужали все уши детям, как будто бы нельзя ценить человека без этого фетишизма.

По газете *Московские новости*, 31.07.1994 г.

6 уничтожа́ть/уничто́жить vernichten - 6 уголо́к Ле́нина Lenin-Kultraum, -ecke
7 прожжужа́ть все у́ши *кому* pf die Ohren volldröhnen

Вопросы и задания

1. Какие явления в жизни советского общества сопоставляет автор письма и какую оценку он им даёт?
2. Прокомментируйте слова "прожжужали все уши детям". О чём идёт здесь речь? При ответе используйте материалы других текстов.
3. Какова история этого письма и почему оно, по вашему мнению, не дошло до адресата?

Aufgaben zur Grammatik (Texte 6 - 8)

1. *Ersetzen Sie die Verbalkonstruktionen durch substantivische Konstruktionen.*

a) праздновать Пасху
b) предъявить обвинение
c) уничтожить религию
d) признать виновным

2. *Wie heißt die Person?*
A. *Bilden Sie von den folgenden Substantiven Substantive mit dem Suffix -ник- und übersetzen Sie sie ins Deutsche.*
   Muster: школа → школьник → Schüler

a) церковь
b) проповедь
c) мятеж
d) двор
e) зависть
f) исповедь
g) долг
h) книга
i) охота
k) карман
l) баба
m) сапог
n) глаз
o) весть
p) путь
q) кожа

B. *Bilden Sie von den folgenden Substantiven Substantive mit dem Präfix без-/бес- und Suffix -ник- und übersetzen Sie sie ins Deutsche.*
   Muster: бог → безбожник → Gottloser

a) билет b) дом c) закон d) стыд

3. *Bilden Sie von den folgenden Substantiven Adjektive mit dem Suffix -н- und setzen Sie sie in die richtige Form.*
   Muster: место / условия → местные условия

a) экспорт / фонд
b) колокол / звон
c) смерть / казнь
d) свобода / церковь
e) закон / требование
f) партия / заседание

4. *Ersetzen Sie die Relativsätze durch Partizipialkonstruktionen.*

1. СССР покрывается сетью антирелигиозных кружков и ячеек, которые активно ведут антирелигиозную пропаганду. 2. Советское искусство во всех своих видах и формах сослужило большую службу делу борьбы против религии, которая является опиумом для народа.

5. *Ersetzen Sie die folgenden Aktivsätze durch Passivsätze.*

1. Партия будет вести пропаганду против этих предрассудков. 2. В 1928 г. ЦС СВБ ставит перед комсомолом вопрос об антирелигиозной работе среди молодёжи. 3. В июле 1928 г. Моссовет передал музею здание монастыря.

9. МУЖИКИ И БАБЫ

Борис Андреевич Можаев (1923), российский писатель, публицист. Роман "Мужики и бабы" был написан в 1980 году, автор назвал его романом-хроникой. Можаев подробно рассказывает о коллективизации деревни в 1929-1932 годах, о её влиянии на судьбы крестьянства и о её трагических последствиях. Автор рассказывает и о том, как проводилась антирелигиозная пропаганда в сельской местности.

Накануне Октябрьских праздников Успенский пешком отправился домой. В двух верстах[1] от села Тиханова ему встретился длинный обоз - десятка полтора телег, груженных мешками с зерном.

- Дмитрий Иванович! - окликнули его.

Успенский остановился, Бородин подошёл к нему. Поздоровались.

- Слыхали, что у нас творится? - спросил Бородин и, не дожидаясь ответа, стал рассказывать. - Церковь у нас закрывают. Колокола снимать будут. В церкви будет зернохранилище. Попа ещё вчера арестовали.

В Тиханово Успенский вошёл со стороны кладбища. У церкви стояла огромная толпа. Он подошёл к мужикам, в молчаливом приветствии чуть приподнял шапку с головы, ему ответили тем же полупоклоном с десяток мужиков.

- Что здесь происходит? - спросил он.

- Черти бога осаждают, - ответил один. - А мы поглядим, кто кого одолеет.

- Сейчас ты ничего не увидишь, - ответил Прокоп. - Лет через пятьдесят или сто видно будет, как сложится жизнь - по-божески или по законам антихриста.

- А ты что, хочешь два века прожить?

- Мне и свой прожить толком не дают. Не о себе говорю - о народе.

- Народ осатанел совсем. Колокола снимают.

- Ты, слепой дурень, замолчи! - обругали его. - Разве народ колокола снимает?

Между тем с самого верхнего купола большой колокольни слетела стая птиц и с громким тревожным криком закружилась над крестами. Толпа заволновалась, загудела.

На колокольне появились люди. Их было четверо, в руках они держали верёвки.

- Что за люди? - спросил Успенский.

- Из наших один, да двоих привезли из тюрьмы. Добровольцы.

Успенский прошёл сквозь толпу. У дверей церкви стоял Зенин, секретарь сельской партячейки. За Зениным в синих шинелях четверо милиционеров. Зенин отвечал с улыбкой на вопросы:

- Ваша церковь переименована в дурдом. А поскольку дураки в Тиханово перевелись, поэтому и дурдом закрывается.

Кто-то поднял кулак и крикнул:
- На, посмотри!
- Сколько не злобствуйте, а колокола сбросим! - прокричал Зенин.
45 - Самого бы тебя с колокольни сбросить вместо колокола!
- Доберёмся до тебя, антихриста! - грозила кулаком худая старуха.
- Напрасно вы, граждане, портите себе настроение. Вам же русским языком ещё вчера было сказано: кто не согласен с постановлением о закрытии церкви, идите в храм и ставьте свои имена и подписи. И что же? Поставил
50 кто-либо свою подпись? Никто! Но, как известно: молчание - знак согласия. Что же вы шумите? Кто не согласен, прошу в церковь! Только по одному. У нас порядок, - говорил Зенин.

Идти в церковь, писать в книгу свои имена никто не спешил, каждый глядел с опаской и недоверием на оратора и как бы говорил всем своим насторо-
55 женным видом: "А дураков и в самом деле перевели".

На колокольне вспыхнуло яркое пламя, потом пошёл густой чёрный дым. Запахло керосином. Птицы ещё громче закричали над колокольней. Толпа тронулась и загудела.

Отходили всё дальше от церкви, надеялись на чудо: вот погаснет пламя, и
60 упадут на землю поджигатели... Крестились, шептали молитвы...

Весть о близком падении колоколов мгновенно разнеслась по селу - всякий житель бросал свою работу и шёл, как потерянный, к церкви. А хозяйки, которые не могли оставить своих домов да малых детей, выбегали на улицу и напряжённо, с мольбой глядели на горящую колокольню. Многие
65 крестились и плакали.

Но огонь не знает жалости. Колокола рухнули на землю. Жалобный стон прогудел над селом и растворился в воздухе.

Вся в слезах вернулась с улицы Надежда. Из горницы вышла Мария.
- Что случилось, Надя?
70 - Церковь опоганили, вот что. Колокола сбросили, колокольню сожгли. Ах вы, антихристы!
- А я тут при чём?
- Безбожники, насильники. Кому она мешала, церковь? За что вы её? Вы её строили?
75 - Во-первых, я в этом не участвовала. А во-вторых, чего ты убиваешься? Ты же ходила в церковь раз в году.
- Да какое твоё дело, сколько раз я ходила в церковь? Бог - он в душе у каждого. А церковь - это наша общая дань богу. Мы её собирали по копейке, из поколения в поколение, берегли как зеницу ока. А вы её поганить?!
80 Да кто вы такие? Выродки!

По роману Бориса Можаева *Мужики и бабы.* Москва 1987 г.

---

[1]Верста - русская мера длины, равна 1,06 км, в настоящее время более не употребляется.

3 подро́бно ausführlich - 8 обо́з Wagenzug - 9 теле́га Wagen - 9 грузи́ть *ipf* (гружу́, гру́зишь) beladen - 9 зерно́ Getreide - 10 оклика́ть/окли́кнуть anrufen, beim Namen rufen - 12 слыха́ть *ipf* hören - 15 кла́дбище Friedhof - 16 приподнима́ть/приподня́ть ein bißchen hochheben - 20 осажда́ть/осади́ть (осажу́, оса́дишь) belagern - 20 одолева́ть/одоле́ть besiegen - 28 ду́рень *m* Dummkopf - 30 ста́я птиц Vogelschwarm - 31 трево́жный beunruhigt - 31 закружи́ться *pf* anfangen zu kreisen - 32 загуде́ть *pf* anfangen laut zu werden - 36 тюрьма́ Gefängnis - 36 доброво́лец Freiwilliger - 37 сквозь *что* durch - 38 шине́ль *m* Mantel - 40 переимено́вывать/переимнова́ть umbenennen - 40 дурдо́м *verächtlich* Irrenhaus - 41 переводи́ться/перевести́сь *1. u. 2. Pers. ungebr. umg.* aussterben, verschwinden - 46 грози́ть drohen - 47 напра́сно umsonst - 56 вспы́хивать/вспы́хнуть aufflammen 56 дым Rauch - 59 га́снуть/пога́снуть erlöschen - 60 поджига́тель *m* Brandstifter 60 крести́ться *ipf* (крещу́сь, кре́стишься) sich bekreuzigen - 60 шепта́ть *ipf* (шепчу́, ше́пчешь) flüstern - 60 моли́тва Gebet - 61 разнести́сь *pf 1. u. 2. Pers. ungebr.* sich verbreiten - 64 с мольбо́й flehend - 66 ру́хнуть stürzen - 67 растворя́ться/раствори́ться *1. u. 2. Pers. ungebr.* sich auflösen - 68 го́рница "gute Stube" *in Bauernhäusern* - 70 пога́нить/опога́нить besudeln - 73 наси́льник Gewalttäter - 75 убива́ться *ipf* sich grämen - 78 дань *f* Gabe - 79 бере́чь как зени́цу о́ка wie seinen Augapfel hüten - 80 вы́родок Mißgeburt

Übung zum Wortschatz

1. *Ersetzen Sie die kursivgedruckten Wörter durch Synonyme.*
    a) Z. 3 Можаев *подробно*
    b) Z. 10 *окликнули* его
    c) Z. 12 что у нас *творится*
    d) Z. 20 кто кого *одолеет*
    e) Z. 37 прошёл *сквозь* толпу
    f) Z. 47 *напрасно* вы
    g) Z. 61 *мгновенно разнеслась*
    h) Z. 70 церковь *опоганили*
    i) Z. 75 чего ты *убиваешься*
    j) Z. 79 берегли как *зеницу ока*
2. *Suchen Sie im Text Substantive auf -ание(-ение) und bestimmen Sie die Verben, von denen sie abgeleitet sind.*
3. *Um welche grammatischen Formen handelt es sich bei folgenden auf -а(-я) endenden Wörtern? Bestimmen Sie die Grundform und setzen Sie bei den gegebenen Formen das Betonungszeichen.*
    a) Z. 6 пропаганда
    b) Z. 8 десятка
    c) Z. 20 бога
    d) Z. 25 века
    e) Z. 27 колокола
    f) Z. 40 переименована
    g) Z. 45 колокола
    h) Z. 46 грозила
    i) Z. 49 имена
    j) Z. 73 мешала
    k) Z. 78 общая
    l) Z. 79 ока
4. *Ersetzen Sie die unbestimmten Zeit- und Mengenangaben durch bestimmte.*
    a) Z. 8 длиный обоз - десятка полтора телег
    b) Z. 22 лет через пятьдесят или сто
5. a) *Bilden Sie von den folgenden Ordnungszahlen Adverbien. Beachten Sie, daß solche Adverbien im Text immer durch Kommata abgetrennt sind.* b) *Finden Sie im Text Sätze, in denen solche Adverbien vorkommen.*
    Muster: первый → во-первых
    Второй, третий, четвёртый, пятый, шестой, седьмой, восьмой

Вопросы и задания

1. Разделите текст на смысловые части и кратко сформулируйте, о чём идёт речь в каждой части.
2. Найдите в тексте строки, в которых конкретно идёт речь о церкви и о снятии колоколов и составьте рассказ об этом.
3. Охарактеризуйте поведение представителей власти во время процесса снятия колоколов.
4. Проанализируйте сцену за сценой и скажите, как автор показывает в развитии реакцию жителей села Тиханова на разрушение их церкви. Какая сцена является, по вашему мнению, кульминационной?

10. СТАТИСТИКА

Данные о закрытии храмов к концу 1929 г. - началу 1930 г.
В Москве до революции было 675 церквей, в 1926 г. - 287.
В России закрыто молитвенных домов:
до августа 1923 г. - 621, в том числе 540 церквей, 63 синагоги и 18 мечетей, в 1927 г. - 134, в 1928 г. - 542, в том числе 445 церквей, 59 синагог и 38 мечетей. В течение 1929 г. всего 1000 молитвенных домов.
На Украине: за пять лет, до октября 1929 г., закрыто 364 молитвенных дома (в среднем по 6 в месяц); с ноября 1929 г. по февраль 1930 г. - 202 (в среднем по 50 в месяц).
Январь 1930 г.: снятие колоколов в Тамбове, Нежине, Чернигове. Запрещён колокольный звон в Москве, Ярославле, Пскове.

По журналу *Безбожник* № 5, 1930 г.

11. "ВЕРУЮЩИЙ ЛИ ВЫ ИЛИ НЕТ?"

8 апреля 1929 года Народный комиссариат юстиции выпустил Положение о религиозных объединениях, которое состояло из 65 статей. Согласно этому положению обучение религии каждого, кто не достиг 18 лет, считалось преступлением, которое согласно статье 122 уголовного кодекса наказывалось тюремным заключением до одного года.

27 августа 1929 года был принят закон о введении непрерывной рабочей недели. Новая неделя состояла из шести дней, каждый шестой день был выходной, дни недели назывались: первый, второй, третий... Этот "календарь" действовал с 1929 по 1940 год. Шестидневная неделя была введена, по словам правительства, для интенсификации промышленности. Но тем самым затруднили посещение церкви по определённым дням недели и во время религиозных праздников верующим трёх самых больших религиозных групп - христианам, мусульманам и евреям. Реализации этого плана способствовали

и драконовские законы о рабочей дисциплине, например: за опоздание на работу на 20 минут приговаривали к пяти годам тюрьмы.

В 1940 г. дети в возрасте до 10 лет не знали традиционных названий дней недели. Когда снова ввели семидневную неделю, то в передовой статье газеты "Правда" читателям сообщалось следующее: "Если воскресенье снова восстановлено, то это не означает, что советские граждане должны ходить по этим дням в церковь".

В Конституции 1918 года гарантировалась свобода религиозной и антирелигиозной пропаганды. В Конституции 1936 года в статье 124 уже говорится: "В целях обеспечения за гражданами свободы совести церковь в СССР отделена от государства и школа от церкви. Свобода отправления религиозных культов и свобода антирелигиозной пропаганды признаются за всеми гражданами".

Рисунок Алексея Червякова

Рисунок Ал. Червякова. "Новое время" 1993 г.

В связи с празднованием 20-й годовщины Октябрьской революции в СССР была проведена перепись населения. Опросный лист состоял из 14 вопросов - имя, возраст, национальность, пол, занятие и т. д. Девятый вопрос был: "Верующий ли вы или нет?" Этот вопрос являлся вмешательством в личную сферу граждан и противоречил статье 3 Декрета об отделении церкви от государства, в которой говорилось, что ни в каких официальных документах не допускаются вопросы о религиозном вероисповедании граждан.

Вдова Ленина Н. К. Крупская в марте 1937 года в статье об антирелигиозной пропаганде в "Известиях" писала: "... недавняя перепись показала, что массы, и в особенности женщины, были смущены вопросом опросного листа, который касался религии. Многие из них, которые давно не выполняют обрядов, не решились написать "неверующая" и написали "верующая". Позднее из неофициальных источников стало известно, что 70% населения отважилось признать себя верующими.

Результаты переписи населения были объявлены "ошибочными"[1]. С 17 по 26 января 1939 года была проведена вторая всесоюзная перепись населения СССР. В опросном листе второй переписи вопроса о том, веруют ли

граждане СССР, уже не было. Объяснение отсутствия этого вопроса появилось в одной из статей газеты "Известия", в которой сообщалось, что для
60 упрощения процесса переписи вопрос, касающийся религии, пришлось исключить. Результаты этой переписи до сих пор не опубликованы.

В первые дни войны Сталин был так поражён огромными военными неудачами на фронтах, массовым дезертирством (более 2,5 миллионов в первые недели войны), что был вынужден резко изменить свою политику в об-
65 ласти религии. Уже через две недели после начала войны с Германией было прекращено издание газеты "Безбожник", а также всех других атеистических изданий. Все музеи атеизма были спешно закрыты. Из культурных программ неожиданно исчезли все атеистические доклады, спектакли, фильмы и другие мероприятия подобного рода. Газета "Правда", известная своими ан-
70 тирелигиозными выступлениями, обвиняла Германию в "уничтожении наших святых реликвий". Вскоре были открыты многие церкви, стали проводиться массовые богослужения за победу России в войне с Германией.

[1]Результаты переписи были объявлены ошибочными и из-за того, что в результате насильственной коллективизации и репрессий тридцатых годов рост населения страны резко замедлился и, вместо ожидавшихся 180 млн. человек, население страны составляло 162 млн. человек. Руководители статистических комитетов были расстреляны.

ве́рующий Gläubiger - 4 уголо́вный ко́декс Strafgesetz - 5 тюре́мное заключе́ние Freiheitsentzug - 6 непреры́вный ununterbrochen - 11 затрудня́ть/затрудни́ть erschweren - 13 **спосо́бствовать** *ipf* fördern - 23 **передова́я статья́** Leitartikel - 27 **восстана́вливать/восстанови́ть** (восстановлю́, восстано́вишь) wiederherstellen - 41 **годовщи́на** Jahrestag - 42 **пе́репись населе́ния** Volkszählung - 42 **опро́сный лист** Fragebogen - 44 **вмеша́тельство** Einmischung - 47 **допуска́ть/допусти́ть** (допущу́, допу́стишь) zulassen - 47 **вероиспове́дание** Konfession - 50 **смуща́ть/смути́ть** (смущу́, смути́шь) verwirren - 51 **обря́д** Ritus - 53 **отва́живаться/отва́житься** sich wagen - 62 **поража́ть/порази́ть** (поражу́, порази́шь) in Erstaunen versetzen - 68 **исчеза́ть/исче́знуть** verschwinden

Вопросы и задания

1. Перечислите и прокомментируйте законы и государственные постановления, упоминающиеся в тексте, которые имели прямое или косвенное отношение к религиозной жизни населения страны.
2. Определите отличия в формулировке статей о свободе совести в конституциях 1918 и 1936 годов. Какое значение и какие последствия имели эти изменения для верующих?
3. Расскажите о переписях населения в 1937 году и в 1939 году.
4. Какие изменения и почему, по вашему мнению, произошли в государственной политике в области религии после начала войны с Германией?

12. СТАЛИН - ОТЕЦ АРХИЕРЕЙСКОГО СОБОРА

Важным событием в истории церкви советского периода стали выборы нового патриарха. Первая встреча Сталина с руководителями Русской православной церкви состоялась в 1943 году. Ниже приводятся отрывки из протокола этой встречи, составленного Г. Карповым, который долгие годы был председателем Совета по делам православной церкви.

4.09.43 г. я был вызван к товарищу Сталину, где мне были заданы следующие вопросы:

а) что из себя представляет митрополит Се́ргий, его авторитет в церкви, его отношение к властям,

б) краткая характеристика митрополитов Але́ксия и Николая,

в) когда и как был избран в патриархи Тихон,

г) какие связи Русская православная церковь имеет с заграницей,

ж) в каких материальных условиях находятся сейчас митрополиты Се́ргий, Але́ксий и Николай,

з) количество приходов православной церкви в СССР и количество епископата.

После ответа на эти вопросы мне были заданы три вопроса личного порядка:

а) русский ли я,

б) с какого года в партии,

в) какое образование имею и почему знаком с церковными вопросами.

После этого т. Сталин сказал: "Нужно создать специальный орган, который бы осуществлял связь с руководством церкви". После этого Сталин обменялся мнениями с т. Маленковым, Берия о том, следует ли принимать ему митрополитов. Все сказали, что они считают это положительным фактом.

Через два часа митрополиты Се́ргий, Але́ксий и Николай прибыли в Кремль, где были приняты т. Сталиным. На приёме присутствовали т. Молотов и я.

Беседа с митрополитами продолжалась 1 час 55 минут.

Сталин сказал, что правительство знает о проводимой ими патриотической работе в церквях с первого дня войны, что правительство получило очень много писем с фронта и из тыла, которые одобряют позицию, которую заняла церковь по отношению к государству.

Митрополит Се́ргий сказал т. Сталину, что самым главным вопросом является вопрос о центральном руководстве церкви, так как почти 18 лет[1] он является патриаршим местоблюстителем, что Синода в Советском Союзе нет с 1935 г., и поэтому он считает желательным, чтобы правительство разрешило собрать архиерейский Собор, который изберёт патриарха.

Митрополиты также высказались за образование Синода. Сталин одобрил предложения и спросил:

а) как будет называться патриарх,

б) когда может быть собран архиерейский Собор,

в) нужна ли помощь со стороны правительста для успешного проведения Собора.

45 Сергий ответил, что они считали бы желательным и правильным, если бы правительство приняло для патриарха титул "патриарха Московского и всея Руси".

Тов. Сталин согласился и сказал, что это правильно.

На второй вопрос митрополит Сергий ответил, что архиерейский Собор
50 можно будет собрать через месяц, и тогда т. Сталин улыбнулся и сказал: "А нельзя ли проявить большевистские темпы?"

После короткого обмена мнениями договорились, что Собор соберётся в Москве через 4 дня, 8 сентября.

Затем митрополит Алексий поднял вопрос об освобождении некоторых
55 архиереев, находящихся в ссылке, в лагерях, в тюрьмах и т.д.

Тов. Сталин сказал им: "Представьте такой список, мы его рассмотрим".

Сергий поднял также вопрос о предоставлении права свободного передвижения и проживания внутри Союза и права исполнять церковные службы бывшим священнослужителям, которые отбыли срок своего заключения.

60 После этого т. Сталин сказал митрополитам: "Правительство предполагает образовать специальный государственный аппарат, который будет называться Совет по делам Русской православной церкви, и председателем этого Совета предполагается назначить т. Карпова. Как вы смотрите на это?"

Все трое заявили, что они весьма благожелательно принимают назначе-
65 ние на этот пост т. Карпова.

После этого т. Сталин сказал т. Молотову: "Надо довести об этом до сведения населения, также надо потом будет сообщить населению и об избрании патриарха".

Молотов тут же стал составлять проект коммюнике для радио и газет.

70 В заключение этого приёма выступил митрополит Сергий с кратким благодарственным словом к Правительству и лично т. Сталину.

Тов. Молотов спросил т. Сталина: "Может, следует вызвать фотографа?" Тов. Сталин сказал: "Нет, сейчас уже поздно, второй час ночи, поэтому мы сделаем это в другой раз". Тов. Сталин попрощался с митрополитами и
75 проводил их до дверей своего кабинета.

Этот приём был историческим событием для церкви.

8 сентября 1943 года открылся Собор епископов для избрания патриарха и образования при нём Синода. На Соборе присутствовали 3 митрополита, 11 архиепископов, 5 епископов. 12 сентября митрополит Сергий был избран
80 патриархом Московским и всея Руси.

По *Литературной газете*, 13.04.1994 г.

---

[1]Патриарх Тихон умер 25 марта 1925 года, последние годы своей жизни он провёл в Москве, в Донском монастыре, под домашним арестом. После его смерти правительство препятствовало выбору нового патриарха.

6 вызыва́ть/вы́звать (вы́зову, вы́зовешь) einladen - 8 представля́ть из себя́ ipf sein - 15 прихо́д Kirchengemeinde - 15 епископа́т Bischofsamt - 24 принима́ть/приня́ть (приму́, при́мешь) empfangen - 32 тыл Hinterland - 32 одобря́ть/одо́брить gutheißen - 36 местоблюсти́тель m Stellvertreter des Patriarchen - 39 выска́зываться/вы́сказаться за что (вы́скажусь, вы́скажешься) sich äußern für - 55 ссы́лка Verbannung - 56 представля́ть/предста́вить (предста́влю, предста́вишь) vorlegen - 56 рассма́тривать/рассмотре́ть (рассмотрю́, рассмо́тришь) prüfen - 57 пра́во свобо́дного передвиже́ния и прожива́ния Freizügigkeit - 59 отбыва́ть/отбы́ть срок eine Strafe verbüßen - 60 предполага́ть/предположи́ть beabsichtigen - 63 назнача́ть/назна́чить кем ernennen zu - 66 доводи́ть/довести́ до све́дения öffentlich bekannt machen - 70 в заключе́ние zum Schluß - 70 прие́м Empfang

Вопросы и задания

1. Прокомментируйте встречу Сталина с митрополитами Русской православной церкви:
   а) обобщите материал о готовности Сталина к этой встрече и о целях, которые он преследовал;
   б) прокомментируйте вопросы, заданные Сталиным, и его оценку деятельности церкви в первые годы войны;
   в) охарактеризуйте поведение Сталина и Молотова во время беседы;
   г) прокомментируйте высказанные во время этой встречи требования представителей РПЦ и реакцию на них Сталина.
2. Какое место, по вашему мнению, занимает эта встреча при оценке политики советского государства по отношению к церкви?
3. Определите важнейшие поворотные даты политики советского государства в области религии в период с 1917-1943 г. и скажите:
   а) Какие внутриполитические события побудили советское правительство к изменению политики по отношению к церкви?
   б) В каких исторических документах были зафиксированы эти изменения.

13. ОБ ОТДЕЛЕНИИ ЦЕРКВИ ОТ ГОСУДАРСТВА

В антирелигиозной литературе 60- 80 годов при описании борьбы с религией в двадцатые и тридцатые годы никогда не упоминалось ни об уничтожении служителей церкви, ни об уничтожении церквей, ни о противозаконном ведении этой борьбы. Эти факты были полностью вы-
5 *черкнуты из истории страны. Более того, многие антирелигиозные произведения советских писателей того времени (например, Демьяна Бедного) более не публиковались и не входили в собрания их сочинений. Ниже приводится отрывок из книги, в котором описывается позиция советского правительва по отношению к религии.*

10 В. И. Ленин постоянно требовал, чтобы борьба за преодоление религиозных предрассудков не проводилась методами, которые оскорбляют чувства верующих. "Бороться с религиозными предрассудками, - говорил он в ноябре 1918 г., - надо чрезвычайно осторожно; много вреда приносят те, которые вносят в эту борьбу оскорбление религиозного чувства. Нужно бороться
15 путём пропаганды, путём просвещения. Самый глубокий источник религиозных предрассудков - это нищета и темнота; с этим злом и должны мы бороться".

В условиях острой борьбы против реакционного духовенства, которое пыталось сделать всё, чтобы помешать укреплению Советской власти, орга-
20 ны Советского государства при проведении в жизнь декрета об отделении церкви от государства руководствовались стремлением на деле и последовательно осуществить демократичесий принцип свободы совести.

По книге М. М. Персиц *Отделение церкви от государства и школы от церкви* Москва 1958 г.

11 **оскорбля́ть/оскорби́ть** (оскорблю́, оскорби́шь) verletzen, beleidigen - 15 **просвеще́ние** Aufklärung - 16 **нищета́** Armut - 16 **темнота́** Unwissenheit - 21 **руково́дствоваться стремле́нием** durch das Bestreben geleitet sein

Вопросы и задания

1. Выделите главные мысли в приведённом отрывке и прокомментируйте их на основе материала этой главы.
2. Охарактеризуйте взаимоотношения церкви и государства до и после Октябрьской революции и обобщите информацию всех текстов о социальном статусе священнослужителей после Октябрьской революции.
3. Охарактеризуйте кампанию по изъятию церковных ценностей на основе материалов всех текстов.
4. Сделайте сообщение о целях, формах и организации антирелигиозной пропаганды в СССР в 1917-1943 годах.
5. Сделайте обзор политики советского государства в области религии в 1917-1943 годы.
6. Посмотрите на рисунок к тексту "Верующий ли вы или нет?". Опишите подробно, что изображено на рисунке. Что символизировала изображённая на рисунке монументальная скульптура ску́льптура Мухиной? Какую мысль, по вашему мнению, хотел выразить художник в этом рисунке?

Политика в области религии (1917 - 1943) 155

Aufgaben zur Grammatik (*Texte* 9 - 13)

1. *Ersetzen Sie die Verbalkonstruktionen durch substantivische Konstruktionen.*

a) согласиться с постановлением о закрытии церкви
b) неожиданно прекратить издание антирелигиозной литературы
c) звук колокола медленно растворился в воздухе
d) птицы тревожно кружились над церковными крестами
e) организаторы переписи исключили вопрос о религии
f) допустить вопросы о вероисповедании в опросном листе

2. *Bilden Sie von den folgenden Substantiven Adjektive mit dem Suffix -ск- und setzen Sie sie in die richtige Form.*
   Muster: университет / курс → университетский курс

a) цензор / контроль   d) автор / концепция   g) крестьяне / философия
b) Ленин / письмо   e) христиане / мораль   h) мусульмане / население
c) архиерей / Собор   f) граждане / свободы   i) Сталин / конституция

3. *Wie heißt die Person? Bilden Sie von den folgenden Infinitiven Substantive mit dem Suffix -тель und übersetzen Sie sie ins Deutsche.*
   Muster: править страной → правитель страны → Herrscher des Landes

a) поджигать церковь   e) выразить отношение партии к политике
b) собирать русские иконы   f) хранить документы о том времени
c) избирать президента   g) создать Совет по делам религии
d) освободить страну   h) составить коммюнике

4. *Ersetzen Sie die kursivgedruckten Wörter durch Antonyme.*

a) *затруднили* посещение   e) *прекратить* издание газеты
b) приносить *вред*   f) *отважиться* признать себя верующим
c) *нищета* и *темнота*   g) *освобождение* из тюрьмы священников
d) на приёме *присутствовали*   h) *предоставить* право проживания

5. *Ersetzen Sie die folgenden Aktivsätze durch Passivsätze. Beachten Sie den Aspekt der Verben in den angegebenen Sätzen.*

1. Автор назвал его романом-хроникой. 2. Попа ещё вчера арестовали. 3. Разве народ колокола снимает? 4. Колокола сбросили, колокольню сожгли.

5. Но тем самым затруднили посещение церкви верующим трёх самых больших религиозных групп. 6. Архиерейский Собор можно будет собрать через месяц.

6. *Setzen Sie in die folgenden Sätze die Verben ein, die zu den kursivgedruckten Nomina gehören.*

1. Ленин письменно _____ свои *соображения* по вопросу о конфискации церковного имущества. 2. После долгих дебатов комиссия _____ *решение* о плане конфискации. 3. *Изъятие* церковных ценностей _____ по всей России. 4. Дмитрий Иванович _____ пристальный *взгляд* на колокольню. 5. Советское правительство делало всё, чтобы _____ *влияние* церкви на народ. 6. Во время конфискации церковных ценностей многих священников, защищавших святые реликвии, _____ к *смертной казни*. 7. Делегация американских рабочих, посетившая СССР в начале 30-х годов, _____ Сталину *вопрос* о политике партии в области религии. 8. Во время этой встречи обе стороны _____ *мнениями* по этому вопросу. 9. Сталинская Конституция _____ лишь *право* антирелигиозной пропаганды. 10. На протяжении десятилетий жители села _____ свою церковь *как зеницу ока*. 11. *Во главе* комиссии по изъятию ценностей _____ Троцкий. 12. Партия требовала, чтобы трудящиеся _____ свои религиозные *предрассудки*.

a) беречь/сберечь
b) задавать/задать
c) принимать/принять
d) излагать/изложить
e) устремлять/устремить
f) подрывать/подорвать
g) приговаривать/приговорить
h) преодолевать/преодолеть
i) обмениваться/обменяться
j) становиться/встать
k) предоставлять/предоставить
l) проводить/провести

7. *Ersetzen Sie die Relativsätze durch Partizipialkonstruktionen.*

1. Нарком юстиции выпустил Положение о религиозных объединениях, которое состояло из 65 статей. 2. Женщины были смущены вопросом опросного листа, который касался религии. 3. Правительство получило очень много писем, которые одобряют позицию, которую заняла церковь по отношению к государству. 4. Сергий поднял вопрос о предоставлении права свободного проживания и передвижения священнослужителям, которые отбыли срок заключения. 5. Много вреда приносят люди, которые вносят в эту борьбу оскорбление религиозного чувства.

8. *Ergänzen Sie die folgenden Sätze. Verwenden Sie die rechts angegebenen Verben. Achten Sie auf den richtigen Aspekt.*

"ГОЛОДНОЕ" ДЕЛО
Дело о привлечении к судебной ответственности патриарха Тихона, 1921 г.
Документы из секретных кремлёвских архивов

Религиозные общества стали _____ во ВЦИК с просьбой о разрешении проводить денежные сборы в помощь голодающим. 9 декабря 1921 г. ВЦИК _____ такие сборы. С предложениями помощи голодающим в ЦК Помгол _____ магометанское духовенство, евангелические христиане, баптисты и православное духовенство. В начале февраля патриарх Тихон _____ воззвание ко всем христианам о помощи голодающим. В воззвании говорилось, что с согласия верующих церковные общины могут _____ для помощи ценные вещи, которые не являются богослужебными. ЦК Помгол _____ воззвание отдельным листком. Всё это _____ до издания декрета об изъятии церковных ценностей. 23 февраля _____ декрет о принудительном изъятии церковных ценностей. Одновременно _____ представителя патриарха, которому сообщили, что после декрета о принудительном изъятии нет более нужды в церковных сборах.	обращаться/обратиться разрешать/разрешить обращаться/обратиться посылать/послать жертвовать/пожертвовать печатать/напечатать происходить/произойти опубликовывать/опубликовать вызывать/вызвать
Положение было ясное. Всякий лояльный гражданин обязан был _____ декрету ВЦИК. Патриарх Тихон _____ другой путь и _____ контрреволюционное воззвание, которое _____ к неповиновению советской верховной власти.	подчиняться/подчиниться избирать/избрать выпускать/выпустить призывать/призвать
Патриарх Тихон не _____ декрету и _____ к сопротивлению православных верующих и этим _____ большой ущерб делу помощи голодающим, так как из-за его воззвания изъятие церковных ценностей прошло с большими трудностями и количество изъятого _____ не таким значительным, как это можно было ожидать.	подчиняться/подчиниться призывать/призвать наносить/нанести оказываться/оказаться

По *Независимой газете*, 22.04.1993 г.

ПОЛИТИКА ПО ОТНОШЕНИЮ К ЕВРЕЯМ В РОССИИ

1. "ЗАПАДНАЯ ГРАНИЦА ДЛЯ ЕВРЕЕВ ОТКРЫТА"

При Петре Великом в самой России проживало мало евреев, они жили в основном на присоединённых территориях Прибалтики, Украины и Швеции.

В 1742 году императрица Елизавета, дочь Петра Великого, издала указ о высылке всех евреев из России. Члены Сената пытались изменить этот указ или хотя бы сделать исключение для тех евреев, которые своей торговлей с иностранными государствами приносили крупные доходы российской казне. Но ответом императрицы было: "Не хочу я никакой прибыли от врагов Христовых..." Эти слова на десятилетия определили тон политики по отношению к "лицам иудейского вероисповедания".

В конце XVIII века после разделов Польши в состав Российской империи вошли территории Литвы, Белоруссии и Украины, на которых с давних времён жили евреи.

Как и в большинстве европейских государств, евреи в России были бесправной и дискриминированной национальной группой, но в России их более чем на Западе преследовали за их веру. Им разрешали жить лишь в небольшом числе западных губерний, названных "чертой оседлости". Указ от 1795 года впервые чётко определял границы черты оседлости. Евреям не разрешали заниматься земледелием и скотоводством, поэтому они вынуждены были заняться мелкой торговлей и разными ремёслами. Евреев не принимали на государственную службу, они не могли служить в армии, не могли жить в деревнях и владеть землёй.

В 1802 году Александр I создал Комитет по еврейским делам в России, который в 1804 году разработал первый в России "Еврейский статýт". Статут открыл евреям доступ в русские учебные заведения, предприниматели могли брать кредиты и земли для строительства заводов, но черта оседлости для евреев осталась.

Царствование Николая Первого (1825-1855) стало периодом усиления антисемитизма в российской государственной политике. Начиная с 1825 года, евреев выселяли из пограничной полосы, из военных поселений, из запретных городов. Официальные документы того времени следующим образом рисуют жизнь еврейского большинства: "Нередко 3-4 комнаты вмещают до 12 семей... Целые семейства иногда довольствуются лишь фунтом хлеба, селёдкой и несколькими луковицами".

В 1827 году был издан указ о рекрутировании евреев на военную службу, конечно, рядовыми солдатами, а чаще всего "кантонистами". Кантонисты служили без права ношения погон и исполняли самые тяжёлые работы в ар-

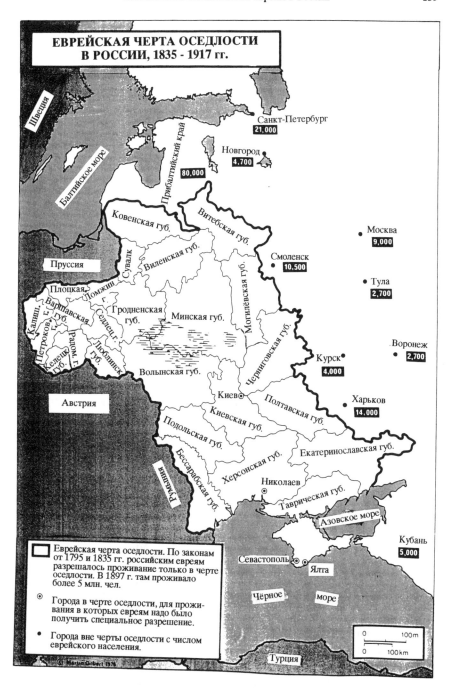

мии. Так как взрослых мужчин не хватало, то на военную службу брали детей с 12-летнего возраста на обычный тогда срок 25 лет.

Реформы 60-х годов в царствование Александра II (1855-1881) во многом изменили жизнь евреев в России. Евреев стали принимать в общие учебные заведения, в том числе и высшие. Государственный Совет 27 ноября 1861 года дал право повсеместного жительства и государственной службы евреям, имеющим высшее образование.

В 1859 году - право жить и торговать повсеместно в империи получили евреи-купцы 1-й гильдии[1]. В 1865 году ограничения в месте жительства были отменены для евреев-ремесленников.

В 1864 году были введены в действие земское положение и новые судебные уставы. В них не было сделано почти никаких ограничений для евреев. Таким образом для них был открыт доступ к адвокатской и судебной деятельности, а также к участию в земском самоуправлении.

В 1881-1883 годах по стране прошла волна погромов, вызванная убийством Александра II. Смерть Александра II положила конец процессу либерализации политики по отношению к евреям. В 1882 году правительство приняло "Временные правила", которые запрещали евреям жить в сельской местности черты оседлости, вводили процентную норму приёма евреев в высшие учебные заведения, ограничивали доступ евреев в адвокатуру, не разрешали им более участвовать в местных органах самоуправления.

Кроме того, 150000 евреев, проживавших на территории Российской империи, но не имевших российского гражданства, были выдворены из страны. Евреи, которые жили вне черты оседлости, должны были до конца 1892 года переселиться в районы черты оседлости. 10000 евреев, живших в сельской местности черты оседлости и занимавшихся сельским хозяйством, были выселены оттуда и поселены в еврейских местечках. Еврейские городки и местечки были переполнены переселенцами, работы не было, повсюду царила нищета, туберкулёз и рахит стали привычными болезнями. Всё это стало причиной массовой эмиграции евреев в Америку и в Англию.

Министр внутренних дел в частной беседе заявил: "Западная граница для евреев открыта". С 1882 года по 1908 год в Америку переселился каждый пятый еврей мира (более 1,8 млн. чел.). Россия дала 80 процентов этой эмиграции.

С 1905 года по 1906 год в России создаётся множество монархических организаций. Самым многочисленным из них стал Союз русского народа. Эти организации открыто вели антисемитскую пропаганду и призывали народ к защите России от евреев. Участников патриотическо-монархических манифестаций и погромов в начале XX века презрительно называли "чёрной сотней" или "черносотенцами".

За несколько месяцев до начала первой мировой войны большевики внесли в Государственную думу законопроект об отмене "всех ограничений прав и вообще ограничений, связанных с происхождением или принадлежностью к какой-либо национальности". К законопроекту был приложен список законов, в котором 100 законов касались только евреев. Законопроект отвергнули.

И совсем не удивительны на этом фоне данные историка М.Н. Покров-
85 ского², который подсчитал, что "евреи составляют до трети организаторского слоя всех революционных партий в России".

¹К 1-й гильдии принадлежали купцы с капиталом от 10 до 50 тысяч рублей, они могли заниматься иностранной торговлей и иметь заводы.
²Михаил Николаевич Покровский (1868-1932), советский историк, партийный и государственный деятель.

еврей Jude - 3 **издавать/издать указ** (издам, издашь) einen Erlaß bekanntmachen, herausgeben - 4 **высылка** Ausweisung - 4 **изменять/изменить** (изменю, изменишь) abändern - 5 **хотя бы** wenigstens - 5 **исключение** Ausnahme - 5 **торговля** Handel - 6 **доход** Profit - 6 **казна** Staatskasse - 7 **прибыль** *f* Gewinn - 9 **вероисповедание** Konfession, Glauben - 10 **раздел** Teilung - 15 **преследовать** *ipf* verfolgen 16 **черта оседлости** Ansiedlungsgebiet, -zone - 18 **земледелие** Landwirtschaft - 18 **скотоводство** Viehzucht - 19 **ремесло**, ремёсла *Pl* Handwerk - 20 **служба** Dienst - 21 **владеть** *чем ipf* besitzen - 24 **заведение** Anstalt - 24 **предприниматель** Unternehmer - 27 **царствование** Regierungszeit - 27 **усиление** Verschärfung - 31 **вмещать/вместить** (вмещу, вместишь) beherbergen, aufnehmen - 33 **селёдка** Hering - 35 **рядовой солдат** gemeiner Soldat - 35 **кантонист** Kantonist - 36 **погоны** *Pl* Schulterstücke - 38 **срок** Frist - 45 **ограничение** Beschränkung - 47 **земский** *hist.* Semstwo, Landes- - 47 **положение** Ordnung - 47 **судебный устав** Gerichtsordnung - 49 **доступ** Zugang - 52 **класть/положить конец** (кладу, кладёшь / положу, положишь) ein Ende setzen - 54 **запрещать/запретить** (запрещу, запретишь) verbieten - 57 **самоуправление** Selbstverwaltung - 59 **гражданство** Staatsangehörigkeit - 59 **выдворять/выдворить из** *чего* jdn des Landes verweisen - 62 **выселять/выселить из** *чего* aussiedeln, ausweisen - 63 **еврейское местечко** Schtetl - 64 **переселенец** Umsiedler - 64 **царить** *ipf* herrschen - 65 **нищета** Armut, Elend - 78 **отмена** Aufhebung - 79 **происхождение** Herkunft - 82 **касаться/коснуться** *чего* betreffen 82 **отвергать/отвергнуть** ablehnen - 85 **подсчитывать/подсчитать** zusammenzählen - 86 **слой** Schicht

Übung zum Wortschatz

1. *Ersetzen Sie die kursivgedruckten Wörter durch Synonyme.*
   a) Z. 2 жили *в основном*
   b) Z. 6 *крупные* доходы
   c) Z. 7 никакой *прибыли* от
   d) Z. 11 *с давних времён* жили
   e) Z. 27 *царствование* Николая I
   f) Z. 27 стало *периодом* усиления
   g) Z. 64 *повсюду* царила нищета
   h) Z. 72 самым *многочисленным*
2. *Ersetzen Sie die kursivgedruckten Wörter durch Antonyme.*
   a) Z. 6 крупные *доходы*
   b) Z. 10 в состав империи *вошли*
   c) Z. 24 *открыл* евреям доступ
   d) Z. 27 *усиление* антисемитизма
   e) Z. 46 ограничения *отменены*
   g) Z. 60 жили *вне* черты оседлости
3. *Suchen Sie im Text Substantive auf -ание(-ение) und bestimmen Sie die Verben, von denen sie abgeleitet sind.*

4. *Bilden Sie von den folgenden Substantiven Adjektive mit dem Suffix -н- und setzen Sie sie in die richtige Form.*
Muster: народ / республика → народная республика

a) основа / мысль
b) доход / дело
c) доступ / цена
d) запрет / город
e) срок / телеграмма
f) конец / результат
g) погром / настроение
h) предлог / падеж
i) место / условия

Вопросы и задания

1. Какие царствовавшие в России персоны называются в тексте? Охарактеризуйте государственную политику по отношению к еврейскому населению во времена их правления.
2. Раскройте смысл понятия "черта оседлости" и её значение в жизни еврейского населения Российской империи. При ответе используйте географическую карту.
3. Какое событие в XIX веке стало причиной ухудшения положения российских евреев? Охарактеризуйте конкретно произошедшие ухудшения.
4. Какие явления в жизни российского общества стали причиной массовой эмиграции евреев? Какие данные об этой эмиграции приводятся в тексте?
5. Охарактеризуйте позицию правительства по отношению к этой эмиграции.
6. Чем можно объяснить, что среди членов российских революционных партий было так много евреев?

2. ПОГРОМЫ? ЭТО УЖЕ БЫЛО

Одно время в нашей печати развернулась мощная кампания по якобы готовящимся еврейским погромам. Некоторые публикации носили истерический характер. Существовали ли погромы на самом деле?

Т. Зуева, г. Щёлково, Московская обл.

К счастью, в нынешнее время в Российской Федерации массовые погромы евреев не происходили, да и вряд ли кто-то из сегодняшних "идеологов" антисемитизма стремится спровоцировать межнациональный конфликт в такой форме. Однако нельзя не учитывать, что погромы - это реальные трагические события прошлого, оставшиеся в памяти еврейского народа.

После убийства царя Александра II по югу Российской империи в апреле 1881 года пронеслась волна погромов. Их организаторы распустили слухи, будто убийцы царя - евреи и будто новый царь разрешил "бить жидов". В действительности террористический акт против Александра II совершил И. Гриневицкий - поляк по происхождению, а Александр III официально осудил массовые беспорядки. Однако очевидец погрома в Киеве генерал В. Д. Новицкий прямо указал в своих мемуарах на попустительство погромщикам со стороны киевского генерал-губернатора.

Погромы со стихией агрессивной толпы, поджогами синагог, разграблением магазинов и лавок, убитыми и искалеченными людьми были не единственным проявлением юдофобства в то время. На уровне государственной политики вводили новые ограничения прав для евреев: их принудительно выселяли из некоторых городов, например, из Ростова-на-Дону в 1891-1892 годах. Тогда же из Москвы выселили 20 тысяч еврейских ремесленников, которые десятилетиями проживали в городе на законном основании.

Одним из самых жестоких погромов был погром в Кишенёве. Во время этого трёхдневного погрома (1903 г.) было убито 45 человек, свыше 400 ранено и покалечено, разграблено 7 тыс. домов и 600 лавок. Поводом послужило ложное обвинение евреев в ритуальном убийстве ребёнка (как выяснилось позднее, убитого его родственниками). Более 200 еврейских погромов было совершено в империи во время революционных событий 1905 - 1906 годов.

С протестами против преследований евреев выступали Л. Н. Толстой, В. Г. Короленко, В. С. Соловьёв, М. Горький и др. Во время погромов к еврейской самообороне нередко примыкали русские интеллигенты, студенты и рабочие.

Позднее, в годы гражданской войны (1918-1920), еврейские погромы вылились в настоящий геноцид. Зафиксирована лишь ничтожная часть погромов - 1520, во время которых погибло около 200 тысяч евреев, оставивших более 300 тысяч детей-сирот.

Национальный состав погромщиков в разных регионах государства Российского был досточно пёстрым. Нет никаких оснований обвинять в антисемитизме русский народ или какой-либо другой народ.

По газете *Аргументы и факты* № 2 , 1993 г.

---

1 **разворачиваться/развернуться** aufgehen - 1 **якобы** angeblich - 11 **волна** Welle - 11 **распускать/распустить слухи** (распущу, распустишь) Gerüchte in die Welt setzen - 12 **будто** daß *mit einem Ausdruck des Zweifels* - 12 **убийца** Mörder - 12 **жид** Jude *verächtlich* - 14 **осуждать/осудить** (осужу, осудишь) mißbilligen - 15 **беспорядки** *Pl* Ausschreitungen - 15 **очевидец**, очевидца, очевидцы *Pl* Augenzeuge - 16 **попустительство** Tolerierung - 18 **стихия** Naturgewalt - 18 **толпа**, толпы *Pl* Menschenmenge - 18 **поджог** Brandstiftung - 18 **разграбление** Plünderung - 19 **лавка** Laden - 19 **искалеченный** verkrüppelt - 21 **принудительно** zwangsweise - 24 **на законном основании** auf Rechtsgrundlage - 27 **повод** Anlaß - 34 **самооборона** Selbstverteidigung - 34 **примыкать/примкнуть к** *чему* sich anschließen an - 36 **выливаться/вылиться во** *что 1. и. 2. Pers. ungebr.* eine Form (Gestalt) annehmen - 37 **ничтожный** winzig

Übung zum Wortschatz

1. Ersetzen Sie die kursivgedruckten Wörter durch Synonyme.
   a) Z. 3 *существовали* ли погромы   e) Z. 27 *поводом послужило*
   b) Z. 3 *на самом деле*   f) Z. 34 *нередко примыкали* русские
   c) Z. 15 *очевидец* погрома   g) Z. 36 погромы *вылились* в геноцид
   d) Z. 21 их *принудительно*   h) Z. 37 *ничтожная* часть

2. Ersetzen Sie die kursivgedruckten Wörter durch Antonyme.
   a) Z. 6 *сегодняшних* идеологов   d) Z. 14 *осудил* события
   b) Z. 9 события *прошлого*   e) Z. 21 *вводили* ограничения
   c) Z. 12 царь *разрешил*   g) Z. 41 состав... был *пёстрым*

Вопросы и задания

1. Обобщите данные о погромах, приведённые в статье. Когда, где и в связи с какими событиями они имели место?
2. Сколько погромов произошло в описанный период времени? Что происходило во время погромов и каково было количество жертв?
3. Как реагировало правительство на происходившие погромы? Какая политика проводилась в то время в России по отношению к евреям?
4. Какова была реакция еврейского населения на погромы и кто оказывал им поддержку в этом?
5. Как характеризуется в статье сегодняшнее положение в России и отношение к евреям?

3. ПЕРВАЯ ЛЮБОВЬ

Исаа́к Эммануи́лович Ба́бель (1894-1941) - российский писатель. Родился в Одессе, в религиозной еврейской семье, окончил Одесское коммерческое училище. Основное место в творчестве занимают короткие рассказы, большинство которых объединено в циклы "Конармия", "Одесские расска-
5 *зы" и цикл автобиографических рассказов. Рассказы "Первая любовь" и "История моей голубятни" входили в одну повесть и были опубликованы в журнале "Красная новь" в 1925 году. В 1939 году Бабель был арестован и в 1940 году расстрелян в тюрьме.*

Девяти лет от роду я полюбил женщину по имени Галина Аполлоновна. Фа-
10 милия её была Рубцова. Муж её, офицер, уехал на японскую войну[1] и вернулся в октябре тысяча девятьсот пятого года...
   Из окна я видел их поцелуи. Они причиняли мне страдания. Две недели я не подходил к окну и избегал Галины, пока случай не свёл меня с нею. Случай этот был еврейский погром, разразившийся в пятом году в Николаеве и

15 в других городах еврейской черты оседлости. Толпы наёмных убийц разграбили лавку отца и убили деда моего Шойла. Всё это случилось без меня, я покупал в то печальное утро голубей. Пять лет из прожитых десяти я всею силою души мечтал о голубях.

На рынке уже никого не было, и выстрелы гремели неподалёку. Тогда я 20 побежал к вокзалу. В конце переулка, на креслице с колёсиками, сидел безногий Макаренко. Мальчики с нашей улицы покупали у него папиросы, дети любили его, и я бросился к нему.

- Макаренко, - сказал я и погладил плечо безногого, - не видал ли ты деда моего Шойла?

25 Макаренко протянул мне руку.

- Что у тебя в мешке? - сказал он и взял его.

Толстой рукой калека вытащил на свет голубку. Птица лежала у него на ладони.

- Голуби, - сказал Макаренко разочарованно и подъехал ко мне, - голуби, -
30 повторил он и ударил меня по щеке.

Он ударил меня наотмашь, голубка треснула на моём виске, и я упал на землю.

- Семя ихнее разорить надо, - сказала его жена Катюша, - семя ихнее я не могу видеть и мужчин их вонючих.

35 Она ещё сказала о нашем семени, но я ничего не слышал больше. Я лежал на земле, и внутренности птицы стекали с моего виска. Наш дом был пуст. Один Кузьма не ушёл со двора. Кузьма, дворник, сидел в сарае.

- Кузьма, - сказал я шёпотом, - спаси нас.

Тогда Кузьма отвёл меня к Рубцовым. У Рубцовых на калитке был мелом
40 нарисован крест, их не трогали, они спрятали у себя моих родителей. Кузьма привёл меня на стеклянную террасу. Там сидела моя мать и Галина.

По журналу *Красная новь*, 1925 г.

[1]Русско-японская война 1904-1905 гг.

6 **голубя́тня** Taubenschlag - 12 **причиня́ть/причини́ть страда́ния** *кому* jdm Leiden zufügen - 13 **избега́ть** *чего* ipf meiden - 13 **слу́чай** Zufall - 14 **разража́ться/разрази́ться** (разражу́сь, разрази́шься) ausbrechen - 15 **наёмный** bezahlt - 19 **вы́стрел** Schuß - 19 **греме́ть** *ipf* (гремлю́, греми́шь) klirren - 20 **кре́слице с колёсиками** kleiner Rollstuhl - 22 **броса́ться/бро́ситься к** *кому* (бро́шусь, бро́сишься) sich stürzen - 23 **гла́дить/погла́дить** (гла́жу, гла́дишь) streicheln - 27 **кале́ка** Krüppel - 27 **выта́скивать/вы́тащить** herausziehen - 27 **го́лубь** *m*, **голу́бка** *f* Taube, weibliche Taube - 28 **ладо́нь** *f* Handfläche - 31 **наотма́шь** mit aller Wucht - 31 **тре́скать/тре́снуть** zerplatzen - 31 **висо́к**, виска́, виски́ *Pl* Schläfe - 33 **се́мя**, семена́ *Pl* Sippe - 33 **разоря́ть/разори́ть** ruinieren - 34 **воню́чий** stinkend - 36 **вну́тренности** *Pl* Eingeweide - 36 **стека́ть/стечь** *1. и. 2. Pers. ungebr.* herabtropfen - 37 **дво́рник** Hausmeister - 37 **сара́й** Scheune - 38 **шёпотом** im Flüsterton, leise - 39 **кали́тка** Pforte - 40 **пря́тать/спря́тать** (пря́чу, пря́чешь) verstecken

Вопросы и задания

1. Определите место и время действия рассказа.
2. Что сообщает рассказчик о себе лично?
3. Какую роль играет в рассказе Галина Апполоновна Рубцова и что рассказывается о ней в тексте?
4. Что случилось с семьёй рассказчика и с ним самим во время погрома?
5. Какие лица нееврейской национальности описаны в рассказе? Расскажите об их действиях во время погрома.
6. Найдите в рассказе строки, говорящие, что этот погром не был единственным в то время? Какие события происходили в те годы в России? При ответе используйте материалы предыдущих текстов.
7. Найдите на карте город, в котором происходили описываемые в рассказе события. Определите его географическое и административное местоположение.

Aufgaben zur Grammatik (Texte 1 - 3)

1. *Ersetzen Sie die folgenden Sätze durch substantivische Konstruktionen. Beachten Sie die Wortstellung in den Sätzen und Konstruktionen.*
   Muster: Указ чётко определял границы черты оседлости.
   →   чёткое определение указом границ черты оседлости

1. "Временные правила" официально ввели процентную норму приёма. 2. Министр внутренних дел заявил. 3. Большевики внесли в Думу законопроект. 4. Александр III официально осудил массовые беспорядки. 5. Очевидец погрома прямо указал на попустительство погромщикам. 6. Толпы наёмных убийц разграбили лавку моего отца.

2. *Bilden Sie von den folgenden Substantiven Adjektive mit dem Präfix без-(бес-) und dem Suffix -н-. Beachten Sie, daß vor stimmhaften Konsonanten - б, в, г, д, ж, з, л, м, н, р - und Vokalen без- und vor stimmlosen Konsonanten - к, п, с, т, ф, х, ц, ч, ш, щ - бес- geschrieben wird.*
   Muster: дом / человек   →   бездомный человек

a) прибыль / дело
b) процент / кредит
c) граница / доверие
d) дети / семья
e) срок / служба
f) смерть / роман
g) партия / человек
h) конец / разговоры
i) доход / предприятие
j) лицо / предложение
k) право / положение
l) закон / действия

3. *Ersetzen Sie die Relativsätze durch Partizipialkonstruktionen.*

1. Члены Сената пытались сделать исключение для евреев, которые своей торговлей приносили крупные доходы русской казне. 2. Правительство приняло "Временные правила", которые запрещали евреям жить в сельской местности черты оседлости, вводили процентную норму приёма евреев в высшие учебные заведения, ограничивали доступ евреев в адвокатуру, не разрешали им более участвовать в местных органах самоуправления.

4. *Ersetzen Sie die folgenden Aktivsätze durch Passivsätze. Beachten Sie den Aspekt der Verben in den angegebenen Sätzen.*

1. Эти слова на десятилетия определили тон политики по отношению к "лицам иудейского вероисповедания". 2. Но в России евреев более чем на Западе преследовали за их веру. 3. Смерть Александра II положила конец процессу либерализации. 4. Их организаторы пустили слухи. 5. Александр III официально осудил массовые беспорядки. 6. Толпы наёмных убийц разграбили лавку отца и убили деда моего Шойла.

4. ОБ АНТИСЕМИТИЗМЕ

12 января 1931 года. Сталин письменно ответил на запрос Еврейского телеграфного агентства из Америки. В Советском Союзе этот текст был впервые опубликован в газете "Правда" 30 ноября 1936 года.

Отвечаю на Ваш запрос.

Национальный и расовый шовинизм есть пережиток человеконенавистнических нравов, свойственных периоду каннибализма. Антисемитизм, как крайняя форма расового шовинизма, является наиболее опасным пережитком каннибализма.

Антисемитизм выгоден эксплуататорам, как громоотвод, выводящий капитализм из-под удара трудящихся. Антисемитизм опасен для трудящихся, как ложная тропинка, сбивающая их с правильного пути и приводящая в джунгли. Поэтому коммунисты, как последовательные интернационалисты, не могут не быть непримиримыми и заклятыми врагами антисемитизма.

В СССР строжайше преследуется законом антисемитизм, как явление, глубоко враждебное Советскому строю. Активные антисемиты караются по законам СССР смертной казнью.

И. Сталин

5 **пережи́ток**, пережи́тка, пережи́тки *Pl* Überbleibsel - 5 **человеконенави́стнический** menschenverachtend - 6 **нра́вы** *Pl* Sitten - 6 **сво́йственный** *чему* charakteristisch für - 9 **громоотво́д** Blitzableiter - 11 **ло́жная тропи́нка** Holzweg - 11 **сбива́ть/сбить с пути́** (собью, собьёшь) vom Wege abbringen - 12 **после́довательный** konsequent - 13 **непримири́мый** unversöhnlich - 13 **закля́тый враг** Erzfeind - 14 **пресле́доваться зако́ном** *ipf* strafrechtlich verfolgen - 15 **кара́ть/покара́ть** *чем* bestrafen - 16 **сме́ртная казнь** Todesstrafe

Вопросы и задания

1. Прочтите текст, разделите его на смысловые части и сформулируйте главную мысль каждой части.
2. Как Сталин определил понятие "антисемитизм"?
3. Как характеризуется в тексте отношение коммунистической партии и советского государства к антисемитизму?
4. В газете опубликовали лишь ответ на вопрос. Какой вопрос, по вашему мнению, был задан Еврейским телеграфным агентством?

5. ГЕНОЦИД НА ПАМЯТЬ
(Часть первая)

Что такое Холокост? - вопрос для советского человека не праздный, ибо такого слова никогда не было в лексиконе нашей пропаганды. Лишь в мае этого года впервые на экране ТВ показали фильм "Холокост". И многие впервые узнали, что это такое. А раньше... Да, уничтожали, да, расстреливали, но также, как и других. Например, у белорусов во время войны погиб каждый четвёртый. Но нигде никогда не было сказано, что из них каждый третий - еврей.

Массовое уничтожение евреев началось именно на территории СССР. Два с половиной миллиона, в том числе более полумиллиона детей. "Чёрная книга" Ильи Эренбурга и Василия Гроссмана[1] была закончена в начале 1948 года и рассказывала о еврейском геноциде на оккупированных немцами территориях советской страны. "Если напишете хорошую книгу, мы её издадим", - пообещал авторам тогдашний идеолог партии Г. Александров. Но книга, по-видимому, оказалась "нехорошей", то есть честной, то есть абсолютно документальной, - её уничтожили. Полный экземпляр сохранился в архивах КГБ.

История "Чёрной книги", как и история убийства Соломона Михоэлса[2], главы Еврейского антифашистского комитета, как и ареста всего комитета, а затем расстрела 13 его руководителей (цвет еврейской культуры), как и процессы врачей, - это завершение сталинского этапа решения еврейского вопроса в стране социализма и интернационализма, в стране, победившей фашизм, как принято было считать.

Старики уверяют, что до войны антисемитизма не было. Но как же тогда объяснить, что девять десятых жителей, например, Киева ничего не слышали о том, как решается еврейская проблема в самой Германии и в оккупированной Польше? Как тогда объяснить, что до вторжения немцев в СССР газеты не напечатали ни строчки о массовом уничтожении евреев?

Но вот началась война. Неужели Сталин ничего не знал о Бабьем Яре[3]? Знал, и товарищи его по партии тоже знали. И о том, что было дальше, тоже знали - о братских могилах евреев под Вильнюсом, под Ригой, под Каунасом, под Харьковом, под Минском...

У антисемитизма в России глубокие корни - не случайно на оккупированных территориях так мало спасали евреев. Коммунистов - да, военных - да, хотя за укрывательство коммунистов и евреев наказание было одинаковое - расстрел.

Единственный раз, в ноте от 6 января 1942 года, Молотов осудил убийство евреев, как он сказал, "из трудящихся". Сама по себе фраза оскорбительна - или среди евреев не так много трудящихся, или ему, Молотову, жаль только трудящихся, а интеллигентов или торговцев совсем не жаль. Но именно из этой ноты ясно, что уже в 1942 году евреи становятся картой в политической игре. В это время был создан Еврейский антифашистский комитет, на него Сталин возлагал большие надежды в связи с открытием второго фронта и получения материальной помощи от США. И не ошибся: поездка в Америку Соломона Михоэлса дала колоссальные результаты.

По *Независимой газете*, 12.08.92

[1]Илья́ Эренбу́рг (1891-1967) и Васи́лий Гро́ссман (1905-1964) - известные советские писатели.
[2]Соломо́н Михо́элс (1890-1948), актёр, режиссёр, народный артист СССР. С 1919 г. работал в Московском государственном еврейском театре, с 1929 г. был его руководителем.
[3]Ба́бий Яр - овраг на окраине Киева, место массового уничтожения мирного населения (в основном евреев) в 1941-1943 гг.

1 пра́здный müßig - 1 и́бо alt u. buchspr. denn - 4 уничтожа́ть/уничто́жить vernichten - 4 расстре́ливать/расстреля́ть erschießen - 15 сохраня́ться/сохрани́ться erhalten bleiben - 20 заверше́ние Vollendung - 22 как при́нято бы́ло счита́ть wie man zu sagen pflegte - 23 уверя́ть/уве́рить versichern, beteuern - 26 вторже́ние Invasion - 30 бра́тская моги́ла Massengrab - 32 ко́рень, ко́рня, ко́рни Pl m Wurzel - 34 укрыва́тельство Versteck - 34 наказа́ние Strafe - 35 расстре́л Erschießen - 37 оскорби́тельный beleidigend - 39 торго́вец, торго́вца, торго́вцы Pl Händler - 43 возлага́ть/возложи́ть наде́жды на что Hoffnungen setzen auf

Übung zum Wortschatz

1. *Ersetzen Sie die kursivgedruckten Wörter durch Synonyme.*
   a) Z. 1 вопрос... не *праздный*   d) Z. 18 *главы*... комитета
   b) Z. 1 *ибо* такого слова никогда   e) Z. 41 в это время был *создан*
   c) Z. 12 мы её *издадим*   f) Z. 44 *колоссальные* результаты
2. *Ersetzen Sie die Verbalkonstruktionen durch substantivische Konstruktionen.*
   a) Z. 12 издать книгу   d) Z. 26 объяснить причины
   b) Z. 13 обещал идеолог партии   e) Z. 33 спасли евреев
   c) Z. 23 старики уверяют   f) Z. 42 возложил надежды
3. *Suchen Sie im Text Substantive auf -ание(-ение) und bestimmen Sie die Verben, von denen sie abgeleitet sind.*
4. *Bilden Sie von den folgenden Substantiven Adjektive mit dem Suffix - ск- und setzen Sie sie in die richtige Form.*
   Muster: еврей / вопрос → еврейский вопрос
   a) белорус / язык   d) автор / концепция   g) Харьков / совет
   b) дети / дом   e) Киев / музей   h) Сталин / замысел
   c) совет / власть   f) Германия / фирма   i) Молотов / коктейль

Вопросы и задания

1. Какие факты приводятся в статье об уничтожении еврейского населения на оккупированных территориях?
2. Охарактеризуйте отношение советского правительства к фактам массового уничтожения евреев до, во время и после Отечественной войны.
3. Расскажите о судьбе произведения, которое упоминается в тексте.
4. Когда впервые слово "Холокост" вошло в русский язык и что оно открыло для многих россиян?
5. Какие факты приводит автор статьи в доказательство существования в СССР антисемитизма?

6. УБИЙСТВО МИХОЭЛСА И "ДЕЛО ВРАЧЕЙ"

13 января 1993 года исполняется ровно 45 лет со дня убийства Соломона Михоэлса и 40 лет со дня публикации во всех центральных газетах "незаметной" заметки "Арест группы врачей-вредителей". Второе событие явилось продолжением первого. По замыслу Сталина, оно должно было стать окончательным решением еврейского вопроса в СССР.

Итак, 13 января 1948 года слуги вождя выполнили его задание. Бывший министр МГБ Абакумов позднее рассказывал на суде следующее: "Когда Сталину доложили, что Михоэлс прибыл в Минск, он сразу же дал указание именно в Минске провести ликвидацию". Смерть Михоэлса преподнесли общественности как трагический случай - автокатастрофа. Похороны Михоэлса были очень торжественные, а вскоре после похорон были организованы вечера памяти Михоэлса с участием виднейших деятелей культуры.

Вскоре события получили совсем другую направленность: в сентябре - декабре 1948 года были закрыты все еврейские газеты, а в начале 1949 года видных деятелей еврейской культуры обвинили в "буржуазном национализме". Началась так называемая кампания против космополитов, носившая неприкрытый антисемитский характер. Следствие по их делу длилось почти четыре года. 12 августа большинство из них казнили в подвалах Лубянки[1], а Сталин приступил к заключительному акту спектакля - к "делу врачей".

13 января 1953 года под рубрикой "Хроника" было опубликовано сообщение ТАСС, в котором говорилось об аресте группы врачей-вредителей. В нём утверждалось, что советские органы безопасности раскрыли террористическую группу врачей, которые "стремились путём вредительского лечения сократить жизнь активных деятелей Советского Союза". Далее говорилось, что "арестованные признались в том, что они ставили неправильные диагнозы и таким образом губили пациентов". Их также обвиняли в убийстве некоторых видных партийных и государственных деятелей. Вскоре в печати появились тысячи писем читателей с требованием немедленной и справедливой расплаты с "убийцами в белых халатах".

30 Спустя ровно три месяца² в газетах появилось иное сообщение: "Тщательной проверкой было установлено, что "дело врачей было инспирировано "врагами народа".

По *Независимой газете*, 13.01.1993 г.

¹МГБ, позднее переименовано в КГБ, находилось на Лубянской площади (на Лубянке) в Москве.
² 5 марта 1953 г. умер Сталин.

1 исполня́ться/испо́лниться sich vollenden - 3 заме́тка Notiz - 3 вреди́тель *m* Schädling - 4 за́мысел Idee, Konzept - 6 слуга́ Diener, Scherge - 6 вождь *m* Führer 7 МГБ (Министе́рство госуда́рственной безопа́сности) Ministerium für Staatssicherheit - 8 докла́дывать/доложи́ть melden - 8 указа́ние Anweisung - 9 преподноси́ть/преподнести́ *кому* darstellen - 9 по́хороны *Pl* Begräbnis - 12 ви́дный bedeutend - 13 получа́ть/получи́ть напра́вленность eine Richtung bekommen - 15 обвиня́ть/обвини́ть в *чём* beschuldigen - 17 сле́дствие по де́лу Ermittlungsverfahren - 18 казни́ть *ipf* hinrichten - 18 подва́л Keller - 19 приступа́ть/приступи́ть к *чему* (приступлю́, присту́пишь) beginnen mit - 24 сокраща́ть/сократи́ть (сокращу́, сократи́шь) verkürzen - 25 признава́ться/призна́ться в *чём* ein Geständnis ablegen - 26 губи́ть/погуби́ть (гублю́, гу́бишь) zugrunde richten - 29 распла́та Vergeltung - 30 спустя *что* nach (*Verlauf von*)

Übung zum Wortschatz

1. *Ersetzen Sie die Verbalkonstruktionen durch substantivische Konstruktionen.*
   a) Z. 6 выполнить задание
   b) Z. 9 провести ликвидацию
   c) Z. 15 обвинить в национализме
   d) Z. 19 приступить к акту
   e) Z. 24 сократить жизнь деятелей
   f) Z. 28 появились тысячи писем

2. *Wie heißt die Person? Bilden Sie von den folgenden Infinitiven Substantive mit dem Suffix -тель und übersetzen Sie sie ins Deutsche.*
   Muster: издавать книгу → издатель книги → Herausgeber des Buches
   a) преследовать религию
   b) грабить лавку
   c) хранить традицию
   d) руководить комитетом
   e) победить фашизм
   f) обвинить врачей-евреев
   g) оскорбить религиозные чувства
   h) искать приключения
   i) создать Антифашистский комитет
   j) нарушить международные законы

3. *Bilden Sie von den folgenden Wörtern Substantive mit dem Suffix -ость und übersetzen Sie sie ins Deutsche.*
   Muster: народная песня → народность песни → Volkstümlichkeit des Liedes
   a) незаметная заметка
   b) честная книга
   c) торжественные похороны
   d) неприкрытый антисемитизм
   e) активные деятели культуры
   f) неправильный диагноз
   g) партийные руководители
   h) справедливая расправа
   i) тщательная проверка
   j) окончательное решение вопроса

Вопросы и задания

1. Сделайте краткое сообщение о Соломоне Михоэлсе. Используйте материалы предыдущей статьи.
2. Какое место в планах Сталина занимало убийство Михоэлса?
3. Как представлялось в средствах массовой информации "дело врачей"? Найдите в тексте слова, которые использовались для их характеристики.
4. Прокомментируйте фразу "с требованием немедленной и справедливой расплаты". О каком наказании идёт здесь, по-вашему, речь?
5. Почему, по вашему мнению, так неожиданно закончилось "дело врачей"?

7. ПОТЕНЦИАЛЬНЫЕ ШПИОНЫ

Недавно увидели свет письма Г. Александрова - начальника Управления пропаганды и агитации, направленные партийному руководству в 1942-1943 годы. В них речь шла о том, что необходимо провести чистки, "освободить" от евреев учреждения культуры. По воспоминаниям очевидцев, один из руководителей Политического управления армии на одном из совещаний прямо заявил, что накануне Великой Отечественной войны было ясно: Германия - наш вероятный противник, а немецкое население СССР - потенциальные шпионы Германии. Теперь, в конце 40-х годов, видно, что вероятный противник Советского Союза - Соединённые Штаты Америки; поскольку в этой стране евреи играют заметную роль в финансах, политике и экономике, советские евреи должны рассматриваться как потенциальные шпионы.

Есть много причин, побудивших сталинское руководство начать в 1948 г. антисемитскую кампанию. Недовольство населения реальными трудностями после войны (голод, отсутствие жилья, преступность) можно было направить в привычное русло: во всём виноваты евреи. Борьба с космополитами помогала укреплять "железный занавес" между Россией и Западом, формировала образ врага. И самое главное - сталинский режим не мог существовать без крупных политических процессов, которые наводили страх и ужас.

С 8 мая по 18 июля 1952 года в Москве проходил судебный процесс над руководителями Еврейского антифашисткого комитета. Сталин и его помощники поставили перед следователями и судьями чёткую задачу: процесс должен был показать, что в стране существует антисоветский шпионский центр еврейских националистов с ячейками во всех учреждениях государственного аппарата и на предприятиях. Существование такого центра ещё не было доказано судом, а по всей стране уже начались аресты и расстрелы за принадлежность к этой мифической организации. По плану Сталина, который ему не удалось реализовать, евреев должны были за два дня депортировать из Москвы, чтобы спасти их от "народного гнева", который он сам спровоцировал. Только смерть Сталина остановила страшную угрозу.

По газете *Московские новости* № 12, 1994 г.

3 чи́стка Säuberung - 4 учрежде́ние Institution, Dienststelle - 5 совеща́ние Konferenz - 6 накану́не *чего* am Vorabend - 7 вероя́тный potentiell - 11 рассма́тривать как *ipf* betrachten als - 12 побужда́ть/побуди́ть (побужу́, побуди́шь) veranlassen - 14 отсу́тствие Fehlen - 14 престу́пность *f* Kriminalität - 14 направля́ть/напра́вить в привы́чное ру́сло (напра́влю, напра́вишь) in die gewohnten Bahnen lenken 16 укрепля́ть/укрепи́ть (укреплю́, укрепи́шь) befestigen - 16 желе́зный за́навес eiserner Vorhang - 17 о́браз врага́ Feindbild - 18 наводи́ть/навести́ страх на *кого́-что* (навожу́, наво́дишь / наведу́, наведёшь) Furcht verbreiten - 21 сле́дователь *m* Untersuchungsrichter - 23 яче́йка Zelle - 26 принадле́жность к *чему f* Zugehörigkeit zu - 28 гнев Zorn - 29 угро́за Gefahr

Вопросы и задания

1. Охарактеризу́йте государственную политику по отношению к евреям в СССР в конце 40-х - начале 50-х годов. Используйте материалы предыдущих текстов.
2. Обобщите информацию прочитанных вами текстов о Еврейском антифашистском комитете и сделайте сообщение о нём. Опишите события, которые предшествовали процессу над его руководителями, и определите цель, которую преследовало при этом сталинское руководство.
3. Найдите в текстах строки, в которых упоминается имя Сталина, и на основе этих фактов охарактеризуйте личное участие Сталина при планировании и проведении особой политики по отношению к евреям.

Aufgaben zur Grammatik (Texte 4 - 7)

1. *Welches russische Wort entspricht dem Fremdwort?*

a) легальный   d) геноцид   g) канибализм   j) позитивный
b) биография   e) ликвидировать   h) фатальный   k) негативный
c) лексикон   f) публиковать   i) колоссальный   l) потенциальный

1 положительный, 2 огромный, 3 истребление, 4 словарь,
5 законный, 6 издавать, 7 роковой, 8 жизнеописание, 9 людоедство,
10 вероятный, 11 уничтожать, 12 отрицательный

2. *Bilden Sie von den folgenden Substantiven Adjektive mit dem Suffix -енн- und setzen Sie sie in die richtige Form.*
   Muster: общество / интересы → общественные интересы

a) мужество / позиция   f) хозяйство / деятельность
b) государство / органы безопасности g) число / большинство
c) родство / связи   h) время / правила
d) отечество / война   i) письмо / доклад
e) убийство / аргументы   j) жизнь / интересы

3. *Setzen Sie die Verben ein, die zu den kursivgedruckten Substantiven passen.*

1. В середине 80-х годов прошлого столетия в России _____ *указ* о переселении всех евреев в населённые пункты черты оседлости. 2. При выселении евреев из мест, находившихся вне черты оседлости, не _____ практически никаких *исключений*. 3. Убийство Александра II _____ *конец* политике либерализации по отношению к еврейскому населению. 4. Во время его правления _____ многие *ограничения*, связанные с проживанием и профессиональной деятельностью евреев на территории России. 5. Но спустя уже несколько лет после его убийства эти *ограничения* _____ снова. 6. В конце XIX века - начале XX века по югу России _____ *волна* погромов. 7. Умелой рукой правительство _____ *недовольство* населения в привычное русло антисемитизма. 8. Политика правительства в то время _____ *цель* выселить евреев из России.

a) вводить/ввести   e) направлять/направить
b) отменять/отменить   f) делать/сделать
c) преследовать   g) класть/положить
d) издавать/издать   h) проходить/пройти

4. *Setzen Sie die jeweils passende Konjunktion ein:* ни - ни, поэтому, потому что, а, но, и, чем - тем, ибо, если.

Судьба "Чёрной книги"

Полвека она шла к российскому читателю, _____ сама история её создания стала фактом нашей истории. "Мне было сказано - сделайте книгу, и, _____ она будет хорошей, она будет напечатана, - говорил Эренбург в конце войны на совещании Литературной комиссии при Антифашистском еврейском комитете. - Я не понимаю, что значит "будет хорошей" - это не роман, содержание которого неизвестно."

Эренбург понимал, чего от него ждут, _____ он не хотел играть в эти постыдные игры. _____ он ушёл из редколлегии.

Рецензент книги, начальник управления пропаганды и агитации ЦК, считал, что "Чёрная книга" даёт "ложное представление об истинном характере фашизма", _____ создаёт впечатление, что "немцы воевали с СССР только с целью уничтожения евреев".

Могла ли вообще выйти такая книга в сталинское и постсталинское время, когда антисемитизм был государственной политикой? А мог ли существовать сам Еврейский антифашистский комитет, готовивший это издание?

_____ ближе конец войны, _____ неудобнее становится комитет. А после победы по мере превращения войны "горячей" в "холодную" ЕАК, задуманный как орудие пропаганды и сбора средств, стал совсем не нужен, _____ мировое еврейство из союзника превратилось во врага. И начались аресты, расстрелы.

Об издании "Чёрной книги" тогда не могло быть и речи, _____ она не выходила и в последующие десятилетия. Тысячи заметок, статей, книг о страданиях советских людей, о злодеяниях фашистов. Лекции. Фильмы. Музеи. Только эта книга находилась под запретом, _____ все подготовительные материалы хранились в архиве КГБ.

Не выходила книга в России и в первые годы нашей демократической весны. Американская еврейская правозащитная организация оказала финансовую помощь для издания книги в России.

Какой прекрасный аргумент для отечественного антисемитизма: на американские деньги издавали. Да, очень жаль, что не нашлось российских денег - _____ благотворительных, _____ государственных.

По газете *Век*, 22.09.1994 г.

8. СПУСК ПОД ВОДУ

Ли́дия Корне́евна Чуко́вская (1907) долгие годы работала литературным редактором. Начала писать в конце 30-х годов. Её основные произведения, в которых она правдиво изображает сталинскую эпоху и трагические судьбы людей того времени, до конца 80-х годов публиковались лишь за границей. Лидия Чуковская открыто выступала против реставрации сталинизма в СССР, в защиту Сахарова и Солженицына. В 1974 году её исключили из Союза писателей СССР.

В повести "Спуск под воду", написанной в форме дневника, показываются московские литературные круги в 1949 году.

После прогулки я спустилась в столовую. Билибин уже сидел там и оживлённо беседовал с только что вернувшимся из Москвы Сергеем Дмитриевичем. За столом сидел кто-то новый. Меня познакомили с ним - это Пётр Иванович Клоков, критик, заведующий, кажется, критическим отделом одного из московских журналов. За супом он и Сергей Дмитриевич начали рассказывать московские литературные новости.

Разговор вертелся вокруг "Литературной газеты", издательства "Советский писатель", комиссий Союза писателей, редакций журналов. Билибин не говорил ничего, молчал или задавал вопросы, и очень внимательно слушал своих собеседников. Потом Сергей Дмитриевич рассказал о речи главного редактора на совещании в "Литературной газете".

- Удивительно он сумел показать империалистическое зерно космополитских идеек. Удивительно! Его речь мне просто глаза открыла на многое. Вот, например... Зеленин, хороший мой приятель...

- Это который Зеликсон? - перебил его Клоков.

- Да, так вот Зеленин, хороший мой приятель, мы с ним в армии вместе были, а теперь вместе на даче живём, и я его часто печатал у нас в отделе. Не по приятельству, конечно, а просто, знаете, кандидат наук и репутация у него знатока...

- Да, это они все умеют - хвастать культурностью, - вставил Клоков.

- Я его печатал, не замечая, не желая замечать, что стоит за его любовью к Флоберу, Стендалю... И только после речи главного редактора мне стало ясно, куда он тянул. Я вспомнил один наш разговор за картами. "Без французов не было бы, пожалуй, психологизма Толстого", - сказал тогда Зеленин.

Сергей Дмитриевич серьёзными глазами многозначительно оглядел стол.

- Понимаете? Не мировое значение нашего Толстого, а французы, оказывается, влияли на него!

- Да, они умели протаскивать, - сказал критик и вынул золотой портсигар. - Вы позволите? - обратился он ко мне. Закурил. - Протаскивать антинародные идейки. И один другого тянуть тоже хорошо умели. У нас в журнале мой заместитель многих за собой тянул. Теперь его уволили и выговор ему дали. Да разве их одними выговорами отучишь? У них такая между собой спайка.

– Как фамилия? – зачем-то спросил Билибин.

– Ландау. Я в отпуск – а он Мееровича напечатал. А Меерович хвалил
45 этого... как его?... Михоэлса, помните? И я тоже... надо признаться, хлопал
глазами... пока не разъяснила печать.

– А что же вам разъяснила печать? – спросила я.

– Всё, – чуть пожал плечами Клоков. – Их антинародную деятельность.
Их антипатриотическую сущность. Связи с Америкой. Глубокие корни, ко-
50 торые пустил сионизм.

– А меня, – сказала я с трудом и тихо, – когда я читаю газеты, поражает,
напротив, что всё, что пишут об этих людях, – явная неправда. Именно явность неправды и поражает, бросается в глаза. Не слова, а какая-то словес-
ная шелуха. Пустышки. Знаете, как младенцам дают соски-пустышки? Без
55 молока... Так и эти слова: без содержимого. Без наполненности. Не фразы, а
комбинации значков.

Билибин толкнул меня под столом ногою. Но остановиться я уже не могла.

– Ни одного полновесного слова. И потому сразу ясно, что ни Зеленин, ни
60 его друзья не виновны.

– Явность неправды? – переспросил Сергей Дмитриевич. – Соски-пустышки?

– Нельзя, нельзя, Нина Сергеевна, проявлять мягкосердечие и ручаться
за всех и каждого, назидательно говорил Клоков. – Проявлять благодушие...
65 В обстановке активизации международной реакции это крайне опасно, крайне.

– Я не знаю, никогда и в глаза не видела ни одного из обвинённых, не
только что всех, – сказала я. – Но в словах, которые о них пишут, нет ни гра-
на правды. За это я ручаться могу... и это сразу слышно. Ведь это готовые
70 клише, а не мысли. Слышно по однообразию... по расстановке слов... по син-
таксису... тону... интонации.

Клоков не рассмеялся мне прямо в лицо только потому, что ему недавно
объяснил кто-то авторитетный: с дамами, в особенности за столом, и в особенности, если они круглые дуры, следует при всех обстоятельствах оста-
75 ваться вежливым.

Сергей Дмитриевич смотрел на меня с состраданием и удивлением. Поду-
мать только, по тону слов! не по смыслу, а по тону и расстановке слов отли-
чить правду от лжи! Какую говорит ерунду, а ещё переводчица, член Союза
писателей. Недаром она любит стихи... этого... заумного... Пастернака.

По книге Лидии Чуковской *Повести*, Москва 1988 г.

---

10 **оживлённо** lebhaft – 13 **заве́дующий**, -ая, -ие Leiter – 16 **верте́ться вокру́г** *чего* ipf sich drehen um – 16 **изда́тельство** Verlag – 21 **зерно́** Korn, Kern – 22 **иде́йка**
verächtlich Ideechen – 27 **по прия́тельству** aus Freundschaft – 28 **знато́к** Kenner –
29 **хва́стать/похва́стать** *чем* sich rühmen – 32 **куда́ он тяну́л** worauf er hinaus

wollte - 34 огля́дывать/огляде́ть (огляжу́, огляди́шь) überblicken - 36 влия́ть/повлия́ть beeinflussen - 37 прота́скивать/протащи́ть (протащу́, прота́щишь) einschmuggeln - 38 обраща́ться/обрати́ться к *кому* (обращу́сь, обрати́шься) sich wenden an - 39 тяну́ть/потяну́ть за собо́й hinter sich her ziehen - 40 замести́тель *m* Stellvertreter - 40 увольня́ть/уво́лить entlassen - 40 вы́говор Rüge - 41 оту́чивать/отучи́ть (отучу́, оту́чишь) abbringen - 42 спа́йка Kumpanei - 44 хвали́ть/похвали́ть (похвалю́, похва́лишь) loben - 45 признава́ться/призна́ться eingestehen - 45 хло́пать глаза́ми *ipf* verständnislos sein - 51 поража́ть/порази́ть (поражу́, порази́шь) verblüffen - 52 я́вный offensichtlich - 53 броса́ться/бро́ситься в глаза́ ins Auge fallen - 53 слове́сная шелуха́ Worthülse - 54 (со́ска-)пусты́шка Schnuller - 54 младе́нец Säugling - 55 напо́лненность *f* Füllung - 63 руча́ться/поручи́ться за *кого-что* (поручу́сь, пору́чишься) bürgen für - 64 назида́тельно belehrend - 65 кра́йне äußerst - 68 ни гра́на пра́вды kein Körnchen Wahrheit - 70 однообра́зие Eintönigkeit - 70 расстано́вка слов Wortstellung - 74 кру́глая ду́ра ausgemachte Närrin - 76 сострада́ние Mitleid - 78 ложь, лжи *f* Lüge - 79 неда́ром nicht ohne Grund - 79 зау́мный überspannt, transmental

Übung zum Wortschatz

1. *Ersetzen Sie die kursivgedruckten Wörter durch Synonyme.*
   a) Z. 10 оживлённо *беседовал*
   b) Z. 12 меня *познакомили* с ним
   c) Z. 21 империалистическое *зерно*
   d) Z. 27 не по *приятельству*
   e) Z. 51 а меня... *поражает*
   f) Z. 52 явная *неправда*
   g) Z. 64 *назидательно* говорил
   h) Z. 72 в лицо *только* потому
   i) Z. 74 *круглые* дуры
   j) Z. 78 какую говорит *ерунду*
2. *Bilden Sie von den folgenden Adjektiven Substantive mit dem Suffix -ость und übersetzen Sie sie ins Deutsche.*
   Muster: народная песня → народность песни → Volkstümlichkeit des Liedes
   a) серьёзные глаза
   b) многозначительный взгляд
   c) опасные мысли
   d) авторитетный критик
   e) полновесные слова
   f) особенный язык
3. *Suchen Sie im Text Substantive mit dem Suffix -ость und bestimmen Sie, von welchen Wörtern sie abgeleitet sind.*
4. *Suchen Sie im Text Substantive auf -ание(-ение) und bestimmen Sie die Verben, von denen sie abgeleitet sind.*
5. *Ersetzen Sie die kursivgedruckte Konstruktion durch eine synonyme syntaktische Konstruktion.*
   a) Z. 14 *За супом* он и Сергей Дмитриевич начали рассказывать московские литературные новости.
   b) Z. 32 Я вспомнил один наш разговор *за картами*.
6. *Geben Sie den Sachverhalt mit anderen Worten wieder.*
   a) Z. 1 Его речь мне просто *глаза открыла* на многое.
   b) Z. 2 И я тоже... надо признаться, *хлопал глазами*.
   c) Z. 4 Именно явность неправды и поражает, *бросается в глаза*.
   d) Z. 13 *в глаза не видела* ни одного из обвинённых

Вопросы и задания

1. Опишите место и участников действия.
2. Сформулируйте кратко тему разговора за столом и степень участия в нём каждого из собеседников.
3. На основе предыдущих текстов расскажите о послевоенном периоде истории СССР, о котором идёт речь в тексте .
4. Какие точки зрения на происходящее в стране представлены в разговоре? Кто из собеседников представляет их и какие аргументы приводятся "за" и "против"?
5. Найдите в тексте слова, которые употребляются в разговоре вместо слова "еврей". Как характеризуются евреи в ходе разговора?
6. Опишите реакцию собеседников на слова Нины Сергеевны.

9. ГЕНОЦИД НА ПАМЯТЬ
(Часть вторая)

После Сталина при Хрущёве государственный антисемитизм приобрёл стабильные формы. Так называемый "пятый пункт"[1] стал новой чертой оседлости для евреев. Партия установила предел, до которого евреи могли доходить в своей творческой и интеллектуальной экспансии. Многие евреи цеплялись за любую возможность быть неевреями - меняли имя и отчество, мужчины брали фамилии своих русских жён, дети - матерей. Но пятый пункт преследовал их - в секретных учреждениях, в университетах, в МИДе докапывались до правды.

В первые годы перестройки началось разгосударствление антисемитизма. Крах империи, крах в экономике, агония прежней системы должны были неизбежно привести к активизации всех консервативных сил, что и произошло. Десятки национал-патриотических газет и журналов открыто ведут сегодня кампанию против нашей пока ещё маломощной демократии. Их пропаганда откровенно расистская. Путь к спасению России и русского народа они видят в борьбе с главными виновниками всех бед - евреями. Один из руководителей общества "Память" недавно сказал: "Евреи, пока не поздно, должны уехать". Геноцид на память сделал своё дело. Неосознанная трагедия, неосознанная вина обернулись для России неофашизмом. Снова, как когда-то в гитлеровской Германии, появился сионистский заговор, который через своих агентов (сначала Горбачёва, а теперь помощников Ельцина или самого Ельцина) разрушил империю, натравливает народы друг на друга и прежде всего на русских, чтобы окончательно ослабить страну и превратить её в сырьевой придаток "транснациональной финансовой олигархии", которая, по утверждениям патриотической прессы, целиком состоит из ... евреев.

У нового фашизма в России старые корни: колониальные захваты и погромы в царской России, массовый террор 30-50-х годов, преступные договоры Сталина с Гитлером перед второй мировой войной, шовинизм и государственный антисемитизм после войны. А непризнание Холокоста привело к вседозволенности по отношению к евреям сегодня.

Нынешнее российское правительство до сих пор не осудило в парламенте действия неофашистов, не запретило их откровенно расистскую пропаганду.

Рис. из газеты "Русское воскресение"

По *Независимой газете*, 12.08.1992 г.

[1]В паспорте советского гражданина стояло: 1. Фамилия; 2. Имя; 3. Отчество; 4. Место и год рождения; 5. Национальность.

1 **приобретáть/приобрестú** (приобретý, приобретёшь) erlangen - 3 **устанáвливать/установúть предéл** (установлю́, устанóвишь) eine Grenze setzen - 4 **твóрческий** schöpferisch - 4 **цепля́ться за** *что ipf* sich festklammern an - 8 **МИД** (Министéрство инострáнных дел) Außenministerium - 8 **докáпываться/докопáться до** *чего* ausfindig machen - 9 **разгосударствлéние** Entstaatlichung - 10 **неизбéжно** unvermeidlich - 12 **деся́ток**, деся́тка, деся́тки *Pl* Dutzend - 17 **неосóзнанный** nicht eingestanden - 18 **оборáчиваться/обернýться** *чем* umschlagen in - 19 **зáговор** Verschwörung - 21 **натрáвливать/натравúть на** *кого-что* (натравлю́, натрáвишь) hetzen auf - 22 **ослабля́ть/ослáбить** (ослáблю, ослáбишь) schwächen - 22 **превращáть/преврати́ть во** *что* (превращý, превратúшь) verwandeln in - 23 **сырьевóй придáток** Rohstofflieferant - 25 **захвáт** Eroberung - 26 **договóр** Abkommen - 31 **непризнáние** Verdrängung - 33 **вседозвóленность** Willkür - **воскресéние** Auferstehung

Übung zum Wortschatz

1. *Ersetzen Sie die kursivgedruckten Wörter durch Synonyme.*
   a) Z. 3 партия установила *предел*   d) Z. 18 *обернулась* неофашизмом
   b) Z. 5 за *любую* возможность   e) Z. 21 *прежде всего* на русских
   c) Z. 13 ещё *маломощной*   f) Z. 24 *целиком* состоит из евреев
2. *Wie heißt die Person?*
   A. *Bilden Sie von den folgenden Infinitiven Substantive mit dem Suffix -тель und bilden Sie zu ihnen das Femininum und den Plural.*
   Muster: править → правитель → правительница → правители
   a) писать   c) руководить   e) хвалить   h) разрушить
   b) обвинить   d) деять   g) преследовать i) читать

B. *Bilden Sie von den folgenden Substantiven Substantive mit dem Suffix -щик und bilden Sie zu ihnen das Femininum und den Plural.*

Muster: погром → погромщик → погромщица → погромщики

a) заговор   c) сбор   e) манекен   h) барабан
b) камень   d) гардероб   g) миллион   i) алименты

Вопросы и задания

1. Охарактеризуйте политику по отношению к евреям, проводившуюся в СССР после смерти Сталина и до наших дней.
2. О каких конкретных экономических и политических изменениях в обществе в конце 90-х годов идёт речь в тексте?
3. Какие негативные последствия повлекли за собой эти изменения?
4. Охарактеризуйте позицию правительства по отношению к национал-патриотическим партиям.
5. Какое новое значение вкладывает автор статьи в понятие "черта оседлости"? Что означало это понятие до революции? Почему автор использует именно это понятие? Обоснуйте своё мнение.
6. Прокомментируйте название статьи. О какой памяти говорит автор?
7. Посмотрите на карикатуру из одной из правых газет. Что и как изобразил художник? Найдите в тексте слова, которые могли бы стать подписью к этому рисунку.

10. КАКУЮ СТРАНУ МНЕ СЧИТАТЬ РОДИНОЙ?

Прочитал в Вашей газете слова, сказанные Ю. Власовым о том, что Россия для евреев не родная земля. Хотелось бы получить от него разъяснения: какую страну мне считать родиной?

Мой прадед, дед, отец и я родились и прожили всю жизнь в России (мне
5   уже 73 года). Дед был кантонистом, то есть насильно в детском возрасте был взят в российскую армию, а потом стал кузнецом. Отец тоже был кузнецом и солдатом в русской армии, воевал в 1-ю мировую. Я учился в русской школе и - до начала войны - в русском вузе, воспитан русской культурой, родной язык - русский, прослужил в Советской армии более 25 лет,
10 младший брат погиб на фронте.

Так где же моя родина? Где родина Пушкина, Лермонтова, Цветаевой (мать немка), художника Левитана, врача и писателя, автора толкового словаря русского языка Даля (отец датчанин, мать немка), русских поэтов Пастернака, Мандельштама, Бродского и нет им числа. Немалые потери поне-
15 сёт русская культура, если таких деятелей культуры лишить истинной родины.

И. Ковельзон, г. Уфа
По газете *Московские новости*, 14.11.1993 г.

4 пра́дед Urgroßvater - 6 кузне́ц Schmied - 8 вуз (вы́сшее уче́бное заведе́ние) Hochschule, Universität - 14 поте́ря Verlust - 15 лиша́ть/лиши́ть berauben - 15 и́стинный wahr

Вопросы и задания

1. Какие изменения в обществе и какие конкретные причины побудили Ковельзона написать в газету?
2. Разделите письмо на смысловые части и сформулируйте кратко содержание каждой части.
3. Какие сведения и для чего он сообщает о себе и своей семье?
4. Что бы вы ответили на вопрос автора письма: "Так где же моя родина?"

11. ПОЛИТИКА ПО ОТНОШЕНИЮ К ЕВРЕЯМ В ПРОГРАММЕ ПАРТИИ "РУССКОЕ НАЦИОНАЛЬНОЕ ЕДИНСТВО"

Партия РНЕ, одна из крупных российских партий, существует с 1990 года, руководитель - Александр Баркашов. Партия планирует прийти к власти и снова создать "единую и неделимую Россию" в границах Российской империи.

5   Господствующей в России должна стать русская нация. Что касается евреев и цыган, то они будут полностью ликвидированы в кратчайшие сроки. Ни на Запад, ни в Израиль евреев высылать не следует, так как это послужит только усилению позиций мирового сионизма. Предлагается в России ввести законы гитлеровской Германии: смешанный брак или связь будут
10 преследоваться в уголовном порядке.

По газете *Московские новости*, 17.07.1994

3 недели́мый unteilbar - 5 госпо́дствовать *ipf* herrschen - 9 сме́шанный брак Mischehe - 10 пресле́довать в уголо́вном поря́дке *ipf* strafrechtlich verfolgen

12. ФАШИСТАМ ПОКА СПОКОЙНО

Угроза фашизации России стала общепризнанным фактом. Многим казалось, что после октября 1993 года "Русское национальное единство" разгромлено. Но нет: РНЕ (как и другие фашистские организации) живёт. В России издаётся сегодня примерно 150 периодических фашистских изданий.

5   К сожалению, демократическое движение (не говоря уж о российских властях) до самого последнего времени опасность фашизма, мягко говоря, недооценивало.

Пассивно ведут себя в отношении фашистских организаций прокуратура и суд. Московский антифашистский центр много раз обращался в эти орга-
10 ны. Расскажу об одном случае. А. Батагов, издатель и редактор погромно-фашистской газеты "Русское воскресение", открыто прославлял Гитлера и призывал к физическому уничтожению евреев. В 1992 году он был арестован, но ненадолго. Восемь месяцев Батагов не приходил на заседания суда и присылал справки о плохом самочувствии. 23 октября 1993 года суд прекра-
15 тил дело "как утратившее общественную опасность".

В России нет закона о запрещении фашистских организаций. В апреле Антифашистский центр подготовил проект такого закона и направил его в администрацию президента. Опираясь на Конституцию и УК РФ, мы сделали попытку дать юридическое определение фашизма и экстремизма, предложи-
20 ли процедуру рассмотрения в суде вопроса о признании той или иной организации фашистской или экстремистской. Однако, по мнению Главного правового управления, такой закон не нужен. Распространённая точка зрения: для борьбы с фашизмом и экстремизмом вполне достаточно нынешнего законодательства, жёсткие запреты опасны для демократии.

25 Наша позиция иная: не было в истории случая, чтобы преследование экстремистов привело к ущемлению демократии. А вот попустительство экстремистам всегда приводило к диктатуре и тоталитаризму.

Евгений Прошечкин,
председатель Московского антифашистского центра
По газете *Московские новости*, 12.06.1994 г.

2 **громи́ть/разгроми́ть** (разгромлю́, разгроми́шь) zerschlagen - 7 **недооце́нивать/ недооцени́ть** unterschätzen - 8 **прокурату́ра** Staatsanwaltschaft - 11 **прославля́ть/ просла́вить** (просла́влю, просла́вишь) verherrlichen - 13 **заседа́ние суда́** Gerichtsverhandlung - 14 **прекраща́ть/прекрати́ть де́ло** (прекращу́, прекрати́шь) das Verfahren einstellen - 18 **опира́ясь на** *что* gestützt auf - 18 **УК** (уголо́вный ко́декс) Strafgesetzbuch - 20 **призна́ние** Anerkenntnis - 23 **законода́тельство** Gesetzgebung - 24 **жёсткий** streng - 24 **ущемле́ние демокра́тии** Einschränkung der Demokratie

Вопросы и задания

1. Кем является автор письма, опубликованного в "Московских новостях"?
2. Перечислите факты, которые сообщаются о деятельности фашистских организаций в стране. Используйте материалы других текстов.
3. Опишите позицию государственных органов и общественных организаций по отношению к фашистским организациям.
4. Что предпринимает Антифашистский центр для борьбы с фашизмом?
5. Как реагируют на это правовые организации?
6. Выскажите и обоснуйте ваше мнение о позиции государственных органов и Антифашистского центра.

Aufgaben zur Grammatik (Texte 8 - 12)

1. *Ersetzen Sie die Sätze durch substantivische Konstruktionen.*

a) Окончательно ослабить страну и превратить её в сырьевой придаток.
b) Демократическое движение опасность фашизма недооценивает.
c) Московский антифашистский центр обратился в прокуратуру и суд.
d) Суд прекратил дело.

2. *Welches russische Wort entspricht dem Fremdwort?*

a) комбинация   c) мемуары   e) шанс
b) кредит   d) банкротство   f) компенсация

1 крах, 2 сочетание, 3 ссуда, 4 возможность, 5 возмещение, 6 воспоминания

3. *Bilden Sie Wörter nach dem folgenden Muster:*
   Muster: альтернатива → альтернативный → альтернативность

a) дело   c) случай   e) условие   g) образ
b) закон   d) гнев   f) труд   h) истина

4. *Ersetzen Sie die Relativsätze durch Partizipialkonstruktionen.*

1. Снова появился сионистский заговор, который через своих агентов разрушил империю, натравливает народы друг на друга и прежде всего на русских. 2. Они хотят превратить страну в сырьевой придаток "транснациональной финансовой олигархии", которая, по утверждениям патриотической прессы, целиком состоит из евреев. 3. Пассивно ведут себя прокуратура и суд, которые недооценивают опасность фашизма. 4. Издатель погромно-фашистской газеты, который открыто прославлял Гитлера и призывал к физическому уничтожению евреев, в 1992 году был арестован, но ненадолго.

5. *Ersetzen Sie die folgenden Aktivsätze durch Passivsätze. Beachten Sie den Aspekt der Verben in den angegebenen Sätzen.*

1. Партия установила предел, до которого евреи могли доходить в своей творческой и интеллектуальной экспансии. 2. Десятки национал-патриотических газет и журналов открыто ведут сегодня кампанию против нашей пока ещё слабой демократии. 3. Нынешнее российское правительство до сих пор не осудило в парламенте действия неофашистов, не запретило их откро-

венно расистскую пропаганду. 4. Демократическое движение до самого последнего времени опасность фашизма недооценивало. 5. В апреле Антифашистский центр подготовил проект такого закона и направил его в администрацию президента. 6. Мы сделали попытку дать юридическое определение фашизма и экстремизма, предложили процедуру рассмотрения в суде вопроса о признании той или иной организации фашистской или экстремистской.

6. *Setzen Sie die Verben ein, die zu den kursivgedruckten Nomina gehören.*

Сегодня национал-патриотические партии _____ *попытку* возродить "ушедшую" Россию. При чтении программ этих партий _____ *в глаза* один общий элемент - идея "борьбы против разрушения страны". Многие из них _____ *задачу* полностью изгнать евреев из России и _____ *надежды* на "комитеты национального спасения". Важную *роль* в их идеологии _____ также и идея насилия. Социологические опросы последних лет наглядно показывают, какие глубокие *корни* _____ антисемитизм в стране. Слабость демократических партий и недооценка государственными органами реальной опасности _____ к резкому *росту* численности таких партий. Сегодняшняя ситуация в стране _____ *страдания* тем, кто столкнулся с реалиями фашистской идеологии во время войны.

a) пускать/пустить
b) ставить/поставить
c) играть/сыграть
d) приводить/привести
e) бросаться/броситься
f) делать/сделать
g) возлагать/возложить
h) причинять/причинить

7. *Ersetzen Sie die kursivgedruckten Verbindungen aus Verb + Substantiv durch einfache Verben.*

1. Сталин *дал* письменный *ответ* на запрос Еврейского телеграфного агентства. 2. Антисемитизм в России *пустил* глубокие *корни*. 3. Сталин *возлагал* большие *надежды* на открытие второго фронта и на получение материальной помощи от США. 4. Сталин сразу же *отдал приказ* провести ликвидацию Михоэлса в Минске. 5. Билибин молчал или *задавал вопросы*. 6. Немалые *потери понесёт* русская культура, если таких деятелей культуры лишить истинной родины. 7. Мы *сделали попытку* дать юридическое определение фашизма и экстремизма.

a) приказывать/приказать
b) отвечать/ответить
c) пытаться/попытаться
d) укореняться/укорениться
e) спрашивать/спросить
f) терять/потерять
g) надеяться/понадеяться

LÖSUNGEN ZU KAPITEL 1

Text 1 Übung zum Wortschatz

1. a) царствования, b) увеличивалась, c) правления, d) закончилось, e) отдала, f) потеряла южную часть
2. a) расширение территории, b) присоединение Курляндии, c) завершение процесса, d) приобретение новых территорий, e) лишение Сахалина, f) создание империи
3. правление - править, царствование - царствовать, соединение - соединить, присоединение - присоединить

Aufgaben zur Grammatik (Texte 1 - 3)

1. a) подписание мирного договора, b) провозглашение 60 (шестидесяти) республик, c) заявление о роспуске Союза ССР, d) присоединение Туркмении, e) преобразование республики, f) сложение с себя полномочий
2. a) уменьшалась, b) разъединение, c) из состава России вышли, d) отделение, выход из состава, e) усиление, f) распад, g) начать, h) вступать на пост
3. a) составная часть, b) обменный пункт, c) трудное решение, d) властный человек, e) областной город, f) мирный договор, g) автономный округ, h) главный момент, i) островное положение
4. a) русское государство, b) Крымская республика, c) российская история, d) японский язык, e) сахалинский климат, f) президентский указ, g) Брестский договор, h) декабрьское совещание, i) имперская политика
5. 1. При Екатерине II к России присоединили западноукраинские, белорусские и литовские земли. 2. 25 октября 1917 года образовали Российскую Советскую Федеративную Социалистическую Республику. 3. 21 декабря на Алма-Атинском совещании руководителей бывших союзных республик СССР подписали Декларацию об образовании СНГ и прекращении существования СССР. 4. Другие автономные области за последние годы преобразовали в республики.

Text 4 Übung zum Wortschatz

1. a) использование различных произведений, b) исполнение гимна, c) утверждение новой редакции текста, d) возрастание роли
2. произведение - произвести, название - назвать, указание - указать, отражение - отразить, влияние - влиять, образование - образовать, написание - написать
3. a) во времена Алексея Михайловича, b) во время военного коммунизма, c) во время диктатуры пролетариата, d) во время правления Романовых, e) во времена Сталина, f) во времена Ленина, g) во времена Горбачёва, h) во времена Николая Второго

Text 5 Übung zum Wortschatz

1. a) объединила, соединила / навечно, навсегда, b) очень сильный, c) надёжная опора, d) осветил, e) вечных, f) будущее
2. свободных - свобода, советский - совет, свободное - свобода, народное - народ, бессмертных - смерть, славной - слава

Text 6 Übung zum Wortschatz

1. a) многообразный, разнообразный, b) некоторые, c) большая, d) образовались, e) сегодня, f) согласно

2. a) сегодняшнее правительство, b) вчерашние события, c) завтрашняя программа, d) нынешние власти, e) теперешняя ситуация, f) позавчерашний случай

Text 7 Übung zum Wortschatz

1. a) территория, b) перед войной, c) граждан, d) присутствие, e) выселения, изгнания, f) с этого момента
2. a) после, b) незначительное, небольшое понижение, c) отсутствие, d) препятствует, e) включая предметы, f) разрешённых

Aufgaben zur Grammatik (Texte 4 - 7)

1. a) многократное изменение границ, b) полное отторжение от Чехословакии Закарпатской области, c) намеренное превращение области в военную зону, d) отправление докладной записки министру, e) частичное восстановление истории депортации
2. a) срочная работа, b) Восточный Берлин, c) южный полюс, d) единичный случай, e) окружной город, f) дорожный знак, g) больничная атмосфера, h) сторонний наблюдатель, i) уличное движение
3. a) гражданское население, b) румынская область, c) Карельская республика, d) сталинское указание, e) эстонский язык, f) кавказская война, g) бессарабская территория, h) германская политика, i) венгерские события
4. 1. ..., вошедшей в состав Литвы. 2. ..., долгое время находившихся в секретных архивах.
5. 1. Советской армией был взят штурмом Кёнигсберг. 2. Генералом Дёминым отправляется в Москву докладная записка об итогах депортации. 3. Советским руководством было принято решение о депортации гражданского населения.

Text 9 Übung zum Wortschatz

1. a) завоевания, b) большой, c) доминирует, d) покорять, завоёвывать, e) только, f) сначала, g) депортация, h) через, i) освободиться, j) непоколебимую, твёрдую / антипатию
2. a) слабые, b) конец, c) очернения, d) отмена, e) поселить, f) объединялись, соединялись
3. завоевание - завоевать, значение - значить, (море)плавание - плавать, покорение - покорить, понимание - понимать, приукрашивание - приукрашивать, натравливание - натравливать, установление - установить, преступление - преступить, поселение - поселить, уничтожение - уничтожить, истребление - истребить, выдворение - выдворить, замирение - замирить, население - населить

Text 10 Übung zum Wortschatz

1. a) количеству, b) как союзники, c) полное, d) усилила, e) претензии, f) думать, g) помощь, h) росту
2. a) разногласия, b) ослабила, c) отсутствие, d) ослаблению, e) предки, f) постоянно
3. a) переводчик, переводчица, переводчики, b) заводчик, заводчица, заводчики, c) рассказчик, рассказчица, рассказчики, d) отказчик, отказчица, отказчики, e) советчик, советчица, советчики, f) ответчик, ответчица, ответчики, g) буфетчик, буфетчица, буфетчики, h) лётчик, лётчица, лётчики

Aufgaben zur Grammatik (Texte 8 - 11)

1. a) крайнее обострение монархической политикой Белой армии вражды, b) поощрение курсом Москвы исторических притязаний горских националистов, c) постепенное пополнение казачества за счёт включения в него новых этнических групп, d) прямое возложение президентским указом различных функций на казачьи организации
2. a) преобладание, b) изъятие, c) высылка, выселение, изгнание, d) отторжение, e) вражда, f) уничтожение, g) летопись, h) направление
3. a) искусственные трудности, b) государственная политика, c) отечественная исто-

рия, d) существенные изменения, e) количественный состав, f) единственная цель, g) качественное отличие, h) продовольственная карточка, i) правительственная программа, j) торжественное исполнение гимна
4. 1. ... 50-60 группировок, которые враждовали между собой. 2. ... народов, которых репрессировали в 1943-1944 годах и выселили с Кавказа в Среднюю Азию и Казахстан за пособничество гитлеровцам. 3. ... горцев, которые пострадали более века назад от русского царизма, ... 4. Казаки, которые уцелели после коллективизации и индустриализации, ...
5. 1. ..., закончившимся лишь в 1864 году. 2. ..., составивших Кубанский полк. 3. Горцы, оставшиеся в живых, ...
6. 1. Россией использовались для покорения Кавказа мощные вооружённые силы. 2. Персидским походом было положено начало кавказским войнам. 3. В 1794 году казаками было основано пять первых станиц по реке Кубань. 4. Тогда был предпочтён более лёгкий и удобный путь - выдворение горцев в Турцию. 5. Горско-казачья вражда была ещё более обострена монархической политикой Белой армии. 6. Указом Бориса Ельцина были вызваны противоречивые оценки. 7. Этим указом на казачьи организации возлагаются функции подготовки молодёжи к военной службе. 8. Президентскими указами создаются все необходимые условия для закрепления сословных привилегий.
7. 1. 17 сентября 1939 г. Красная Армия перешла границу с Польшей, чтобы "защитить жизнь и имущество населения" Западной Украины. 2. Советское руководство решило депортировать немцев из Калининградской области. 3. Казаки помогали горцам, но в целом колонизация Северного Кавказа сопровождалась уничтожением горных аулов и истреблением населения. 4. Казаки всячески сопротивлялись проводимой на Кавказе политике. 5. Конечно, было бы ошибкой считать, что случаи коллаборационизма на оккупированных территориях Северного Кавказа поддерживались населением. 6. Потомки горцев, пострадавших более века назад от русского царизма, пытаются рассчитаться с потомками казаков. 7. Как в этой обстановке должны поступить казаки: вооружаться ли им для защиты своих жизней? 8. После гражданской войны казаков репрессировали.

Text 13 Übung zum Wortschatz

1. a) удивило, b) прошедшие, c) депортация, изгнание, d) ущерб, e) реализовывал, f) узнать
2. a) меньшинства, b) широком, c) с уважением, d) принять, издать, e) откажется ли, f) односторонними
3. a) надеялся одновременно решить несколько проблем, b) крупные партийные руководители были решительно против, c) поможет ли нам опыт прошлого

Text 14 Übung zum Wortschatz

1. a) испокон веков, с давних пор, b) большей частью, c) в течение, d) ухудшения, e) содействуют, f) разнообразный, g) имевшие целостность, h) зарегистрирована
2. a) улучшения, b) препятствуют, c) однородный, d) распада
3. a) преемница - преемники, b) садовница - садовники, c) помощница - помощники, d) народница - народники, e) заложница - заложники, f) отпускница - отпускники
4. нестабильность - нестабильный, молодость - молодой, целостность - целостный, особенность - особенный

Text 16 Übung zum Wortschatz

1. a) приблизительно десять, b) произойти, случиться, c) понять, d) ситуацию, e) самое нестабильное, f) недостаток, g) превратился в кровавую бойню, h) результат, i) центров, j) только
2. a) ослабление тисков тоталитарной системы, b) возникновение нынешней междоусобной войны, c) распространение религиозности на бытовом уровне

Text 17 Übung zum Wortschatz

1. a) краткие, b) результатах, c) заключёнными, d) приговорены к смерти, e) полной, f) следующим поколениям
2. a) детальные, подробные, b) добровольный, c) частичной, d) предшественники
3. грамотными - грамота, дальних - даль, горных - гора, степных - степь, старинный - старина, северных - север, южных - юг

Aufgaben zur Grammatik (Texte 14 - 18)

1. 1. организованное проведение массовых переселений в конце 20-х годов, 2. частичное разделение большей частью парламента точки зрения националистов, 3. сохранение Лениным многонационального государства, 4. духовное подавление национальной культуры, 5. привлечение академией лучших учёных языковедов к работе, 6. сильное ущемление политикой обрусения интересов нерусского населения, 7. последовательное проведение союзными республиками наиболее жёсткой политики в отношении языков малых народов, 8. резкое изменение ситуации в результате ослабления центральной власти
2. a) отягощённость воспоминаниями - Belastetheit durch Erinnerungen, b) массовость репрессий 30-х годов - Massenhaftigkeit von Repressalien, c) своеобразность образа жизни - Eigenartigkeit der Lebensweise, d) распространённость в мире - Verbreitetheit in der Welt, e) древность очагов культуры - Altertümlichkeit der Kulturzentren, f) реакционность культуры Востока reaktionärer Charakter der Kultur des Orients, g) актуальность проблемы - Aktualität des Problems, h) объективность решения вопроса - Objektivität der Lösung der Frage, i) культурность речи - Kultiviertheit der Sprache, j) кровавость трагедий в республиках - blutiger Charakter der Tragödien in den Republiken, k) нерушимость союза республик - Unzerstörbarkeit der Union der Republiken, l) жёсткость политики - Strenge der Politik
3. a) Искусствовед работает в области искусствоведения. b) Музыковед работает в области музыковедения. c) Пушкиновед работает в области пушкиноведения. d) Обществовед работает в области обществоведения. e) Славяновед работает в области славяноведения. f) Востоковед работает в области востоковедения. g) Литературовед работает в области литературоведения. h) Правовед работает в области правоведения. i) Киновед работает в области киноведения. j) Театровед работает в области театроведения. k) Кавказовед работает в области кавказоведения. l) Машиновед работает в области машиноведения.
4. 1. ..., благоприятствующих усилению территориально-этнических притязаний в Средней Азии и Казахстане. 2. ..., пытавшегося сохранить многонациональное государство,... 3. ..., подлежавшая уничтожению. 4. ..., тянувшуюся из исламской, религиозной литературы".
5. 1. Бо́льшей частью парламента разделяется точка зрения националистов. 2. Казахстаном тоже могут быть предъявлены претензии к РФ. 3. В 1924 году Центральным Исполнительным Комитетом принимается решение о национальном размежевании в Средней Азии. 4. Люди арестовывались за книгу стихов Навои, за старинный трактат о травах. 5. Сложным национально-территориальным устройством СССР была сформирована иерархия языков, какой не было до революции.
6. В конце 80-х годов газеты и журналы, издававшиеся в СССР, резко изменили свой облик. В чём кроется причина этого явления? Начавшийся процесс демократизации общества, частичная отмена цензуры повлияли и на средства массовой информации. В периодических изданиях уже не только упоминали о замалчиваемых долгое время событиях и фактах прошлого, но и подробно комментировали их. Читатели внимательно следили за публикациями на исторические темы, за дискуссиями о проблемах переосмысления прошлого. Интерес к истории своей страны не был случаен. Из-за насильственной политики, проводимой государством в 30-50-е годы, пострадали не только отдельные личности, но и целые народы. Своё мнение о происходившем и происходящем в стране читатели высказывали в письмах. Один из популярнейших журналов начала перестройки "Огонёк", например, регулярно публиковал читательские письма. В этих письмах речь шла о различных сторонах жизни советского общества. В это же время в советской прессе впервые появляются критические высказывания о политике советского правительства, правдивые воспоминания о по-

Lösungen zu Kapitel 1

страдавших и репрессированных народах. Авторы писем стояли иногда на противоположных позициях по тому или иному вопросу, но всех их объединяло одно - стремление к исторической правде. Читательские письма отражали коренные политические изменения в стране, они переводились на многие языки мира.

Aufgaben zur Grammatik (Texte 19 - 21)

1. a) полное предание фактов гласности, b) ущемление прав и законных интересов, c) воспевание величия и красоты Родины, d) признание и подтверждение территориальной целостности, e) предоставление государством автономии, f) появление песни в печати, g) заключение особых договоров, h) резкое изменение МИДом позиций, i) частичное воплощение деклараций на практике, j) нахождение в сфере влияния
2. a) последними, b) раньше, c) менее, d) частичная, e) добровольное, f) соблюдать, g) противник, h) проиграть, i) расторгнуть, j) лишить народ автономии
3. a) 6, b) 10, c) 5, d) 1, e) 8, f) 9, g) 7, h) 3, i) 12, j) 2, k) 11, l) 4
4. 1. НКВД СССР предлагает выселить всех татар с территории Крыма. 2. Указ президента обязывает казачьи организации подготавливать молодёжь к военной службе. 3. Хрущёв, который после войны возглавлял украинское правительство, хорошо знал, сколько обид на Москву скопилось на Украине. 4. Мусульманская культура, которая глубоко укоренилась в исконной культуре народов Советского Востока, однозначно оценивались как "реакционная". 5. Подобную политику полностью поддерживали коммунисты и интеллигенция национальных республик. 6. В конце 80-х годов языковую политику центрального правительства резко изменили. 7. Преступления, совершённые против народов, не огласили. 8. Россия должна защитить русских, проживающих в ближнем зарубежье.
5. 1. Она была написана к музыкальному кинофильму "Цирк" в 1936 году. 2. Они работали над ней более двух лет. 3. Её постоянно транслировали по радио. 4. Он назвал её музыкальным символом Советского Союза. 5. С ним мы повсюду дома. 6. Я рассматриваю его как средство поддержания мира. 7. Где в государствах ближнего зарубежья необходимо создать их? 8. Это аванс ему. 9. Российский МИД резко изменил их.
6. 1. Военных, которые относились к этим национальностям, демобилизовывали. 2. ..., который начали после смерти Сталина, вскоре остановился. 3. ..., которые никогда не находились в этих границах.
7. 1. Сталиным была поставлена задача устроить чистку приграничной территории от "неблагонадёжных элементов". 2. Военнослужащие, относящиеся к этим национальностям, демобилизовывались и отправлялись в места ссылок. 3. Турецкие войска могут быть поддержаны мусульманским населением приграничных районов. 4. Законом предусматривается для всех репрессированных народов полная реабилитация - политическая, культурная, социальная, территориальная. 5. Законом признаются права этих народов. 6. Нами должна быть завоёвана своя особая роль. 7. Государствами должны быть заключены особые договоры. 8. Русские, проживающие в ближнем зарубежье должны быть взяты под защиту Россией. 9. Как вами оценивается политическая ситуация в Грузии?

LÖSUNGEN ZU KAPITEL 2

Text 1 Übung zum Wortschatz

1. a) понятия, b) в первый раз, c) закреплены, d) по идее, e) не было права, f) осуществить, претворить в действительность
2. представление - представить, движение - двигать, оформление - оформить, уничтожение - уничтожить, установление - установить, свержение - свергнуть, (само)управление - управить, собрание - собрать, объединение - объединить, передвижение - передвигать, проживание - проживать, привлечение - привлечь, предоставление - предоставить, ограничение - ограничить, подавление - подавить, сопротивление - сопротивляться, население - населять, пользование - пользоваться, требование - требовать
3. основных - основа, российский - Россия, активного - актив, свободного - свобода, присяжных - присяга, должностной - должность, западными - запад

Text 2 Übung zum Wortschatz

1. a) существовало, было распространено ошибочное мнение, b) известный, c) сочетается, соединяется, d) завершена, окончена, e) в течение трёх месяцев, f) примеров
2. a) правильное, b) необходимости, c) развязывают руки, d) распущена, расформирована, e) меньшинство, f) частично исключена
3. a) представитель, представительница, представители правительства, b) основатель, основательница, основатели новой школы, c) строитель, строительница, строители новой системы, d) издатель, издательница, издатели брошюры, e) подготовитель, подготовительница, подготовители материалов, f) мыслитель, мыслительница, мыслители, g) житель, жительница, жители, h) руководитель, руководительница, руководители партии
4. деятель - деять, заместитель - заместить, составитель - составить

Aufgaben zur Grammatik (Texte 1 - 3)

1. a) включение перечня, b) закрепление целого ряда свобод, c) выступление партии инициатором, d) образование СССР, e) разделение граждан на категории, f) предоставление возможности, g) провозглашение лозунга, h) наложение обязанностей, i) доведение работы до конца, j) избрание президента, k) установление воинской повинности, l) упоминание основных прав
2. a) партийная линия, b) свободные выборы, c) законные действия, d) ошибочное мнение, e) основная особенность, f) доступное образование
3. 1. ..., который состоял из 14 пунктов. 2. ..., которые основывались на принципе "самоуправления народа",... 3. ..., который предоставлял каждому лицу право привлечения к судебной ответственности перед судом присяжных любого должностного лица. 4. ..., которой руководили большевики. 5. ..., которое касалось в особенности личных свобод граждан,...
4. 1. ..., связывающих руки пролетариату. 2. ..., писавшие отдельные главы и разделы. 3. ..., накладывавшихся конституцией на граждан. 4. ..., лишённые многих гражданских прав,...

Text 4 Übung zum Wortschatz

1. a) другими словами, b) существенное различие, c) построило, создало, d) долгие, e) результат, f) стабильности, g) основ, h) бедность, i) богатство, j) враждебных
2. a) социалистический строй, b) империалистическая политика, c) демократическое общество, d) аристократический слой, e) паразитическая жизнь, f) поэтический образ

3. бурный - буря, основные - основа, конституционной - конституция, существенный - существо, главным - глава, социалистический - социалист, законодательным - законодатель, буржуазных - буржуазия, капиталистичекого - капиталист, антагонистических - антагонист, равноправными - равноправие, полноправные - полноправие, неполноправные - неполноправие, националистическими - националист, интернациональен - интернационал, активный - актив, пассивный - пассив, хозяйственной - хозяйство, общественный - общество, политический - политик

4. отражение - отразить, изменение - изменить, закрепление - закрепить, убеждение - убедить, уничтожение - уничтожить

Text 6 Übung zum Wortschatz

а) всемирность значения - Weltgeltung der Bedeutung, b) народность песни - Volkstümlichkeit des Liedes, c) серьёзность аргумента - Ernsthaftigkeit des Arguments, d) живость интереса - Lebendigkeit des Interesses, e) гениальность вождя - Genialität des Führers, f) безмерность далей - Unermeßlichkeit der Weite, h) солнечность гения - Sonnenhaftigkeit des Genius, i) бедность люда - Elend der Menschen, j) твёрдость руки - Härte der Hand

Aufgaben zur Grammatik (Texte 4 - 6)

1. a) основатель партии - Gründer der Partei, b) представитель страны - Vertreter des Landes, c) распространитель слухов - Gerüchteverbreiter, d) продолжатель традиции - Nachfolger einer Tradition, e) преобразователь системы - Umgestalter des Systems, f) заместитель руководителя - Vertreter des Leiters, g) создатель законодательства - Schöpfer von Gesetzen, h) мечтатель о будущем - Zukunftsträumer

2. 1. ..., осуществлённых за период от 1924 года до 1936 года. 2. ..., произошедшими за последние 12 лет.

3. 1. Конституционной комиссии поручили внести изменения в текст Конституции 1924 года. 2. Значит, у нас уже осуществили в основном первую фазу коммунизма, социализм. 3. Третью Конституцию СССР утвердил VIII (восьмой) съезд Советов 5 декабря 1936 года. 4. Одновременно на граждан налагали новые обязанности. 5. Всё, к чему звали человечество Маркс, Энгельс, Ленин, всё, о чём пел народ в своих песнях, в Сталинской Конституции записали как нерушимый закон. 6. Всемирно-историческое значение Сталинской Конституции признали во всём мире.

4. 1. Проектом не просто провозглашается равенство прав граждан, но оно и обеспечивается законодательным закреплением факта ликвидации эксплуатации. 2. Сталиным была обоснована необходимость принятия новой конституции. 3. В отличие от Конституции 1918 года сталинской Конституцией гарантировались основные права всем гражданам СССР без исключений.

Text 7 Übung zum Wortschatz

1. a) достиг, b) реформировать, перестроить, c) указаний, директив, d) представление, e) основой, f) намекнуть, g) настоящем, h) иносказательно, в аллегорической форме
2. a) вне, b) временно, периодически, c) исключили из неё, d) однопартийная
3. a) срок - срочный - срочность, b) система - системный - системность, c) идея - идейный - идейность, d) партия - партийный - партийность, e) человек - человечный - человечность, f) связь - связный - связность, g) порядок - порядочный - порядочность, h) коллектив - коллективный - коллективность

Text 8 Übung zum Wortschatz

1. a) выражение и закрепление прав человека, b) упорядочение и ограничение государственной власти, c) провозглашение революцией освобождения труда, d) принесение интересов отдельной личности в жертву коллективу, e) проведение крупных изменений в политическом устройстве страны
2. a) расширить, b) закрепощение, порабощение, c) приватизация, d) небольшие, незначительные
3. освобождение - освободить, значение - значить, огосударствление - огосударствить,

положение - положить, признание - признать, обжалование обжаловать, изменение - изменить, преобразование - преобразовать, содержание - содержать, закрепление - закрепить, разделение - разделить

Aufgaben zur Grammatik (Texte 7 - 10)

1. a) признание лозунга, b) изложение своего видения, c) продолжение практики решения, d) совершение жестокости и насилия, e) учреждение суда присяжных, f) освобождение от иллюзии,
2. a) разнообразить, b) подражать, c) сочетать, d) изымать, e) узаконить, f) преобразовывать, g) устанавливать, h) отменять, i) закреплять
3. a) осуществлённость мечты - Realisierung des Traums, b) образованность человека - Bildung des Menschen, c) контролируемость власти - Kontrollierbarkeit der Macht, d) необходимость закона - Notwendigkeit des Gesetzes, e) важность шага - Wichtigkeit des Schrittes, f) допустимость ответа - Zulässigkeit der Antwort, g) завершённость процесса - Vollendung des Prozesses, h) массовость движения - Massenbewegung
4. 1. ..., изложивших на трёх страницах своё видение Конституции. 2. ..., разрабатывавшей проект будущей Конституции. 3. ..., легшие в основу дальнейших общественных преобразований. 4. ..., не соответствовавших реальному положению. 5. ..., определяющего и защищающего свободное и независимое положение граждан. 6. ..., состоявшийся 12 декабря 1993 года.
5. 1 предоставляла, 2 лишили, 3 приносили, 4 налагали, 5 распространялось, 6 имеет, 7 получили
6. 1. ... но и налагала на них обязанности. 2. ... приносили в жертву идее,... 3. ... получили своё отражение,... 4. ... положить конец ...
7. 1. Никаких установок от него нами, конечно, не было получено. 2. Нами были собраны самые крупные юристы, социологи, другие учёные. 3. Первыми советскими Конституциями выполнялись узкие задачи. 4. Действующей Конституцией была дана возможность произвести крупные изменения в политическом устройстве страны. 5. Демократическая конституция справедливо считается фундаментом правового государства любой страны. 6. Однако более глубоким анализом конституционных процессов могут быть развеяны "иллюзии". 7. Конституционно-правовым нигилизмом постепенно охватывается и новая Конституция. 8. Гражданским кодексом определяется и защищается свободное и независимое положение граждан.

LÖSUNGEN ZU KAPITEL 3

Text 1 Übung zum Wortschatz

1. a) сразу же, b) человек, крепостных, c) заранее, d) судьбу, долю, e) иностранец,
   f) в твоей стране, на твоей родине
2. a) книгу, b) автором, c) согражданами
3. a) старик 75 лет, b) женщина 40 лет, c) мужчина 25 лет

Text 2 Übung zum Wortschatz

1. a) образовываться, b) только, c) иметь недвижимое имущество, d) освобождать крестьян
2. крепостной - крепость, древнерусский - древняя Русь, феодальный - феодал, княжеский - князь, боярский - бояре, церковный - церковь, Московский - Москва, Юрьев - Юрий, осенний - осень, сельскохозяйственный - сельское хозяйство, Грозный - гроза, соборное - собор, народный - народ, смертную - смерть, рекрутскую - рекрут, бесправная - право, рабский - раб, крестьянского - крестьяне, свободных - свобода

Aufgaben zur Grammatik (Texte 1 - 2)

1. a) появление книги, b) изучение юриспруденции, c) открытое выступление против самодержавия, d) запрещение продажи книги, e) извещение читателей о продаже, f) возвращение в Петербург, g) закрепощение крестьян, h) закрепление крестьян за владельцем земли, i) установление смертной казни, j) издание указа
2. a) пугачёвское восстание, b) дворянское собрание, c) радищевский роман, d) мужской пол, e) рабский труд, f) женская литература, g) университетская программа, h) крестьянский вопрос, i) сибирская ссылка
3. a) разрешён, b) счастливый, c) свободный, d) частичное, e) дать, предоставить крестьянам право, f) лёгкая, g) закрепощение, h) ввели
4. 1. ..., изучавший юриспруденцию в Германии. 2. ..., произошедшее в 1649 году, ... 3. ..., разрешавший помещикам отпускать крестьян на волю с землёй за выкуп.
5. 1. Один экземпляр книги анонимно послали Екатерине Великой. 2. Каждую неделю всю Российскую империю извещают, что... 3. В 1803 году издали указ о "свободных хлебопашцах". 4. В 1724 году крестьянам запретили без разрешения помещика уходить на заработки

Text 3 Übung zum Wortschatz

1. a) достоинства, преимущества, b) где хотят, желают, c) эти, d) от власти, e) плохо, f) помогают, g) царя, монарха, h) охранять, i) эта, j) невозможно, k) характер, l) чем
2. a) пристрáстья - Subst. Sing. neutr. Gen., b) самовлáстья - Subst. Sing. neutr. Gen., c) кнутá - Subst. Sing. mask. Gen., d) прави́тельства - Subst. Sing. neutr. Gen., e) дворя́нская - Adj. Sing. fem. Nom., f) надзóра - Subst. Sing. mask. Gen., g) вреднá - Kurzf. Adj. Sing. fem., h) бытия́ Subst. Sing. neutr. Gen., i) человéка - Subst. Sing. mask. Akk.

Aufgaben zur Grammatik (Texte 3 - 6)

1. a) крестья́нин, крестья́нка, крестья́не; b) граждани́н, граждáнка, грáждане; c) христиани́н, христиáнка, христиáне; d) лютерáнин, лютерáнка, лютерáне; e) россия́нин,

россиянка, россияне; f) горожанин, горожанка, горожане
2. a) упоминание имени, b) сокращение цифры, c) владение землёй, d) получение свободы, e) освобождение крестьян, f) соблюдение целостности, g) выплачивание кредита, h) подписание манифеста, i) предоставление надела, j) увеличение кредитов, k) нахождение в оковах, l) получение образования
3. a) трудная жизнь, b) спорный вопрос, c) свободные люди, d) указный тон, e) кредитная политика, f) общинное владение, g) инициативный человек, h) газетная статья, i) властный характер, j) печатный орган, k) церковные книги, l) частная задача
4. a) хорошо, b) уменьшались, падали, снижались, c) противодействовать, d) передовое, современное, e) продажа, f) центр
5. 1. Человек, который написал книгу,... 2. ... дворянин, который закончил Лейпцигский университет. 3. ... "Колумбом, который открыл древнюю Русь". 4. "Записка", которую он написал в 1811 году,... 5. ... реформы, которые объединяли либеральную бюрократию и представителей общества,... 6. Крестьянство, которое несколько лет ожидало "воли",... 7. Народный идеал справедливого землеустройства разошёлся с реальностью реформы, которую проводили в России, с её выкупами и ограничениями.
6. 1. ..., приобретший огромную популярность в России. 2. ..., думающие,... 3. ..., распределявшей их между своими членами. 4. ..., опоздавшей на 45 лет,... 5. ..., разрешавший крестьянам выходить из общины с землёй.
7. 1. Радищев был немедленно арестован. 2. Герценым была основана в Лондоне Вольная русская типография. 3. 19 февраля 1861 года Александром II (Вторым) был подписан манифест об отмене крепостного права. 4. После подписания манифеста крестьянами была получена личная свобода. 5. В 1907 году Столыпиным был представлен на рассмотрение Думе проект аграрной реформы.
8. 1 поэтому, 2 но, 3 а, 4. но, 5 потому что, 6 и, 7 потому что, 8 и

Text 7 Übung zum Wortschatz

1. a) продолжалась более, b) завершающую, последнюю, c) насильственное изъятие, d) со взглядами, e) не сбылась, не реализовалась, f) обращений, h) настоящая, подлинная, i) определялась, расценивалась, j) большие, k) заканчивается
2. a) неполучение права свободно распоряжаться землёй, b) осуществление вековой мечты крестьян, c) свободное распоряжение личным имуществом, d) вступление в ряды крестьянской армии, e) завершение аграрной революции в России

Text 8 Übung zum Wortschatz

1. a) причиной восстания, b) приговаривал их к смерти, c) очень, d) необходимое, e) ядовитых, g) многократно
2. восстание - восстать, население - населять, командование - командовать, применение - применить

Aufgaben zur Grammatik (Texte 7 - 9)

1. a) книжная ярмарка, b) южные районы страны, c) порочная система, d) вечный спор, e) кризисный момент, f) восточная окраина
2. a) безводная земля, b) безвредная работа, c) безвоздушное пространство, d) беззаконные действия, e) безраздельная власть, f) безотказный человек
3. a) отмена, b) наличие, c) преувеличение d) согласие на сотрудничество, e) сытые, f) соблюдать
4. 1. ..., обрекавшим их часто на голодную смерть. 2. ..., одобрявшая применение отравляющих веществ. 3. ..., прекращённая Москвой осенью следующего года,...
5. 1. С XV века до XVII века в России действовало правило "Юрьева дня". 2. В начале XIX века отменили крепостное право в Прибалтике. 3. В 1918-1919 годы крестьяне начинают вооружённую борьбу за свои права. 4. В середине 1920 года крестьянские восстания охватили всю страну. 5. Последствия голода 1921-1922 годов ощущались в деревне вплоть до 1925 года. 6. В феврале 1918 года была введена продразвёрстка. 7. Летом 1919 года почти во всех губерниях вспыхивают восстания. 8. Восстания продолжались с середины 1919 года до конца 1920 года.

Lösungen zu Kapitel 3   197

Text 10 Übung zum Wortschatz

1. a) веков, b) произошло, c) самым успешным, d) устраивали, организовывали, e) награждали, f) снабжали, g) с большим желанием, с удовольствием, h) с большой радостью
2. a) ещё долго оставался проблемой, b) всё это помогло быстро восстановить хозяйство

Text 11 Übung zum Wortschatz

1. a) С 1906 года до 1913 года число вышедших из общины хозяйств выросло до 2.100.000; ... увеличилось на 1400000; ...увеличилось в 3 раза.
   b) С 1908 года до 1913 года число безземельных крестьян, переселившихся из европейской части России в Сибирь, выросло до 2,5 млн. человек; ... увеличилось на 2 млн.; ... увеличилось в 5 раз.
2. a) невступление середняков в колхоз, b) необобществление кур и гусей в некоторых районах, c) незнание горожан о происходящем в деревне, d) несодержание конкретных указаний о решении проблем в статье

Aufgaben zur Grammatik (Texte 10 - 11)

1. a) немедленное выведение страны из кризиса, b) быстрое преодоление голода и разрухи, c) медленное восстановление экономики страны, d) провозглашение лозунга "сплошной коллективизации", e) значительное повышение уровня коллективизации, f) поступление 90 (девяноста) тысяч писем с жалобами на имя Сталина
2. a) продать, b) уважение, c) соблюдение, d) приватизировать, e) замедление, f) хвалить, g) абстрактные, общие, h) разведение
3. a) бесстыдная политика, b) безработные мужчины, c) безлюдные районы, d) бесчеловечные условия труда, e) бесправная жизнь крестьян, f) безрезультатная деятельность, g) безусловное соглашение, h) безвыходное положение, i) беспричинная ярость
4. 1. Насильственное изъятие продукта крестьянского труда противоречило крестьянским представлениям о социальной справедливости. 2. Тухачевский приказал применить отравляющие вещества против восставших. 3. В 1767 году Екатерина Великая лишила крестьян права жаловаться на своих помещиков. 4. В тридцатые годы Сталин утверждал, что социализм победил в СССР. 5. В дискуссии, организованной журналом "История СССР", участвовали крупнейшие историки страны. 6. При восстановлении личного хозяйства крестьянину очень помогали сельские кустари. 7. Реформы Столыпина окончили общинное владение землёй. 8. Ударяли крестьянство вполне сознательно.
5. 1. ..., давшая за несколько лет удивительные результаты. 2. ..., не хотевших вступать в колхозы. 3. ..., осуждавшая перегибы и подчёркивавшая необходимость соблюдения принципов добровольности коллективизации. 4. ..., сами и требовавшие ускорения темпов коллективизации.
6. 1. Было начато прежде всего с грабежа крестьян - была введена продразвёрстка. 2. В этом хаосе идей и решений Лениным несколько раз менялась тактика в аграрном вопросе. 3. В восстановлении личного хозяйства большая помощь оказывалась крестьянину сельскими кустарями: плотниками, столярами, портными. 4. Партией ставится задача "сплошной коллективизации" и завершения её за "год-полтора". 5. Выступившие с критикой сталинского руководства были обвинены в том, что они выступают против ЦК, и названы правыми уклонистами. 6. Эти карательные меры проводились теми же лицами. 7. Центральным Комитетом партии были даны директивы не спешить при организации колхозов.

Text 13 Übung zum Wortschatz

1. a) таких, похожих, b) более 60 лет, c) в нашу действительность, реальность, в наш быт, d) находятся, e) желающих, f) есть, g) так как (потому что) это обещает мало хорошего, h) режим немилосердный, жестокий, i) желание
2. a) поместить в нашу действительность, то вас бы очень удивила наша повседнев-

ная жизнь, b) те, у кого отобрали гражданские права, не имеют никаких продуктов, c) забирают всё полностью, подчистую, d) государство разрушено

Aufgaben zur Grammatik (Texte 13 - 15)

1. a) использование метода принуждения, b) превращение в форму давления, c) возобновление выселения раскулаченных, d) направление в малонаселённые районы, e) отрицание наличия голода в стране, f) пополнение рядов рабочего класса, g) снижение плана хлебозаготовок, h) наступление "затишья", i) спасение детей от смерти, j) сознательное нанесение удара, k) разложение трудящихся, l) истощение сил, m) осуждение 56 (пятидесяти шести) тысяч человек, n) сочинение сказки о голоде
2. a) мучная пыль, b) страшная жизнь, c) срочная работа, d) рыночное хозяйство, e) отрывочные сведения, f) каторжная работа, g) вечная истина, h) успешные действия, i) публичная лекция
3. a) беспомощные дети, b) беззвучные шаги, c) беспорочная жизнь, d) бессистемные занятия, e) безземельный крестьянин, f) бессильное правительство, g) безбилетный пассажир, h) бесконечная дискуссия, i) беспощадный режим, j) беспроцентный кредит, k) беспартийный депутат, l) безлесная территория
4. a) 1, b) 10, c) 6, d) 15, e) 4, f) 14, g) 7, i) 3, j) 11, k) 8, l) 13, m) 9, n) 5, o) 2, p) 12
5. a) заместитель председателя - stellvertretender Vorsitzender, b) завершитель дела отца - Vollender des väterlichen Werkes, c) исполнитель приказа - Befehlsausführer, d) грабитель крестьян - Ausbeuter der Bauernschaft, e) предатель идеалов юности - Verräter seiner Jugendideale, f) основатель новой школы - Gründer einer neuen Schule, g) усмиритель страны - Unterwerfer des Landes, h) истребитель инакомыслящих - Gleichschalter der Andersdenkenden, i) обвинитель администрации - Ankläger der Verwaltung, j) поработитель крестьянства - Unterdrücker der Bauernschaft
6. 1. ..., устанавливаемым им самим. 2. ..., превращавшийся в специфическую форму давления на "инакомыслящего" единоличника. 3. ..., имевшие форму эпидемий с массовой смертностью. 4. ..., разрешавшее расправляться с кулаками на месте. 5. ..., стригшие рано утром незрелые колосья,...
7. 1. Дошло до того, что собираются по чашке мука, по фунтам зерно, фасоль. 2. Беглецы либо пристреливались по дороге, либо возвращались в лагеря. 3. В начале 30-х годов голодом была охвачена не только Украина, но и огромная территория бывшего Союза. 4. В июне 1932 года Сталиным в письме в Политбюро обосновываются репрессивные меры по отношению к крестьянству. 5. Сталинским указом предусматривалась смертная казнь за хищение социалистической собственности. 6. Историками называются различные цифры жертв голода 1932-1933 годов. 7. Вами будут сказки писаться, а дураками они читаться. 8. Сталиным и Молотовым посылается директива всем партийным органам.
8. 1 положил, 2 вступила, 3 отдал, 4 оказывали, 5 подавать, 6 одержали
9. 1 но, 2 а, 3 потому что, 4 поэтому, 5 и, 6 потому что, 7 либо - либо

LÖSUNGEN ZU KAPITEL 4

Text 1 Übung zum Wortschatz

1. a) при осуществлении, реализации, b) встретил сопротивление, c) основан, учреждён, d) несколько, e) согласно, f) изъяты, g) имуществом
2. проведение - провести, сопротивление - сопротивляться, мнение - мнить, управление - управить, пребывание - пребывать, решение - решить, крещение - крестить, рождение - родить, заведение - завести, отделение - отделить, постановление - постановить, пользование - пользоваться

Aufgaben zur Grammatik (Texte 1 - 2)

1. a) образование Святейшего Синода, b) провозглашение свободы совести, c) регулирование взаимоотношений, d) поступление в высшее учебное заведение, e) объявление всех видов имущества народным достоянием, f) лишение духовенства всех гражданских прав, g) использование прав
2. a) содействие, b) ввести, установить, учредить, c) разрешать, d) дать, предоставить право
3. 1. ..., регулирующих взаимотношения церкви и государства. 2. ..., могущих получить в пользование богослужебное имущество,... 3. ..., ставшее достоянием республики.
4. 1. В июне 1917 года Временным правительством была провозглашена свобода совести. 2. 20 января 1918 года Лениным был подписан "Декрет об отделении церкви от государства и школы от церкви". 3. Народным комиссариатом юстиции была издана специальная инструкция о проведении декрета в жизнь. 4. Отдельные лица и отдельные группы были лишены Российской Социалистической Федеративной Республикой прав.
5. a) С момента крещения Руси до избрания первого русского патриарха прошёл шестьсот один год. b) Во главе Русской православной церкви патриарх стоял с конца шестнадцатого века и до начала восемнадцатого века. c) Святейший Синод управлял делами Русской православной церкви сто девяносто шесть лет.

Text 3 Übung zum Wortschatz

1. a) конфискации, b) приехала, пришла, c) конфликта, d) сходиться, приходить, прибывать
2. шуйский - Шуя, уездный - уезд, губернской - губерния, соборного - собор, враждебными - вражда, церковной - церковь, школьной - школа, конную - конь, набатный - набат
3. a) образование уездной комиссии, b) стечение значительных толп народа, c) жестокое избиение красноармейцев
4. a) из храма убыла, ушла комиссия; комиссия покинула храм, b) вошла в храм, c) отъехавшую от храма, d) сбежалась на площадь

Text 4 Übung zum Wortschatz

1. a) долгой, продолжительной, b) ужасный, c) случая, события, d) своё мнение, суждение, свои мысли, свою точку зрения, e) лежат, f) прямую
2. очернение - очернить, основание - основать, решение - решить, соображение - сообразить, подавление - подавить, сопротивление - сопротивляться, сражение - сразиться, заседание - заседать, значение - значить, пополнение - пополнить, создание - создать, обеспечение - обеспечить
3. a) культурное наследие, b) бюджетная комиссия, c) миллионный житель, d) роскошная жизнь

Aufgaben zur Grammatik (Texte 3 - 4)

1. a) письменное изложение соображений, b) жестокое подавление сопротивления духовенства, c) официальное выступление с мероприятиями, d) немедленное обращение церковных ценностей в деньги
2. a) распустить, расформировать, b) дружелюбными, c) до, d) устно, e) отсутствовали, f) на деле, практически
3. 1. ..., состоящая из трёх книг. 2. ..., встреченная толпой враждебными криками. 3. ..., действовавшую в духе того времени, возглавил Троцкий.
4. 1. На понедельник назначили изъятие ценностей из шуйского соборного храма. 2. Власти вызвали полуроту. 3. Четырех красноармейцев жестоко избили. 4. После первого залпа в воздух второй залп дали по толпе. 5. К вечеру произвели целый ряд арестов. 6. Троцкий предложил проект, который приняли. 7. Ценности конфисковывали везде. 8. Эти ценности обращали в деньги для пополнения бюджета различных министерств. 9. Документы говорят, что изъятые церковные ценности почти не потратили на непосредственную помощь миллионам голодающих.
5. a) Русская православная церковь, b) земля - владение, c) бог - слово, d) бог - служить, e) Всероссийский Центральный Исполнительный Комитет, f) Политическое бюро, g) Центральный Комитет Помощи голодающим

Text 6 Übung zum Wortschatz

1. a) атеистическая, b) надёжных, c) нейтрализовать, устранить, d) особо, e) антирелигиозная, атеистическая пресса, f) издаётся, публикуется, g) появилась, h) упорно, i) совместной работы, j) успешных
2. a) дооктябрьский, b) усилить, c) свёртывание, d) понижается, e) уменьшилось, снизилось, f) исчезла
3. a) С 1921 года до 1932 года число (количество) выпускаемых атеистических журналов увеличилось на 22, а антирелигиозных газет на 9. ... до 23, а антирелигиозных газет до 10. ... в 23 раза, а антирелигиозных газет в 10 раз.
   b) С 1926 года до 1929 года число ячеек СВБ увеличилось на 7500. ... увеличилось до 10000. ... увеличилось в 4 раза.
   c) В 1925 г. до 1928 г. число членов СВБ увеличилось на 400000. ... увеличилось до 450000. ... увеличилось в 9 раз.

Aufgaben zur Grammatik (Texte 6 - 8)

1. a) празднование Пасхи, b) предъявление обвинения, c) уничтожение религии, d) признание виновным
2. A. a) церковник - Kirchendiener, b) проповедник - Prediger, c) мятежник - Aufrührer, d) дворник - Hausmeister, e) завистник - Neider, f) исповедник - Beichtvater, g) должник - Schuldner, h) книжник - Gelehrter, i) охотник - Jäger, k) карманник - Taschendieb, l) бабник - Schürzenjäger, m) сапожник - Schuster, n) глазник - Augenarzt, o) вестник - Bote, p) путник - Wanderer, q) кожник - Hautarzt
   B. a) безбилетник - Schwarzfahrer, b) бездомник - Obdachloser, c) беззаконник - Gesetzesübertreter, d) бесстыдник - Schamloser
3. a) экспортный фонд, b) колокольный звон, c) смертная казнь, d) свободная церковь, e) законное требование, f) партийное заседание
4. 1. ..., активно ведущих антирелигиозную пропаганду. 2. ..., являющейся опиумом для народа.
5. 1. Партией будет вестись пропаганда против этих предрассудков. 2. В 1928 г. ЦС (Центральным Советом) СВБ ставится перед комсомолом вопрос об антирелигиозной работе среди молодёжи. 3. В июле 1928 г. Моссоветом было передано музею здание монастыря.

Text 9 Übung zum Wortschatz

1. a) детально, b) позвали, c) происходит, d) победит, осилит, e) через, f) зря, g) моментально распространилась, h) осквернили, i) расстраиваешься, сокрушаешься, j) как самое дорогое

2. настроение - настроить, постановление - постановить, молчание - молчать, падение - пасть
3. a) пропаганда - Subst. Sg. fem. Nom., b) десятка - Subst. Sg. mask. Gen., c) бога - Subst. Sg. mask. Akk., d) века - Subst. Sg. mask. Gen., e) колокола - Subst. Pl. mask. Akk., f) переименована - Kurzf. Part. Sg. fem., g) колокола - Subst. Sg. mask. Gen., h) грозила - Verb Prät. Sg. fem., i) имена - Subst. Pl. neutr. Akk., j) мешала - Verb Prät. Sg. fem., k) общая - Adj. Sg. fem. Nom., l) ока - Subst. Sg. neutr. Gen.
4. a) полтора десятка телег, b) через пятьдесят или сто лет
5. a) во-вторых, в-третьих, в-четвёртых, в-пятых, в-шестых, в-седьмых, в-восьмых
b) Z. 75 Во-первых, я в этом не участвовала. А во-вторых, чего ты убиваешься?

Aufgaben zur Grammatik (Texte 9 - 13)

1. a) соглашение с постановлением о закрытии церкви, b) неожиданное прекращение издания антирелигиозной литературы, c) медленное растворение звука колокола в воздухе, d) тревожное кружение птиц над церковными крестами, e) исключение организаторами переписи вопроса о религии, f) допущение вопросов о вероисповедании в опросном листе
2. a) цензорский контроль, b) ленинское письмо, c) архиерейский Собор, d) авторская концепция, e) христианская мораль, f) гражданские свободы, g) крестьянская философия, h) мусульманское население, i) сталинская конституция
3. a) поджигатель церкви - Kirchen-Brandstifter, b) собиратель русских икон - Sammler russischer Ikonen, c) избиратель президента - Wähler des Präsidenten, d) освободитель страны - Befreier des Landes, e) выразитель отношения партии к политике - Sprecher der Beziehung der Partei zur Politik, f) хранитель документов о том времени - Aufbewahrer von Dokumenten über jene Zeit, g) создатель Совета по делам религии - Gründer des Rates über religiöse Angelegenheiten, h) составитель коммюнике - Verfasser des Kommuniques
4. a) облегчили, b) пользу, c) богатство и просвещение, d) отсутствовали, e) начать, f) бояться, g) заключение в тюрьму священников, h) лишить права проживания
5. 1. Он был назван автором романом-хроникой. 2. Поп был ещё вчера арестован. 3. Разве народом колокола снимаются? 4. Колокола сброшены, колокольня сожжена. 5. Но тем самым было затруднено посещение церкви верующим трёх самых больших религиозных групп. 6. Архиерейский Собор может быть собран через месяц.
6. 1 изложил, 2 приняла, 3 проводили (проводилось), 4 устремил, 5 подорвать, 6 приговорили, 7 задала, 8 обменялись, 9 предоставляла, 10 берегли, 11 встал, 12 преодолели
7. 1. ..., состоявшее из 65 статей. 2. ..., касавшимся религии. 3. ..., одобрявших позицию, занятую церковью по отношению к государству. 4. ..., отбывшим срок заключения. 5. ..., вносящие в эту борьбу оскорбление религиозного чувства.
8. Религиозные общества стали обращаться во ВЦИК с просьбой о разрешении проводить денежные сборы в помощь голодающим. 9 декабря 1921 г. ВЦИК разрешил такие сборы. С предложениями помощи голодающим в ЦК Помгол обратились магометанское духовенство, евангелические христиане, баптисты и православное духовенство. В начале февраля патриарх Тихон послал воззвание ко всем христианам о помощи голодающим. В воззвании говорилось, что с согласия верующих церковные общины могут жертвовать для помощи ценные вещи, которые не являются богослужебными. ЦК Помгол напечатал воззвание отдельным листком. Всё это произошло до издания декрета об изъятии церковных ценностей. 23 февраля опубликовали декрет о принудительном изъятии церковных ценностей. Одновременно вызвали представителя патриарха, которому сообщили, что после декрета о принудительном изъятии нет более нужды в церковных сборах. Положение было ясное. Всякий лояльный гражданин обязан был подчиниться декрету ВЦИК. Патриарх Тихон избрал другой путь и выпустил контрреволюционное воззвание, которое призывало к неповиновению советской верховной власти. Патриарх Тихон не подчинился декрету и призвал к сопротивлению православных верующих и этим нанёс большой ущерб делу помощи голодающим, так как из-за его воззвания изъятие церковных ценностей прошло с большими трудностями и количество изъятого оказалось не таким значительным, как это можно было ожидать.

LÖSUNGEN ZU KAPITEL 5

Text 1 Übung zum Wortschatz

1. a) главным образом, b) большие, значительные, c) никакого дохода от, d) издавна, e) правление, f) временем, g) везде, h) крупным, большим
2. a) потери, b) из состава империи вышли, c) закрыл, d) ослабление, e) введены, g) внутри
3. исключение - исключить, отношение - относить, заведение - завести, царствование - царствовать, усиление - усилить, поселение - поселить, рекрутирование - рекрутировать, ношение - носить, образование - образовать, ограничения - ограничить, положение - положить, (само)управление - управить, происхождение - происходить
4. a) основная мысль, b) доходное дело, c) доступная цена, d) запретный город, e) срочная телеграмма, f) конечный результат, g) погромное настроение, h) предложный падеж, i) местные условия

Text 2 Übung zum Wortschatz

1. a) были ли, происходили ли, имели ли место, b) в действительности, в реальности, c) свидетель, d) насильно, e) причиной стало, f) часто присоединялись, g) превратились, h) самая маленькая, незначительная часть
2. a) вчерашних, b) настоящего, c) запретил, d) одобрил, e) отменяли, g) однородным

Aufgaben zur Grammatik (Texte 1 - 3)

1. 1 официальное введение "Временными правилами" процентной нормы приёма, 2 заявление министра внутренних дел, 3 внесение большевиками законопроекта в Думу, 4 официальное осуждение Александром III (Третьим) массовых беспорядков, 5 прямое указание очевидца погрома на попустительство погромщикам, 6 разграбление толпами наёмных убийц лавки моего отца
2. a) бесприбыльное дело, b) беспроцентный кредит, c) безграничное доверие, d) бездетная семья, e) бессрочная служба, f) бессмертный роман, g) беспартийный человек, h) бесконечные разговоры, i) бездоходное предприятие, j) безличное предложение, k) бесправное положение, l) беззаконные действия
3. 1. ..., приносивших своей торговлей крупные доходы русской казне. 2. ..., запрещавшие евреям жить в сельской местности черты оседлости, вводившие процентную норму приёма евреев в высшие учебные заведения, ограничивавшие доступ евреев в адвокатуру, не разрешавшие им более участвовать в местных органах самоуправления.
4. 1. Этими словами на десятилетия был определён тон политики по отношению к "лицам иудейского вероисповедания". 2. Но в России евреи более чем на Западе преследовались за свою веру. 3. Смертью Александра II (Второго) был положен конец процессу либерализации. 4. Их организаторами были пущены слухи. 5. Александром III (Третьим) были официально осуждены массовые беспорядки. 6. Толпами наёмных убийц была разграблена лавка отца и был убит дед мой Шойла.

Text 5 Übung zum Wortschatz

1. a) не бессмысленный, не пустой, b) так как, потому что, c) опубликуем, d) руководителя, e) образован, учреждён, f) огромные
2. a) издание книги, b) обещание идеолога партии, c) уверение стариков, d) объяснение причин, e) спасение евреев, f) возложение надежд

Lösungen zu Kapitel 5

3. уничтожение - уничтожить, завершение - завершить, решение - решить, вторжение - вторгнуться, получение - получить
4. a) белорусский язык, b) детский дом, c) советская власть, d) авторская концепция, e) киевский музей, f) германская фирма, g) харьковский совет, h) сталинский замысел, i) молотовский коктейль

Text 6 Übung zum Wortschatz

1. a) выполнение задания, b) проведение ликвидации, c) обвинение в национализме, d) приступление к акту, e) сокращение жизни деятелей, f) появление тысяч писем
2. a) преследователь религии - Verfolger der Region, b) грабитель лавки - Plünderer des Ladens, c) хранитель традиции - Bewahrer der Tradition, d) руководитель комитета - Leiter des Komitees, e) победитель фашизма - Besieger des Faschismus, f) обвинитель врачей-евреев - Ankläger der jüdischen Ärzte, g) оскорбитель религиозных чувств - Beleidiger der religiösen Gefühle, h) искатель приключений - Abenteuerlustiger, i) создатель Антифашистского комитета - Gründer des Antifaschistischen Komitees, j) нарушитель международных законов - Übertreter internationaler Gesetze
3. a) незаметность заметки - Unauffälligkeit der Notiz, b) честность книги - Ehrlichkeit des Buches, c) торжественность похорон - Feierlichkeit des Begräbnisses, d) неприкрытость антисемитизма - unverhüllter Antisemitismus, e) активность деятелей культуры - Aktivität der Kulturschaffenden, f) неправильность диагноза - Fehlerhaftigkeit der Diagnose, g) партийность руководителей - Parteizugehörigkeit der Funktionäre, h) справедливость расправы - Gerechtigkeit der Vergeltung, i) тщательность проверки - Sorgfalt der Überprüfung, j) окончательность решения вопроса - Endgültigkeit der Lösung des Problems

Aufgaben zur Grammatik (Texte 4 - 7)

1. a) 5, b) 8, c) 4, d) 3, e) 11, f) 6, g) 9, h) 7, i) 2, j) 1, k) 12, l) 10
2. a) мужественная позиция, b) государственные органы безопасности, c) родственные связи, d) отечественная война, e) убийственные аргументы, f) хозяйственная деятельность, g) численное большинство, h) временные правила, i) письменный доклад, j) жизненные интересы
3. 1 издали, 2 не делали, 3 положило, 4 отменили, 5 ввели, 6 прошла, 7 направляло, 8 преследовала
4. Судьба "Чёрной книги"

Полвека она шла к российскому читателю, и сама история её создания стала фактом нашей истории. "Мне было сказано - сделайте книгу, и, если она будет хорошей, она будет напечатана, - говорил Эренбург в конце войны на совещании Литературной комиссии при Антифашистском еврейском комитете. - Я не понимаю, что значит "будет хорошей" - это не роман, содержание которого неизвестно."

Эренбург понимал, чего от него ждут, но он не хотел играть в эти постыдные игры. Поэтому он ушёл из редколлегии. Рецензент книги, начальник управления пропаганды и агитации ЦК, считал, что "Чёрная книга" даёт "ложное представление об истинном характере фашизма", ибо (потому что) создаёт впечатление, что "немцы воевали с СССР только с целью уничтожения евреев".

Могла ли вообще выйти такая книга в сталинское и постсталинское время, когда антисемитизм был государственной политикой? А мог ли существовать сам Еврейский антифашистский комитет, готовивший это издание?

Чем ближе конец войны, тем неудобнее становится комитет. А после победы по мере превращения войны "горячей" в "холодную" ЕАК, задуманный как орудие пропаганды и сбора средств, стал совсем не нужен, потому что мировое еврейство из союзника превратилось во врага. И начались аресты, расстрелы.

Об издании "Чёрной книги" тогда не могло быть и речи, но она не выходила и в последующие десятилетия. Тысячи заметок, статей, книг о страданиях советских людей, о злодеяниях фашистов. Лекции. Фильмы. Музеи. Только эта книга находилась под запретом, а все подготовительные материалы хранились в архиве КГБ.

Не выходила книга в России и в первые годы нашей демократической весны. Американская еврейская правозащитная организация оказала финансовую помощь для издания книги в России.

Какой прекрасный аргумент для отечественного антисемитизма: на американские деньги издавали. Да, очень жаль, что не нашлось российских денег - ни благотворительных, ни государственных.

Text 8 Übung zum Wortschatz

1. a) разговаривал, b) меня представили ему, c) империалистическую сущность, суть, d) не по дружбе, e) удивляет, f) ложь, g) поучительно, h) лишь, i) полные, законченные, j) какой говорит вздор
2. a) серьёзность глаз - Ernsthaftigkeit der Augen, b) многозначительность взгляда - Vieldeutigkeit des Blicks, c) опасность мыслей - Gefährlichkeit der Gedanken, d) авторитетность критика - Autorität des Kritikers, e) полновесность слова - Vollgewichtigkeit des Wortes, f) особенность языка - Eigenartigkeit der Sprache
3. новость - новый, культурность - культурный, деятельность - деятельный, сущность - сущный, явность - явный, наполненность - наполненный, особенность - особенный
4. произведение - произвести, совещание - совещаться, значение - значить, сострадание - сострадать, удивление - удивиться
5. a) Когда мы ели суп, он и Сергей Дмитриевич... b) Я вспомнил один наш разговор, когда мы играли в карты.
6. a) Его речь мне просто объяснила (разъяснила) многое. b) ..., ничего не понимал, c) ..., обращает на себя внимание, привлекает к себе внимание, d) не знаю ни одного из обвинённых

Text 9 Übung zum Wortschatz

1. a) границу, b) каждую, c) слабой, d) превратилась в неофашизм, e) в первую очередь, f) полностью
2. A. a) писатель - писательница - писатели, b) обвинитель - обвинительница - обвинители, c) руководитель - руководительница - руководители, d) деятель - деятельница - деятели, e) хвалитель - хвалительница - хвалители, g) преследователь - преследовательница - преследователи, h) разрушитель - разрушительница - разрушители, i) читатель - читательница - читатели
B. a) заговорщик - заговорщица - заговорщики, b) каменщик - каменщица - каменщики, c) сборщик - сборщица - сборщики, d) гардеробщик - гардеробщица - гардеробщики, e) манекенщик - манекенщица - манекенщики, g) миллионщик - миллионщица - миллионщики, h) барабанщик - барабанщица - барабанщики, i) алиментщик - алиментщица - алиментщики

Aufgaben zur Grammatik (Texte 8 - 12)

1. a) окончательное ослабление страны и превращение её в сырьевой придаток, b) недооценивание демократическим движением опасности фашизма, c) обращение Московского антифашистского центра в прокуратуру и суд, d) прекращение судом дела
2. a) 2, b) 3, c) 6, d) 1, e) 4, f) 5
3. a) дельный - дельность, b) законный - законность, c) случайный - случайность, d) гневный - гневность, e) условный - условность, f) трудный - трудность, g) образный - образность, h) истинный - истинность
4. 1 ..., разрушивший через своих агентов империю, натравливающий народы друг на друга и прежде всего на русских. 2 ..., целиком состоящей из евреев, по утверждениям патриотической прессы. 3 ..., недооценивающие опасность фашизма. 4 ..., открыто прославлявший Гитлера и призывавший к физическому уничтожению евреев,...
5. 1. Партией был установлен предел, до которого евреи могли доходить в своей творческой и интеллектуальной экспансии. 2. Десятками национал-патриотических газет и журналов открыто ведётся сегодня кампания против нашей пока ещё слабой демократии. 3. Нынешним российским правительством до сих пор не осуждены в парламенте действия неофашистов, не запрещена их откровенно расистская пропаганда. 4. До самого последнего времени опасность фашизма недооценивалась демократическим движением. 5. В апреле Антифашистским центром был подготовлен проект такого закона и направлен в администрацию президента. 6. Нами была сде-

лана попытка дать юридическое определение фашизма и экстремизма, предложена процедура рассмотрения в суде вопроса о признании той или иной организации фашистской или экстремистской.

6. Сегодня национал-патриотические партии делают попытку возродить "ушедшую" Россию. При чтении программ этих партий бросается в глаза один общий элемент - идея "борьбы против разрушения страны". Многие из них ставят задачу полностью изгнать евреев из России и возлагают надежды на "комитеты национального спасения". Важную роль в их идеологии играет также и идея насилия. Социологические опросы последних лет наглядно показывают, какие глубокие корни пустил антисемитизм в стране. Слабость демократических партий и недооценка государственными органами реальной опасности привели к резкому росту численности таких партий. Сегодняшняя ситуация в стране причиняет страдания тем, кто столкнулся с реалиями фашистской идеологии во время войны.

7. 1. Сталин письменно ответил на запрос Еврейского телеграфного агентства. 2. Антисемитизм в России глубоко укоренился. 3. Сталин очень надеялся на открытие второго фронта и на получение материальной помощи от США. 4. Сталин сразу же приказал провести ликвидацию Михоэлса в Минске. 5. Билибин молчал или спрашивал. 6. Немало потеряет русская культура, если таких деятелей культуры лишить истинной родины. 7. Мы попытались дать юридическое определение фашизма и экстремизма.

ABKÜRZUNGEN

f	-	Femininum	volkssp.	-	volkssprachlich
hist.	-	historisch	Z.	-	Zeile
ipf	-	imperfektiv			
jmd	-	jemandem			
jnd	-	jemanden	г.	-	год, года, году
m	-	Maskulinum	гг.	-	годы, годах
Pers.	-	Person	д.	-	так далее
pf	-	perfektiv	инф.	-	инфинитив
Pl	-	Plural	млн.	-	миллионов, миллиона
poet.	-	poetisch	т. е.	-	то есть
u	-	und	тыс.	-	тысяч, тысячи
umg.	-	umgangssprachlich	тов.	-	товарищ
ungebr.	-	ungebräuchlich	чел.	-	человек, человека

BILDQUELLEN

Umschlag	Zeitung "Культура", 1992
S. 14	Zeitung "Московские новости" 6.10.1991
S. 15	Zeitung "Аргументы и факты" № 38-39, 1992
S. 22	Zeitschrift "Новое время" № 13, 1992
S. 27	Zeitung "Московские новости" 11.04.1993
S. 30	Zeitung "Аргументы и факты" № 37, 1992
S. 37	"Советский энциклопедический словарь" Moskau 1981
S. 39	Zeitung "Московские новости" 2.02.1992
S. 42	Zeitung "Независимая газета" 30.08.1994
S. 65	Кукушкин Ю. С., Чистяков "Очерк истории советской Конституции" Москва 1980
S. 72	Zeitung "Аргументы и факты" № 44, 1994
S. 78	Zeitung "Аргументы и факты" № 45, 1993
S. 97	Zeitschrift "Новое время" №. 45, 1993
S. 115	Zeitschrift "Новое время" №. 16, 1991
S. 118	Zeitschrift "Новое время" №. 46, 1993
S. 139	Fülöp-Miller, René "Geist und Gesicht des Bolschewismus" Zürich 1928
S. 140	Fülöp-Miller, René "Geist und Gesicht des Bolschewismus" Zürich 1928
S. 149	Zeitschrift "Новое время" №. 43, 1993
S. 159	Gitelman, Zvi "A century of Ambivalence (from 1881 to the Present)" New-York 1980 (Die Karte ist bearbeitet)
S. 181	Zeitung "Русское воскресение", 1992

Notizen

Russisch   Buske

E. Keunecke / E. Kölling / G. Streit / I. Wolf
Russische Phonetik
Intensivkurs für Anfänger.
3., durchgesehene Auflage 1995.
131 S. 3-87548-043-0. Kartoniert.
3 Begleitkassetten. Ca. 220 Minuten. 3-87118-791-7.

Zielgruppe: Studierende im ersten Semester, die ihr Studium ohne Russischvorkenntnisse beginnen.

Konzeption: Der Kurs bietet eine intensive Einführung in die russische Phonetik und ist von Anfang an auf die Entwicklung der Sprechfertigkeit ausgerichtet. Bereits in der ersten Lektion wird in Sätzen gesprochen. Erst nach Einführung der Laute wird die kyrillische Schrift in mehreren, an der Aussprache orientierten Schritten eingeführt. Wichtigstes Kriterium bei der Auswahl der Lexik war die Verwendungsmöglichkeit im Unterricht. Grammatik wird in dem für die Konstruktion einfacher Sätze notwendigen Umfang geboten. Da fast alle verwendeten Vokabeln (ca. 200) zum Grundwortschatz gehören, kann im Anschluß an den Intensivkurs nach jedem beliebigen Lehrbuch weitergearbeitet werden. Der Anhang enthält u.a. Übungen, ein Wörterverzeichnis sowie Hinweise für Lehrende.

Joseph Schütz
Die Akzentregeln des Russischen
1987. XVI, 140 S.
3-87118-840-9. Kartoniert.

Die Übersichtlichkeit der Regeln und die methodische Darbietung des Materials eröffnen Anfängern sowie Fortgeschrittenen einen neuen und aktiven Zugang zum praktischen Russisch. Unsicherheiten bei der Betonung können mit Hilfe dieses Buches systematisch überwunden werden.

Inhalt: Erster Teil: Problematik und Charakteristik des Akzents im Russischen. Zweiter Teil: Das Akzentsystem des Russischen. Dritter Teil: Anmerkungen zur Geschichtlichkeit des Wortakzents der russischen Literatursprache. Glossar.

Gesamtverzeichnis bitte anfordern!

Helmut Buske Verlag · Richardstraße 47 · D-22081 Hamburg

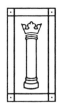